古典文獻研究輯刊

二五編

潘美月・杜潔祥 主編

第2冊

左傳人物名號研究（中）

方炫琛 著

國家圖書館出版品預行編目資料

左傳人物名號研究（中）／方炫琛 著 -- 初版 -- 新北市：花
木蘭文化事業有限公司，2017〔民 106〕
目 4+192 面；19×26 公分
（古典文獻研究輯刊 二五編；第 2 冊）
ISBN 978-986-485-240-6（精裝）
1. 左傳 2. 研究考訂
011.08   106015020

ISBN-978-986-485-240-6

古典文獻研究輯刊
二五編　第 二 冊　　　　　ISBN：978-986-485-240-6

左傳人物名號研究（中）

作　　　者	方炫琛
主　　　編	潘美月　杜潔祥
總 編 輯	杜潔祥
副總編輯	楊嘉樂
編　　　輯	許郁翎、王筑　美術編輯　陳逸婷
企劃出版	北京大學文化資源研究中心
出　　　版	花木蘭文化事業有限公司
社　　　長	高小娟
聯絡地址	235 新北市中和區中安街七二號十三樓
	電話：02-2923-1455／傳眞：02-2923-1452
網　　　址	http://www.huamulan.tw 信箱 hml 810518@gmail.com
印　　　刷	普羅文化出版廣告事業
初　　　版	2017 年 9 月
全書字數	444470 字
定　　　價	二五編 8 冊（精裝）新台幣 15,000 元

左傳人物名號研究（中）

方炫琛　著

目次

六　畫

0678、仲子（襄十九）──齊

案：左襄十九齊侯「諸子仲子、戎子」，杜注：「諸子、諸妾，姓子者，二女皆宋女。」春秋婦女繫姓，稱仲子，則子為其母家姓，故杜預以為宋女。仲、蓋其行次。以行次配母家姓為稱，乃左傳婦女稱謂之通例。

0679、仲子（隱元經）、子氏（隱元）、夫人子氏（隱二）──魯

案：左隱元「宋武公生仲子……故仲子歸于我」，仲子為宋武公之女，而嫁於魯惠公者，宋為子姓之國，故仲子之子，其母家姓也，仲則為其行次。以行次配母家姓為稱，乃左傳婦女稱謂之通例。其稱子氏者，以母家姓配氏為稱，亦左傳婦女稱謂之通例，詳上篇第二章。

0680、仲山甫（宣二）──樊

案：左宣二「惟仲山甫補之」，楊注：「仲山甫，周宣王時之賢臣樊侯，故亦稱樊仲甫，時為卿士。輔佐宣王中興，烝民即尹吉甫讚美仲山甫之詩。」詩烝民毛傳云：「仲山甫，樊侯也。」孔疏云：「言仲山甫是樊國之君，爵為侯，而字仲山甫也。」古人之字多止一字，據孔疏之說，或山為其字，不然則山為其名。

0681、仲壬（昭四）、仲（昭四）──魯

案：左昭四魯叔孫豹生「孟丙、仲壬」。則孟丙，仲壬為叔孫豹之子，孟、仲為其行次，丙、壬為天干，蓋皆取天干之一以為名，以行次配名曰仲壬。同傳又載叔孫豹庶子豎牛謂叔孫豹曰「見仲而何」，則僅以行次稱其人也。

0682、仲由（定十二）、季路（哀十四）、子路（哀十四）、由（哀十四）、季子（哀十五）──魯

案：左定十二「仲由為季氏宰」，杜注：「仲由，子路。」此孔子弟子也。左哀十四子路對曰「由弗能」，自稱由，則由、其名也。其稱仲由者，仲蓋其氏也，因仲由又稱季路、季子，既稱仲、又稱季，必一為行次，一為氏。史記仲尼弟子列傳曰：「仲田，字子路。」此與列傳中「顏回……字子淵」、「曾參……字子輿」等句法相同，皆上書氏名，下書其字，可證仲為其氏。古有以仲為氏者，如仲遂子仲嬰齊，及宋國仲氏之仲江、仲幾，仲佗等是也。史公以子路為其字，列傳中顏回父曰顏無繇，其繇字索隱及會注考證引家語作由，而史公亦云：「字路。」古人名字相應，名由多字路者，解詁所謂「取由

路之義也」，則子路之路爲其字，稱季路，以行次配字也；稱子路者，以男子美稱「子」字配字也；稱季子者，亦以行次配美稱「子」字也。

0683、仲江（襄十四）——宋

案：左襄十四「於是齊崔杼、宋華閱、仲江會伐秦」，杜注：「仲江，宋公孫師之子。」宋公孫師見左成十五，云「公孫師爲司城」，孔疏引世本：「莊公生右師戌，戌生司城師。」則公孫師爲戌之子，戌左傳未見，然左文七宋有公子成，云「宋公子成爲右師」，杜注：「莊公子。」公子成爲右師，又爲宋莊公之子，與世本宋莊公子「右師戌」合，則公子成即公孫師之父戌也。左文二「宋公子成」下釋文云：「成……本或作戌，音恤。」可知公子成之成，或作戌，或作戊，本爲一字。由上所述，則仲江之父曰公孫師，祖曰公子成，公子成爲宋莊公之子，蓋以仲爲行次，故仲江以王父行次仲爲氏，曰仲江。左昭二十二宋有仲幾，杜注謂仲江孫，左定十宋有仲佗，杜注謂仲幾子，皆以仲爲氏也。

0684、仲行（文六）——秦

案：左文六「秦伯任好卒，以子車氏之三子奄息、仲行、鍼虎爲殉」，杜注：「子車，秦大夫氏也。」詩黃鳥稱「子車仲行」，則子車爲其氏。詩黃鳥及左傳皆以奄息、仲行、鍼虎並列爲稱，毛傳云：「奄息，名。」古人字多止一字，鍼虎蓋亦名，然則仲行或亦名，而鄭箋云：「仲行，字也。」此蓋見有「仲」字，故以仲行爲字，後人多不以其說爲然，如陳奐詩毛氏傳疏謂此詩「不當兩稱名而一稱字」，又云：「仲、字也，行、名也，子車仲行若鄭之祭仲足，祭、氏，仲、字，足、名矣……仲行爲子車氏之弟二子。」推其意，謂仲行之仲爲其行次，行爲其名，以行次配名，故曰仲行。馬瑞辰毛詩傳箋通釋則云：「爾雅釋草『仲無笀』，說文：『笀，竹列也。』段玉裁曰：『無者，發聲也，笀之言行也，行、列也。仲無笀蓋謂竹有行列，如伯仲然。』今按笀通作桁，亦可婚作行，仲行或取竹爲名，猶鍼虎取獸爲名，行即桁字叚借耳。」此據爾雅竹名「仲無笀」，段玉裁以「無」爲發聲，實即仲行，竹名仲行者，狀此竹之有行列也。馬氏由此推子車仲行或即此仲笀，以竹名爲名也。凡此二說，一以行爲名，仲爲行次，一以仲行爲名，皆較鄭箋以仲行爲字勝。

0685、仲佗（定十經）——宋

案：左定十「仲佗……出奔陳」，杜注：「佗，仲幾子。」則仲、其氏也，

參 0683 仲江條。同年經亦書「仲佗」，杜注：「稱名。」以佗爲其名。

0686、仲虺（宣十二）

案：左宣十二「仲虺有言曰」，杜注：「仲虺、湯左相，薛之祖，奚仲之後。」

0687、仲孫何忌（昭三十二經）、何忌（昭七）、孟懿子（昭七）、懿子（昭十一）、仲孫忌（定六經）、孟孫（定六）——魯

案：左昭七孟僖子曰「我若獲沒，必屬說與何忌於夫子」，杜注謂何忌即孟懿子，爲孟僖子之子，則孟、其氏也；懿蓋其謚；父當稱子名，孟僖子稱其曰何忌，則何忌、其名也。其稱仲孫、孟孫者，孟氏之宗子經稱仲孫，傳稱孟孫，詳 0691 仲孫蔑條。左定六經稱「仲孫忌」，杜注：「何忌不言何，闕文。」以爲經脫一何字，公、穀亦作仲孫忌，公羊云：「此仲孫何忌也，曷爲謂之仲孫忌，譏二名，二名非禮也。」會箋以其說爲非，云：「仲孫何忌昭三十二年始見於經，自是厥後，定三年、八年、十年、十二年，哀元年、二年、三年、六年、十四年皆書何忌，唯此經無何字，爲筆削後之闕文，顯然易見。公羊乃曰：曷爲謂之仲孫忌，譏二名，夫當春秋時，人臣二名者多矣，聖人褒貶豈在名之一字二字，亦斷無一書再書之後，方去一字以示譏也。」春秋毛氏傳亦以無何字爲闕文。

0688、仲孫速（襄二十經）、孟孺子速（襄十六）、速（襄十六）、孟莊子（襄十八）、孟孫（襄二十三）——魯

案：左襄十六「孟孺子速徵之」，杜注：「孟獻子之子莊子速也。」因其爲孟獻子之子，故孟、其氏也。其稱孺子者，以其爲孟獻子之繼承者，故稱孺子，詳頁七三。左襄十八稱孟莊子，莊蓋其謚也。其稱孟孫、仲孫者，孟氏之宗子，經稱仲孫，傳稱孟孫，參 0691 仲孫蔑條。左襄二十經稱仲孫速，經多書名，速蓋其名也。

0689、仲孫湫（閔元）、仲孫（閔元經）——齊

案：左閔元經「齊仲孫來」，傳云「齊仲孫湫來省難，書曰仲孫，亦嘉之也」，謂經書齊仲孫湫爲「仲孫」，乃「嘉之」之故。杜注經云：「嘉而字之。」孔疏曰：「杜云『稱字嘉之』，則仲孫是字。」據此，則杜氏以仲孫爲仲孫湫之字，杜說疑非是。杜氏每以稱字爲嘉之，書名爲罪之，執以爲例以釋經，而致扞格難通，詳 1554 祭仲足條，此亦其一例也。公羊云：「齊仲孫者何？

公子慶父也，公子慶父則曷爲謂之齊仲孫？繫之齊也。曷爲繫之齊？外之也……齊無仲孫，其諸吾仲孫與？」謂齊仲孫即魯桓公公子慶父，此亦非。仲孫湫見此年左傳，又見左僖十三，云「齊侯使仲孫湫聘於周」，則齊固有仲孫湫矣，當以左氏之說爲是，且公子慶父爲公子，豈能曰孫，稱仲孫？會箋云：「傳曰『稱族，尊君命』，斥叔孫也，仲孫亦族也，非字，如『宋司馬華孫來盟』，亦族也。」謂仲孫爲其氏，此近是，而未盡然，以宋華耦氏華，左文十五經稱華孫，及魯孟氏、季氏、臧氏之宗之，經稱仲孫、季孫、臧孫例之，則仲孫非其氏，其氏乃仲也。蓋其爲公族，又爲該族之宗子，故以氏配孫配名稱仲孫湫也，詳見頁十。經則以其爲外大夫，故以氏配孫而不名，以尊稱之，與左閔二經書「齊高子來盟」、左文十五經書「司馬華孫來盟」一律。

0690、仲孫羯（襄二十四經）、羯（襄二十三）、孟孝伯（襄二十四）、孝伯（襄二十五）、孟孫（襄二十七）──魯

　　案：左襄二十三「孟氏之御騶豐點好羯也」，杜注：「羯，孟莊子之庶子。」則孟爲羯之氏。次年經稱「仲孫羯」，經多書名。則羯、其名也。稱仲孫、孟孫者，孟氏之宗子，經稱仲孫，傳稱孟孫，參0691仲孫蔑條。稱孟孝伯者，孝蓋其諡。

0691、仲孫蔑（宣九經）、孟獻子（文十五）、獻子（文十五）、孟孫（成二）、蔑（成十六）──魯

　　案：左文十五「孟獻子愛之」，杜注：「獻子，穀之子仲孫蔑。」則孟獻子爲魯文伯穀之子，公孫敖之孫，公子慶父之曾孫。公子慶父爲三家之長，故其後以孟爲氏，是以左傳皆稱孟氏，因其行次爲仲，故經書其後人皆以其行次配「孫」字配名稱仲孫某，與經書叔牙、季友之後人曰叔孫某、季孫某同例，詳第一章「論魯孟氏之由來」及「論仲孫、季孫、臧孫等非氏」下。孟獻子氏孟，獻蓋其諡也。其稱孟孫者，孟氏之宗子傳稱孟孫，詳第一章「論魯仲孫、季孫、臧孫等非氏」下。左宣九經稱「仲孫蔑」，經多書名，蔑蓋其名也。

0692、仲孫貜（昭九經）、孟僖子（昭七）、孟孫（昭七）──魯

　　案：左昭七「孟僖子爲介」，杜注：「僖子，仲孫貜也。」孟、其氏也，僖蓋其諡。其稱孟孫、仲孫者，魯孟氏之宗子，經稱仲孫，傳稱孟孫，詳0691仲孫蔑條。左昭九經稱「仲孫貜」，經多書名，貜蓋其名也。

0693、仲容（文十八）

案：左文十八謂高陽氏有才子八人，仲容爲其一。

0694、仲梁懷（定五）——魯

案：左定五「仲梁懷弗與」，杜注：「懷亦季氏家臣。」楊注引申之，云：「據杜注，仲梁爲複姓。」通志氏族略第五云：「仲梁氏，魯大夫仲梁懷，見左傳。」以仲梁爲複姓。

0695、仲章（宣十五）——潞

案：左宣十五「弃仲章」，杜注：「仲章，潞賢人也。」

0696、仲堪（文十八）

案：左文十八謂高辛氏有才子八人，此仲堪爲其一。

0697、仲幾（昭二十二）——宋

案：左昭二十二宋公使「仲幾爲左師」，杜注：「幾，仲江孫。」（琛案：阮刻本江作左，誤，據會箋本改。）則仲、其氏也，參 0683 仲江條。左定元經「晉人執宋仲幾于京師」，經多書名，幾蓋其名也。通志氏族略第四宋幾氏下云：「仲幾，字子然。」謂子然爲其字。

0698、仲雍（哀七）——吳

案：左哀七「大伯端委以治周禮，仲雍嗣之」，杜注：「大伯，周大王之長子，仲雍，大伯弟也。大伯、仲雍讓其弟季歷，俱適荊蠻，遂有民眾，大伯卒，無子，仲雍嗣立。」謂仲雍爲周大王之子，大伯之弟，而季歷之兄，此據史記吳太伯世家之文，而崔述豐鎬考信錄卷八則謂「仲雍非太王之子，太王之子自號虞仲，非傳之仲雍矣。疑史記因見哀七年傳仲雍嗣太伯之文，遂誤以仲雍爲太伯之弟。」是說與史記、杜注不同，疑崔述之說較長。

0699、仲熊（文十八）

案：左文十八謂高辛氏有才子八人，此仲熊爲其一。

0700、仲嬰齊（成十五經）——魯

案：左成十五經「仲嬰齊卒」，杜注：「襄仲子，公孫歸父弟。宣十八年逐東門氏，既而又使嬰齊紹其後，曰仲氏。」公羊云：「仲嬰齊者何？公孫嬰齊也。公孫嬰齊則曷爲謂之仲嬰齊？爲兄後也……爲人後者，爲之子也……其稱仲何？孫以王父字爲氏也。」謂公孫嬰齊爲其兄公孫歸父後，爲人後則爲之子，故公孫嬰齊於其父襄仲爲孫，孫以王父字爲氏，故以襄仲之字仲爲

氏。然毛奇齡春秋毛氏傳駁云：「夫歸父奔齊，並未絕嗣，原不必爲後，即欲爲後，而大夫繼爵不繼統，亦並無有弟爲兄子，子爲父孫之理。」其說是。公孫歸父自有子孫，見傳者，子家羈是也，其在魯，則未有嗣立於朝以奉其祀者，左定元叔孫不敢使告子家羈曰「子家氏未有後」，可以爲證。公孫嬰齊紹其父兄之爵，而不爲其兄之子，亦不爲其父之孫，其氏仲者，非「孫以王父字爲氏」之故也。孔疏又引劉炫說云：「仲遂受賜爲仲氏，故其子孫稱仲氏耳。」然左宣十八載魯「遂逐東門氏」，似公孫歸父以東門爲氏，若其父受賜爲仲氏，則當云「逐仲氏」耳。左襄二十三載魯逐東門氏時，盟東門氏之文曰「毋或如東門遂不聽公命，殺適立庶」，此與同傳所載盟叔孫氏、及臧氏之文曰「毋或如叔孫僑如……」、「無（毋）或如臧孫紇……」一律，蓋皆以氏配名爲稱，若襄仲受賜爲仲氏，則宜書其氏，何至於盟書中捨氏改曰東門歟？則劉炫之說亦非。由上之分析，襄仲本以東門爲氏，其子公孫歸父亦以東門爲氏，及魯逐東門氏，改立歸父之弟公孫嬰齊，始以襄仲之行次、或公孫嬰齊之行次爲氏耳。

0701、仲歸（文五）、子家（文十）──楚

案：左文五「楚成大心，仲歸帥師滅六」，杜注：「仲歸，子家。」左文十則子家、仲歸並稱，解詁云：「楚仲歸，字子家。」左傳人物名歸者，多字家，如魯公孫歸父、蔡公孫歸生、鄭公子歸生、齊析歸父皆字家，傳稱子家，然則仲歸之歸爲其名，仲爲其氏或行次，家則其字。

0702、仲顏莊叔（襄二十九）──魯

案：左襄二十九「公巫召伯、仲顏莊叔爲一耦」，或以公巫召伯仲爲一人、顏莊叔爲一人，此蓋非。仲顏、其氏也。莊或其諡，叔爲其行次，詳見 0320 公巫召伯條。

0703、伊尹（襄二十一）

案：左襄二十一「伊尹放大甲而相之」，伊尹，殷相也。呂氏春秋本味篇敘伊尹得稱之由云：「其母居伊水之上，孕，夢有神告之曰：臼出水而東走。母顧明日視臼出水，告其鄰，東走十里，而顧甚邑，盡爲水，身因化爲空桑，故命之曰伊尹。」其說不知何據。史記殷本紀「伊尹名阿衡」，史記志疑卷二：「索隱言『伊尹名摯，阿衡是官，非名也』，其說良是，但所謂名者，非姓名之名，乃名號之名，後世因伊尹官阿衡，遂以爲號，史隨稱之耳……伊尹名

摯，見孫子用閒篇、墨子尚賢中篇、楚辭離騷天問。」崔適史記探源曰：「尹亦官名，周之師尹、楚之令尹，義即本此。曰尹、曰阿衡、曰保衡，皆以官名名之，而其人名則曰摯也。」

0704、伍尚（昭二十）、棠君尚（昭二十）——楚

案：左昭二十楚王召伍奢之子，「棠君尚謂其弟員……」，傳下文稱伍尚，則伍尚爲伍奢之子，伍員之兄，氏伍。其稱棠君者，杜注云：「爲棠邑大夫。」會箋云：「君猶公，封於葉者，謂之葉公，封於白者，謂之白公，君降於公，故謂棠邑大夫爲棠君耳。」然釋文云：「君或作尹。」則或作棠尹。王引之經義述聞春秋左傳上以作棠尹爲是，云：「尚爲棠邑大夫，則是縣尹也，其當作尹甚明。」並謂尚爲其名。古君、尹二字形似易互譌，王說蓋是。

0705、伍員（昭三十）、員（昭二十）、子胥（昭三十一）——楚→吳

案：左昭二十「棠君尚謂其弟員……」，員即伍員，乃楚伍奢之子，伍尚之弟，伍、其氏也，見 0704 伍尚條。國語吳語韋注：「名員。」解詁云：「楚伍員，字子胥。」以員爲其名，子胥爲其字。國語吳語又作申胥，韋注云：「員奔吳，吳與之申地，故曰申胥。」

0706、伍參（宣十二）、參（宣十二）——楚

案：左宣十二「嬖人伍參欲戰」，杜注：「參、伍奢之祖父。」潛夫論志氏姓謂楚伍氏爲「公族」、「芈姓」，春秋分記世譜五、陳氏世族譜、春秋大事表十二下楚有伍氏，首列伍參，次伍舉、次伍奢等，據左襄二十六，伍舉即伍參之子，則伍其氏也。左宣十二伍參曰「參之肉將在晉軍」，自稱參，則參爲其名。

0707、伍奢（昭十九）、奢（昭二十）、連尹奢（昭二十七）——楚

案：左昭十九楚子「使伍奢爲之師」，謂使伍奢爲大子建之師。杜注：「伍奢，伍舉之子，伍員之父。」則伍、其氏也。左昭二十費無極告楚平王曰「奢之子材」，君前臣名，則奢蓋其名也。其稱連尹奢者，連尹，楚官名，左襄十五「屈蕩爲連尹」是也。以官名冠名上，故曰連尹奢。

0708、伍舉（襄二十六）、椒舉（襄二十六）、舉（昭四）——楚

案：左襄二十六「楚伍參……其子伍舉……」，則伍舉爲伍參之子，伍、其氏也。傳又稱椒舉，國語楚語上與左傳同，伍舉、椒舉並稱，韋注云：「椒，邑也。」以稱椒舉者，食邑於椒也。國語楚語上云「乃使椒鳴召其父而復之」，

謂椒鳴爲椒舉之子，則父子並稱椒，則椒亦其氏也。伍舉另有子曰伍奢，奢子伍尚、伍員，亦皆以伍爲氏，則以椒爲氏者，椒鳴一支也，蓋襲其邑而以椒爲氏，伍奢一支則仍以伍爲氏。左昭四伍舉如晉曰「寡君使舉曰……」自稱舉，則舉、其名也。

0709、先丹木（閔二）——晉

案：左閔二「先丹木爲右」，此晉人。同傳晉又有先友，會箋云：「先友、先丹木之族也。」晉有先氏，先軫、先且居、先克、先縠是也，此有世系可尋；此外如先蔑、先茅、先僕、先都、先辛及上述先丹木、先友，陳氏世族譜及春秋大事表十二上皆以爲氏先，列於先氏下。然則先丹木蓋氏先，丹木爲其名。

0710、先友（閔二）——晉

案：左閔二「先友爲右」，此晉人，氏先，參0709先丹木條。

0711、先且居（僖三十三）、霍伯（文五）——晉

案：左僖三十三晉襄公命「先且居將中軍」，杜注：「且居，先軫之子。」則先、其氏也。左文五有「霍伯」，杜注以爲即先且居，國語晉語四有蒲城伯，韋注引賈逵云：「先且居也。」韋注又云：「復受霍，爲霍伯。」故左僖三十三楊注云：「蒲城與霍皆其食邑，伯則其字也。」

0712、先克（文七）——晉

案：左文七「先克佐之」，杜注：「克，先且居子。」則先、其氏也。克、其名或字。

0713、先辛（宣元）——晉

案：左宣元晉「先辛奔齊」，先蓋其氏，參0709先丹木條。

0714、先茅（僖三十三）——晉

案：左僖三十三「以再命命先茅之縣賞胥臣」，杜注：「先茅絕後，故取其縣，以賞胥臣。」楊注云：「據此，則先茅亦晉之大夫也。」先蓋其氏，參0709先丹木條。

0715、先軫（僖二十七）、原軫（僖二十八）——晉

案：左僖二十七「先軫曰」，杜注：「先軫，晉下軍之佐原軫也。」左閔二晉有先友、先丹木，在先軫前，左僖三十三晉有先且居，在先軫後，杜注以先且居爲先軫之子，然則先、其氏也。其稱原軫者，左僖三十三會箋云：「當

係食采于原。」又云：「大氏晉人多以食邑為氏。」原為晉邑，左傳二十五載周天子賜晉以原是也。

0716、先都（文七）──晉

案：左文七「先蔑將下軍，先都佐之」，先都蓋氏先，參 0709 先丹木條，左文九經「晉人殺其大夫先都」，經多書名，都蓋其名也。

0717、先僕（文三）──晉

案：左文三「晉先僕伐楚……」先蓋其氏也，參 0709 先丹木條。

0718、先蔑（僖二十八）、士伯（文七）──晉

案：左文七經「晉先蔑奔秦」，先蓋其氏，參 0709 先丹木條。經多書名，蔑蓋其名。公羊蔑作眛，春秋異文箋云：「蔑、眛音義同。」同傳「士伯」，杜注以為即先蔑。

0719、先縠（宣十二）、彘子（宣十二）、原縠（宣十二）──晉

案：左宣十三經「晉殺其大夫先縠」，經多書名，縠蓋其名，先則為其氏，史記晉世家云：「縠，先軫子也。」陳氏世族譜云：「疑即先克子。」其說不同，而以為先軫之子孫則無異。其稱彘子者，左宣十二會箋云：「食采于彘，故傳文皆稱彘子。」又云：「先縠族滅後，士魴食邑于彘，故稱彘恭子，見成十八年，其子彘裘，即以邑為氏，見襄十四年。」其稱原縠者，以其先人先軫食邑於原，稱原軫，見 0715 先軫條，故先縠亦稱原縠。

0720、共工氏（昭十七）

案：左昭十七「昔者黃帝氏以龍紀……共工氏以水紀」，杜注：「共工以諸侯霸有九州者，在神農前，大皞後。」

0721、共仲（成七）──鄭

案：左成七「鄭共仲、侯羽軍楚師」，杜注：「二子，鄭大夫。」

0722、共叔段（隱元）、段（隱元經）、京城大叔（隱元）、大叔（隱元）、大叔段（隱元）、共叔（隱元）──鄭

案：左隱元經「鄭伯克段于鄢」，經多書名，段當是其名。傳稱「共叔段」，杜注：「段出奔共，故曰共叔，猶晉侯在鄂，謂之鄂侯。」孔疏云：「賈、服以共為諡。」則賈、服之說與杜氏不同。孔疏又云：「諡法：敬長事上曰共，作亂而出，非有共德可稱，餬口四方，無人與之為諡。」以杜注是。而洪亮吉春秋左傳詁則以賈、服之義為長，云：「今攷魯之穆伯，晉之欒懷子，皆出

奔見殺得有謚，叔段，莊公母弟，雖出奔得追謚可知。」傳稱「大叔出奔共」，
杜注云：「共、國。」若共爲國，則左傳人物名號未見有以他國國名爲稱者，
則杜、孔之說非；左閔二衛有共邑，若共叔段出奔之共爲衛邑，食采於此，
則杜、孔之說蓋是。楊注云：「叔爲其排行。」是也。傳載共叔段爲鄭莊公之
母弟，故其行次爲叔。其稱大叔者，楊注云：「大同太……顧頡剛謂古人用太
字，本指其位列之在前，叔段之稱太叔，以其爲鄭莊公之第一個弟弟也。」
其說是，周襄王弟王子帶亦稱大叔。其稱京城大叔者，傳云「請京，使居之，
謂之京城大叔」，因京爲其封邑，故曰京城大叔。

0723、共姬（莊十一）、王姬（莊十一經）——齊

案：左莊十一經「王姬歸于齊」，傳云「齊侯來逆共姬」，則王姬即共姬，
是時齊君爲齊桓公，則王姬爲齊桓公夫人也。王姬爲周女之通稱，不稱伯姬，
叔姬者，左莊元經杜注云：「王姬不稱字，以王爲尊，且別於內女也。」其稱
共姬者，會箋以共爲其謚。

0724、共劉（哀三）——魯

案：左哀三魯哀公「使共劉視之」，杜注：「共劉，魯大夫。」

0725、匠慶（襄四）——魯

案：左襄四「匠慶謂季文子」，杜注：「匠慶，魯大匠。」左通補釋十四
引萬氏氏族略云：「諸匠多以匠冠名，如匠慶之類……」，以慶爲其名。左傳
人物名號中，有以職名冠名者，詳頁七四。

0726、匠麗氏（成十七）——晉

案：左成十七「公遊于匠麗氏」，杜注：「匠麗，嬖大夫家。」稱匠麗氏
者，氏、家也。匠麗爲晉厲公之臣，通志氏族略第五以匠麗氏爲「以名氏爲
氏」者，云：「左傳晉有匠麗氏，漢功臣祝其侯匠麗舒」，蓋以匠爲氏，麗爲
其名也。左通補釋十四引萬氏氏族略亦云：「諸匠多以匠冠名，如匠慶之類，
茲恐氏匠而名麗者。」

0727、匡王（宣三經）——周

案：左宣三經「葬匡王」，此周匡王也，匡蓋其謚。

0728、匡句須（成十七）——魯

案：左成十七「施氏卜宰，匡句須吉」，則匡句須蓋魯施氏家臣。廣韻匡
字注云：「姓……風俗通云：匡，魯邑也，句須爲之宰，其後氏爲，漢有匡衡。」

0729、丕豹（僖十）、豹（僖十三）——晉

案：左僖十晉「丕豹奔秦」，左僖十三「丕鄭之子豹在秦」，則丕豹爲丕鄭之子，丕、其氏也。

0730、丕鄭父（僖十一經）、丕鄭（僖九）、丕（僖十）——晉

案：左僖九「里克、丕鄭欲納文公」，杜注：「丕鄭，晉大夫。」左僖十稱里克、丕鄭曰「里、丕」，云「皆里、丕之黨也」，則丕當是其氏，故同傳稱其子曰丕豹。傳凡四稱丕鄭，而左僖十一經則書「丕鄭父」，校勘記曰：「公羊疏云『左氏經無父字』，然則今諸本有父者，衍文也。」以經丕鄭父之父字爲衍文。然會箋本亦有父字，公、穀同，則左氏經蓋原亦有父字，公羊疏所據本偶脫父字耳。而春秋異文箋從校勘記之說，云：「公、穀有父字，亦衍文。」此蓋非。左氏經傳人物名號，本有以父字殿名、字下爲稱，殿字下者如仲尼之稱尼父，其先祖孔父嘉之稱孔父，殿名下者如魯昭公之稱稠父、魯定公之稱宋父；又如內史興，配其行次曰內史叔興，復殿以父字，則曰內史叔興父，參0175內史叔興父條。左文七之箕鄭，左文八、九及左文九經稱箕鄭父；左文十二之胥甲，左宣元及左宣元經稱胥甲父，皆經有父字，傳或無，與此同例，然則傳稱丕鄭，經稱丕鄭父，父非衍文。通志氏族略第三云：「丕鄭亦曰丕鄭父……父者，男子之美稱，則知自稱爲丕鄭，人稱之曰丕鄭父。」或是。經多書名，經書丕鄭父，箕鄭父、胥甲父，則鄭、甲當是其名也。

0731、印（昭二）——鄭

案：左昭二「請以印爲褚師」，杜注：「印、子皙之子。」則印爲鄭公孫黑之子。傳載子產稱其曰印，子產輩份高印一輩，則印爲其名。

0732、印段（襄二十七）、段（襄二十二）、子石（襄二十七）——鄭

案：左襄二十二「召室老宗人立段」，杜注：「段、子石，黑肱子。」則此爲鄭公孫黑肱之子，鄭穆公子子印之孫也，詳0375公孫黑肱條。廣韻印字注云：「姓，左傳鄭大夫印段出自穆公子印，以王父字爲氏。」故印、其氏也。解詁云：「印段，字子石。」以段爲其名，子石爲其字。

0733、印堇父（襄二十六）——鄭

案：左襄二十六「印堇父與皇頡戍城麇」，杜注：「印堇父，鄭大夫。」傳稱楚人囚印堇父，獻於秦，「鄭人取貨於印氏以請之」，則印、其氏也。

0734、后杼（襄四）、季杼（哀元）

案：左襄四「后杼滅豷」，杜注：「后杼，少康子。」左哀元作「季杼」，
國語周語上則單稱「杼」，云「杼，能帥禹者也，夏后氏報焉」，韋注：「杼，
禹後七世，少康之子季杼也。」則后杼、季杼、杼，一人也，為少康之子。
史記夏本紀「帝少康崩，子帝予立」，杼作「予」，而左襄四孔疏引夏本紀作
「杼」，杼為其名號，因其為有夏之君，故冠以君長之稱號「后」字，稱后杼，
猶羿稱后羿，稷稱后稷也。稱季杼者，季其行次歟？

0735、后庸〔舌庸〕（哀二十六）──越

案：左哀二十六「叔孫舒帥師會越皋如、后庸……」杜注：「皋如、后庸，
越大夫。」或以皋如后庸為一人，非，見 1547 皋如條。后庸之后當作舌，阮
刻本此文及左哀二十七皆作「后」，校勘記謂石經、宋本作舌；會箋本亦作舌。
國語吳語以大夫皋如、大夫舌庸並列，亦作「舌」，則作舌庸是。其稱舌庸者，
左通補釋三十二引向靜齋經說云：「周官有舌人，國語（原注：周語中）韋注
云：舌人能達異方之志，象胥之官也，越介在蠻夷，舌庸之先，蓋居是官，
故即以為氏。」以舌為其氏。

0736、后臧（定五）──楚

案：左定五「葉公諸梁之弟后臧」，則后臧為楚葉公諸梁之弟也。

0737、后緡（哀元）

案：左哀元「后緡方娠」，杜注：「后緡，相妻。」則夏后相之妻。傳謂
后緡生少康。

0738、向戌（成十五）、戌（成十五）、合左師（襄十七）、左師（襄十七）
　　──宋

案：左成十五宋「華元使向戌為左師」，同年傳孔疏引世本云：「桓公生向父
盻，盻生司城訾守，守生小司寇鱣及合左師。」向父盻者，蓋名盻字向，古人名
字連言，皆先字後名也，合左師即向戌，其稱向者，以王父字向為氏也。左襄十
五經稱向戌，經多書名，戌蓋其名也。其稱左師者，左成十六「華元使向戌為左
師」，則左師為其官也。其稱「合左師」者，左襄十七杜注：「合，向戌邑。」通
志氏族略第三亦云：「合氏：子姓，宋向戌食采于合，為宋左師，故謂之合左師。」

0739、向行（昭二十）──宋

案：左昭二十宋華亥等「拘向勝、向行於其廩」，自左成五後宋有向氏，

為宋桓公子向父之後，如向戌、向寧、向宜、向鄭、向巢、向魋等皆是。凡此考諸杜注，皆有世系可尋；而如向為人，向帶，向勝，向行，陳氏世族譜及春秋大事表十二下，亦歸之向民，春秋分記世譜七且以向勝，向行為向戌之子，則向、其氏也。

0740、向宜（昭二十）、子祿（昭二十一）——宋

　　案：左昭二十「宋華、向之亂……向宜……出奔鄭」，杜注：「宋大夫。」又云：「向戌子。」然則向、其氏也。左昭二十一稱子祿，解詁云：「宋向宜，字子祿。」謂宜為其名，子祿為其字。

0741、向姜（隱二）、姜氏（隱二）——莒

　　案：左隱二「莒子娶于向，向姜不安莒而歸，夏，莒人入向，以姜氏還」，同年經孔疏引世本，謂向國姜姓，則向善者，以母家國名配母家姓之稱也。

0742、向巢（定九）、左師巢（哀十四）、左師（哀十四）——宋

　　案：左定九宋「乃使向巢如晉盟」，杜注：「巢，向戌曾孫。」禮記檀弓上「桓司馬」下孔疏引世本云：「向戌生東鄉叔子超，超生左師眇，眇即向巢也。」則以為向戌孫，二說不同，然以為向戌後人，則無異也。然則向、其氏也。左哀十四經云「宋向巢來奔」，經多書名，巢蓋其名也。左師、其官也，宋左師之官，始見於左僖九，謂宋襄公使公子目夷「為左師」，左哀二十六尚有左師之官，其言云「靈不緩為左師」，則稱向巢為左師巢者，蓋以其官名配名而稱之，非因其先人向戌為左師，而以為氏也。

0743、向帶（成十五）——宋

　　案：左成十五「向為人為大司寇……向帶為大宰……華元使向戌為左師」，同年傳孔疏引世本，謂宋桓公生向父眅，向戌為其孫，上引傳並書向戌及向帶，向為人，則向帶、向為人蓋亦向父子之孫，與向戌同，以向父之向為氏也。參 0738 向戌、0739 向行條。

0744、向勝（昭二十）——宋

　　案：左昭二十宋華亥等「拘向勝、向行」，向勝之向為其氏，參 0739 向行條。

0745、向為人（成五）——宋

　　案：左成十五「向為人為大司寇」，向蓋其氏也，參 0743 向帶條。為人蓋其名。

0746、向禽將（成二）——衛

案：左成二「衛侯使孫良夫、石稷、寧相、向禽將侵齊，與齊師遇」，杜氏世族譜衛雜人中有「向禽」，則以向禽爲一人，「將」字另讀。會箋則以「向禽將」連讀，云：「禽將蓋複名也。遏寇、禦寇、禦彊、啓疆、益師、將師、偃師、成師、罷戎、罷敵、御戎、徵師、般師，取名粗似。」此說較勝，故今暫以向禽將爲人名號，向蓋其氏，禽將爲其名。

0747、向寧（昭十九）——宋

案：左昭十九「鄅夫人，宋向戌之女也，故向寧請師。」杜注：「寧，向戌子也。」則向其氏也。左昭二十經「宋華亥、向寧……出奔陳」，經多書名，則寧蓋其名也。

0748、向鄭（昭二十）——宋

案：左昭二十「宋華、向之亂……向鄭……出奔鄭」，杜注：「向戌子。」則向、其氏也。

0749、向魋（定十）、魋（定十）、桓魋（哀十三）、桓司馬（哀十四）、司馬（哀十四）——宋

案：左哀十四經「宋向魋入于曹以叛」，傳杜注謂向巢爲「向魋兄」，則向、其氏也。經多書名，魋蓋其名。同傳宋景公曰「余長魋也」，君當稱臣名，亦可證魋爲其名也。其稱桓者，宋桓公之後有四氏，向氏其一也。同上傳宋景公曰「不可以絕向氏之祀」，向魋兄向巢對曰「盡滅桓氏可也」，則向魋之稱桓魋，以其爲桓族之故歟？新唐書宰相世系表：「桓氏……又云出自子姓，宋桓公之後。向魋亦號桓氏。」蓋疑向魋之稱桓魋，以宋桓公之謚稱也。或以桓爲其謚，則非，左哀十三鄭子賸使徇曰「得桓魋者有賞」，不宜生稱其謚也。其稱桓司馬、司馬者，司馬爲其官歟？

0750、圭嬀（襄十九）——鄭

案：左襄十九「圭嬀之子也」，杜注謂圭嬀爲「鄭穆公妾」，路史國名紀丁云：「圭，鄭穆妃圭嬀國，後爲邽。」陳槃亦以圭爲國名，嬀爲其姓，詳不見于春秋大事表之春秋方國稿冊二。春秋婦女之稱謂，有以母家國名配以母家姓者，詳上篇第二章。

0751、夙沙衛（襄二）、衛（襄十八）——齊

案：左襄二「萊人使正輿子賂夙沙衛」，杜注：「夙沙衛，齊寺人。」呂

氏春秋用民篇云：「夙沙之民，自攻其君，而歸神農。」廣韻沙字注因謂：「左傳，齊有夙沙衛，神農時夙沙氏之後。」左襄十八稱夙沙衛曰衛，則夙沙蓋其氏也。國語晉語九「鼓子之臣曰夙沙釐」，韋注：「釐將妻子……」單稱釐，蓋亦以夙沙爲氏。

0752、夷王（昭二十六）——周

案：左昭二十六「至于夷王」，杜注：「厲王父也。」此西周天子。

0753、夷仲年（隱七）、年（隱七經）、仲年（桓三）——齊

案：左桓三經「齊侯使其弟年來聘」，經多書名，年當是其名也。同年傳稱「仲年」者，以其爲齊僖公之同母弟，故名上冠以行次字「仲」爲稱。左隱七謂之「夷仲年」，會箋云：「衛叔武諡夷叔，此夷蓋亦諡也。」謂夷爲其諡。夷仲年之稱與魯公子友曰成季友一律。

0754、夷伯（僖十五經）——魯

案：左僖十五經「震夷伯之廟」，傳云「震夷伯之廟，罪之也，於是展氏有隱慝焉」，杜注：「夷伯，魯大夫，展氏之祖父，夷、諡，伯、字……大夫既卒書字。」孔疏：「大夫之諡多連字稱之，不知夷伯其名爲何，又不知今之展氏其人是誰。」則夷伯爲魯展氏之先人，夷爲其諡，伯蓋其行次。

0755、夷姜（桓十六）——衛

案：左桓十六「衛宣公烝於夷姜」，杜注：「夷姜，宣公之庶母也。」則夷姜爲衛莊公之妾也。楊樹達積微居金文說卷七𡥄卣跋，以此傳文與𡥄卣之文互證，以爲「夷姜之稱，與衛姬、齊姜、陳嬀相同，夷爲國名，姜爲其國之姓也。」

0756、夷射姑（定二）——邾

案：左定二「邾莊公與夷射姑飲酒」，杜注：「射姑，邾大夫。」稱射姑，蓋以夷爲其氏也。射姑當是其名。

0757、夷皋（宣二經）、靈公（文六）、晉侯（文七）、晉靈公（宣二）——晉

案：左宣二經「晉趙盾弒其君夷皋」，經多書名，夷皋蓋其名也。其稱靈公、晉靈公者，靈蓋其諡也。

0758、夷陽五（成十七）、五（成十七）、夷羊五（成十七）——晉

案：左成十七「郤錡奪夷陽五田，五亦嬖於厲公」，則此爲晉厲公臣。下

文又稱夷羊五，晉語六亦作夷羊五，會箋云：「陽、羊同音，古字通用，猶高郵高偃、史苟史狗，焉子馮蘧子馮之類。山海經常羊之山，又曰常陽之山，淮南子所謂昌羊，本草作昌陽。」傳又單稱「五」，則夷陽蓋複氏，左通補釋十四引萬氏氏族略云：「疑夷陽以邑爲氏。」會箋同。

0759、夷詭諸（莊十六）──周

　　案：左莊十六「晉武公伐夷，執夷詭諸」，杜注：「夷詭諸，周大夫，夷、采地名。」會箋云：「文六年晉蒐于夷，即此地。」楊注云：「以采邑爲氏。」詭諸蓋其名。

0760、寺人孟張（成十七）──晉

　　案：左成十七晉屬公田，郤至奉豕「寺人孟張奪之」，則孟張爲晉之奄士也。

0761、寺人披（僖五）、寺人勃鞮（僖二十五）──晉

　　案：左僖五「公使寺人披伐蒲」，寺人，閹官也。左僖二十五「晉侯問原守於寺人勃鞮」，杜注：「勃鞮，披也。」左僖五楊注：「披乃急言，勃鞮之合音也。」此一說也。國語晉語二作「閹楚」，韋注云：「楚謂伯楚，寺人披之字也，於文公時爲勃鞮。」左通補釋七引宋庠國語補音云：「勃鞮亦官名。」補釋續云：「史記作履鞮，疑主履者，若周官之鞮鞻氏。」左僖二十五會箋以後漢書宦者列傳作勃貂，因謂貂是皮履，鞮是革履，勃乃排比之義，云「所謂勃鞮、勃貂、皆官號之異。」此又一說也。前說以披爲勃鞮之合音，披即勃鞮，後說以勃鞮爲寺人披之官名，未知孰是。

0762、寺人柳（昭六）、柳（昭六）──宋

　　案：左昭六「宋寺人柳有寵」，杜注：「有寵於平公。」此蓋爲宋平公之閹官也。

0763、寺人惠牆伊戾（襄二十六）、伊戾（襄二十六）──宋

　　案：左襄二十六「寺人惠牆伊戾爲大子內師而無寵……伊戾請從之……」，杜注：「惠牆、氏，伊戾、名。」孔疏曰：「服虔云：『惠、伊皆發聲，實爲牆戾。』杜以下文單稱伊戾，是舍族稱名，故以惠牆爲氏，伊戾爲名也。」會箋云：「惠牆或是地名，猶東關嬖五，東里子產之例。」三說不同，未知孰是。

0764、寺人貂（僖二）──齊

　　案：左僖二「齊寺人貂始漏師于多魚」，杜注：「寺人，內奄官，豎貂也。」

釋文：「寺人，奄官名。」孔疏云：「此人名貂。」是寺人爲官名，貂爲其名。
楊注云：「國語、管子、呂氏春秋及說苑諸書，豎貂並作豎刁。」

0765、寺人羅（哀十五）──衛
　　案：左哀十五衛「寺人羅御如孔氏」，羅蓋衛奄官也。

0766、州公（桓五經）、淳于公（桓五）──州
　　案：左桓五經「州公如曹」，傳云「淳于公如曹，度其國危，遂不復」，
杜注：「淳于，州國所都也。」謂州爲國名，淳于爲其都。會箋云：「州公都
淳于，而稱淳于公，猶莒公都渠丘，稱渠丘公；韓王滅鄭都之，韓世家稱鄭
惠王；魏王都大梁，孟子曰梁惠王；皆以其都邑爲國之別稱也。」謂州國都
淳于，故其君稱淳于公。春秋經以國名配公爲稱有宋公，天子卿大夫或亦以
邑配公爲稱，此稱州公，似非一般諸侯之稱謂，而會箋以爲特例，云：「其稱
公者，所謂寓公也，寓公不論侯伯子男，皆曰公，蓋已失其故爵，而所寓之
國，必以諸侯之禮接之，爲之名曰公，與本國之君敵體耳。」未知其說是否。

0767、州綽（襄十八）──晉→齊
　　案：左襄十八「晉州綽及之」，則州綽爲晉人。左襄二十一州綽奔齊，爲
齊莊公之臣。

0768、州賓（襄二十一）──晉
　　案：左襄二十一「欒祁與其老州賓通」，則州賓爲晉欒氏之老。

0769、戎子（襄十九）──齊
　　案：左襄十九齊侯「諸子仲子、戎子」，杜注：「諸子，諸妾，姓子者，
二女皆宋女。」古婦女繫姓，傳稱戎子，子爲其母家姓，杜說是也，杜又以
爲宋女，蓋以宋爲子姓之國，由是推之耳。

0770、戎子駒支（襄十四）、姜戎氏（襄十四）──姜戎
　　案：左襄十四范宣子「將執戎子駒支」，杜注：「駒支，戎子名。」傳載
范宣子曰「來！姜戎氏」，姜戎爲姜姓之戎，春秋大事表五以姜戎爲國名。稱
姜戎氏者，以國名配「氏」稱其人，參頁十四。

0771、戎津（文七）──晉
　　案：左文七「戎津爲右」，戎津爲晉禦秦師之車右也。

0772、戎蠻子赤（哀四經）、蠻子赤（哀四）、蠻子（哀四）──戎蠻
　　案：左哀四經「晉人執戎蠻子赤歸于楚」，傳云「蠻子赤奔晉陰地……蠻

子聽卜，遂執之」，孔疏謂戎是種號，蠻爲國名，子爵。顧棟高以戎蠻爲國名，俱見 0773 戎蠻子嘉條。稱戎蠻子，蠻子者，以國名配子以稱其君也。左哀四經會箋云：「昭十六年楚子誘戎蠻子殺之，戎蠻子再出，一名一否。」謂此經稱「戎蠻子赤」，昭十六經稱戎蠻子嘉爲「戎蠻子」，一稱名，一不稱名，則會箋以赤、嘉爲其君名也。由經多書名，其稱某公某、某侯某、某子某，下一某字蓋皆其國國君之名，則會箋之說是也。

0773、戎蠻子嘉（昭十六）、戎蠻子（昭十六經）、蠻子（昭十六）──戎蠻

案：左昭十六經「楚子誘戎蠻子殺之」，孔疏云：「戎是種號，蠻是國名，子爵也。」春秋大事表五以戎蠻爲國名，傳又稱戎蠻子爲「蠻子」、「戎蠻子嘉」，稱戎蠻子、蠻子者，以國名配子稱其君；稱戎蠻子嘉者，嘉或其名，見 0772 戎蠻子赤條。

0774、曲沃莊伯（隱五）、莊（莊二十三）──晉

案：左隱五「曲沃莊伯以鄭人、邢人伐翼」，杜注：「曲沃，晉別封成師之邑……莊伯，成師子也。」則莊伯爲晉穆侯之孫，桓叔之子。左莊二十三「桓、莊」，杜注謂桓爲桓叔，莊即莊伯。莊或其諡也。

0775、有若（哀八）──魯

案：左哀八「有若與焉」，杜注：「有若，孔子弟子。」史記仲尼弟子列傳集解引鄭玄曰「魯人」。論語亦稱其曰「有若」，又曰「有子」。有蓋其氏也，若或其名。而孔子家語七十二弟子解則云：「有若……字子有。」以子有爲其字；解詁以家語有王肅所僞者，而疑是說。張澍春秋時人名字釋則從之，云：「有若，字子有，爾疋：若、順也，有、惠也，言其有惠心也。」謂名若字子有，名字相應，如有若之字果爲「有」，則論語稱其曰有若者，以字配名也；稱有子者，以字配「子」字也，論語或無是例，則家語之說不可信。通志氏族略第四「以名爲氏」下云：「有氏，風俗通：有巢氏之後，仲尼弟子有若。」元和姓纂卷七引風俗通同，以有若氏有，其說蓋是；而以爲有巢氏之後，以名爲氏，則非矣，有巢氏之有，乃國名前所冠之前置詞，與有周、有夏之有同，不得以爲氏也。

0776、有夏孔甲（昭二十九）、孔甲（昭二十九）、夏后（昭二十九）

案：左昭二十九「及有夏孔甲」，杜注：「孔甲，少康之後九世君也。」

傳下文即稱孔甲。稱有夏孔甲者，左傳於古代國君，多以有字配其國名，復配其國君名號稱之，如有窮后羿，有逢伯陵，有鬲叔安、有過澆等是也。稱夏后者，后、君也，以其爲有夏之君，故曰夏后。

0777、有逢伯陵（昭二十）

案：左昭二十「有逢伯陵因之」，杜注：「逢伯陵，殷諸侯，姜姓。」有逢伯陵與有窮后羿、有夏孔甲、有過澆、有鬲叔安同，皆於國君之名號上冠國名，復冠以有字，有字即有夏、有商、有周之有，爲國名上所冠前置詞。以逢爲國名，故其後之君有稱逢公者，見 1595 逢公條。「伯陵」爲其名號，如孔甲、叔安之稱，又見國語周語下。漢書地理志下作「逢公柏陵」，並以爲商湯時諸侯。

0778、有過澆（哀元）、澆（襄四）

案：左襄四謂寒浞「生澆及豷……處澆于過」，杜注：「過……國名。」古多以地名爲國名，傳稱「處澆于過」，則過爲國名。澆爲寒浞之子，過國之君，故左哀元謂之「有過澆」，有過之有，猶有夏、有周之有，爲國名前所冠之詞。有過澆與有窮后羿，有逢伯陵之稱同。參 0776 有夏孔甲條。

0779、有窮后羿（襄四）、后羿（襄四）、夷羿（襄四）、羿（襄四）、帝夷羿（襄四）

案：左襄四「有窮后羿」，杜注：「有窮、國名，后、君也，羿、有窮君之號。」窮本地名，傳謂「后羿自鉏遷于窮石」是也，古多以地名爲國名，孔疏：「羿居窮石之地，故以窮爲國號，以有配之，猶言有周、有夏也。」其說是。會箋云：「后羿與后杼、后夒一例。」楊注：「后、君也，即當時酋長。」皆與杜注不異。其稱夷羿者，杜注：「夷、氏。」以夷爲其氏。會箋云：「杜云：夷、氏，無明徵。夷矛之夷，鄭云：發聲也，然則羿謂之夷羿，亦猶於越、句吳之類歟？」以夷爲發聲之詞。楊注云：「夷乃種族名。」三說不同，未知孰是。其稱帝夷羿者，孔疏：「帝，王之號……今之王，古之帝也。」有窮后羿之稱，參 0776 有夏孔甲條。

0780、有鬲叔安（昭二十九）

案：左昭二十九「昔有鬲叔安」，杜注：「鬲，古國也，叔安、其君名。」鬲爲國名，有爲國名上所冠之前置詞，與有夏、有周之有同。有鬲叔安與有窮后羿、有夏孔甲之稱一律，參 0776 有夏孔甲條。

0781、朱毛（哀六）、毛（哀六）——齊

案：左哀六「公使朱毛告於陳子」，杜注：「朱毛，齊大夫。」傳又稱「毛曰」，則朱蓋其氏，毛為其名或字。

0782、江羋（文元）——江

案：左文元「享江羋而勿敬也」，杜注：「成王妹，嫁於江。」則江羋之稱為以夫國名冠於母家姓上，此春秋時女子稱謂之通例，詳上篇第二章。史記楚世家云「饗王之寵姬江羋」，謂江羋為楚成王之寵姬，此蓋非。春秋時女子繫姓為稱，江為嬴姓之國，若江國女子而為成王寵姬，則宜曰江嬴，今稱江羋，當是楚女嫁於江者。楚世家集解云：「姬當作妹。」或是，不然則史公誤也。

0783、江說（哀六）——齊

案：左哀六齊「拘江說」，杜注：「景公嬖臣。」則江說為齊人。

0784、百里（隱十一）——許。

案：左隱十一「鄭伯使許大夫百里……」，則百里為許大夫也。

0785、百里（僖十三）——虞→秦

案：左僖十三晉饑，請糴於秦，秦伯「謂百里與諸乎」，杜注：「百里，秦大夫。」史記秦本紀、晉世家俱載此事，皆作「百里奚」，劉文淇春秋左氏傳舊注疏證、會箋、楊注，並從史記之說，以百里即百里奚。杜氏世族譜秦百里氏下列百里奚、百里孟明視，以百里為其氏。通志氏族略第三「百里氏，風俗通：秦大夫百里奚之後，其先虞人，家于百里，因氏焉。」

0786、百里孟明視（僖三十二）、孟明（僖三十二）、孟子（僖三十二）、孟明視（文二）——秦

案：左僖三十二秦穆公「召孟明……」，杜注：「孟明，百里孟明視。」孔疏云：「世族譜以百里孟明視為百里奚之子，則姓百里，名視，字孟明也。古人之言名字者，皆先字後名而連言之。」史記秦本紀亦稱孟明視為「百里奚子」，則百里、其氏也；依古人名字連言先字後名之例，則視、其名也，明、其字也，孟則其行次。解詁云：「秦百里氏，字孟明。」並引洪範「視曰明」，以為名字相應。朱駿聲說文通訓定聲視字下云：「廣雅釋詁四『視、明也』，左僖三十二傳『百里視，字孟明』。」亦以視與明義相協，是也。明為其字，國語晉語二「子明」，韋注以為即百里孟明視，孟為其行次，以行次配字曰孟

明，復與名連言，則曰孟明視，再冠氏爲稱，則曰百里孟明視矣。孟爲其行次，故其稱謂又有以行次「孟」字配以「子」字而稱「孟子」者，見左僖三十二，會箋釋此「孟子」之稱謂云：「其行孟也，故曰孟子，猶哀十五年季路稱季子。」此說是也。孟子有作孟兮者，見左僖三十二會箋，楊伯峻以爲作孟兮者誤，詳同年傳楊注。

0787、羊古大夫（閔二）──晉

案：左閔二「羊舌大夫爲尉」，杜注：「羊舌大夫，叔向祖父也。」國語晉語一韋注：「羊舌大夫，羊舌職之父也。」二說合，皆謂羊舌大夫爲晉羊舌職之父，羊舌肸之祖父。孔疏云：「羊舌、氏也，爵爲大夫，號曰羊古大夫……譜云：羊舌氏、晉之公族，羊舌，其所食邑也。」謂羊舌大夫者，食邑羊舌，因此爲氏，又其爵爲大夫，故稱羊舌大夫。潛夫論志氏姓謂羊舌氏爲「晉姬姓」，新唐書宰相世系表云：「晉武公子伯僑生文、文生突，羊舌大夫也……食邑於羊舌。」以突爲羊舌大夫之名或字，謂羊舌氏爲晉武公之後，通志氏族略第三「以邑爲氏」下云：「羊舌氏，姬姓，晉之公族也，靖侯之後，食采於此，故爲羊舌大夫……羊舌，晉邑名。」謂羊舌氏爲晉公族，以邑爲氏，與杜說同，又謂羊舌氏出自靖侯之後，則與新唐書宰相世系表異。羊舌氏爲晉公族當無疑問，其以邑爲氏，蓋是。稱羊舌大夫者，孔疏以爲其爵爲大夫，故以氏配爵稱羊舌大夫，然左僖二十五晉文公使趙衰處原，爲「原守」，傳稱趙衰爲「原大夫」，同傳「狐溱爲溫大夫」，左昭二十八晉「司馬彌牟爲鄔大夫，賈辛爲祁大夫，司馬烏爲平陵大夫……」，則晉稱邑守爲某大夫，羊舌大夫之稱亦其類也。左襄二十一叔向稱祁奚爲「祁大夫」，杜注：「食邑於祁。」食邑於祁曰祁大夫，與食邑羊舌，因而稱羊舌大夫者同。

0788、羊舌赤（襄三）、赤（襄三）、伯華（襄三）──晉

案：左襄三「羊舌職死矣，晉侯曰：『孰可以代之？』對曰：『赤也可。』」……於是羊舌赤佐之」，杜注謂羊舌赤爲羊舌職之子伯華，則羊舌、其氏也，上引傳載祁奚對晉君之問稱其爲赤，則赤、其名也。同傳稱其曰「伯華」，華當是其字也。解詁云：「晉羊舌赤、字伯華。」以赤爲名，伯華爲字。周秦名字解詁彙釋引洪恩波聖門名字箋詁云：「赤有華采。」因謂古人名赤字華，名字相應。羊舌亦之字所以配「伯」字稱「伯華」者，左昭五杜注：「伯華、叔向兄。」新唐書宰相世系表亦云：「突生職，職五子：赤、肸、鮒、虎、季夙。」謂羊舌大夫生羊舌職，羊舌職生五子：羊舌赤、羊舌肸、羊舌鮒、羊舌虎及

季夙，其中季夙未見，左通補釋四疑其「早卒無後」，據此，羊舌赤爲長，因其行次爲伯，故以伯配字稱伯華也。

0789、羊舌肸（襄十六）、叔肸（襄十一）、叔向（襄十四）、肸（襄十九）、
　　　楊肸（昭五）──晉

案：左襄十六「羊舌肸爲傅」，杜注：「肸、叔向也。」此晉羊舌大夫之孫、羊舌職之子，參 0787 羊舌大夫及 0788 羊舌赤條，則羊舌、其氏也。左襄十九叔向曰「肸敢不承命」，自稱肸，則肸、其名也。肸、說文作肸。解詁謂「晉羊舌肸、字叔向」，以肸爲其名，叔向爲其字，並釋名字相應云：「向讀爲響，肸響者，布寫之貌也，說文『肸、肸響，布也』……漢書司馬相如傳『眾香發越，肸響布寫』，顏注曰『肸響、盛作也』……揚雄傳又曰『肸響豐融』，左思蜀都賦『景福肸響而興作』，則凡動而四布者，皆謂之肸響矣。」說文通訓定聲響字下謂肸響爲「雙聲連語」，說文肸字下段注云：「晉羊舌肸字叔向，向、釋文許兩切，即響字，知肸響之語甚古。」凡此三家皆謂叔向之向即響字，名肸字響，名字相應。禮記檀弓下「趙文子與叔譽觀乎九原」，鄭箋云：「叔譽、叔向也，晉羊舌大夫之孫名。」以叔譽爲叔向之名，此非也，叔向名肸，見前，解詁以叔譽亦羊舌肸之字；又引錢大昕之說：「譽爲響之譌。」謂檀弓下「叔譽」之譽，爲響之譌，叔譽即叔響，亦即叔向也，此說蓋是。據上所述，羊舌肸名肸、字向，稱叔肸、叔向者，以行次配名、配字也，叔爲其行次，見 0791 羊舌鮒條。左昭五載薳啓彊稱其曰「楊肸」，孔疏云：「楊肸、叔向，本羊舌氏，食菜於楊，故又號楊肸也。」羊舌肸子稱楊食我，見左昭二十八，同傳又載晉「楊氏」縣原爲羊舌氏之田，則羊舌肸食采於楊，當以邑爲氏，故又稱楊肸也。

0790、羊舌虎（襄二十一）、虎（襄二十一）、叔虎（襄二十一）──晉

案：左襄二十一晉范宣子「殺箕遺、黃淵、嘉父、司空靖、邴豫、董叔、邴師、申書、羊舌虎、叔羆」，杜注：「十子皆晉大夫……羊舌虎、叔向弟。」謂羊舌虎爲叔向弟者、同年傳有明文，然則羊舌虎爲羊舌職之子，羊舌、其氏也。同年傳祁奚告范宣子曰「若之何其以虎也棄社稷」，虎蓋其名。新唐書宰相世系表謂羊舌虎字「叔羆」，解詁從之，此蓋以傳文「羊舌虎叔羆」連爲一人，以虎爲名，叔羆爲字。然左傳人物名號，未見先名後字之例，故其說非也，杜注亦以爲兩人，故曰「十子」。

0791、羊舌鮒（昭十三）、叔鮒（昭十三）、鮒（昭十三）、叔魚（昭十三）
　　　——晉

　　案：左昭十三「羊舌鮒攝司馬」，杜注：「鮒，叔向弟也。」則羊舌鮒爲
羊舌肸之弟，羊舌職之子，羊舌、其氏也。同傳羊舌鮒見季平子曰「昔鮒
也……」，自稱鮒，則鮒、其名也。傳又稱其曰「叔魚」，解詁：「晉羊舌鮒，
字叔魚。」以叔魚爲其字。說文云：「鮒，鮒魚也。」鮒本魚名，故名鮒字魚，
名字相應。傳稱叔鮒、叔魚，叔則其行次。新唐書宰相世系表云：「職五子：
赤、肸、鮒、虎、季夙。赤字伯華……肸字叔向……鮒字叔魚……虎字叔羆。」
據此，羊舌職五子，長子羊舌赤以行次「伯」配字曰伯華，幼子亦以行次「季」
稱，曰季夙，而居中三人皆以「叔」爲行次矣。左傳亦同，羊舌赤曰伯華、
羊舌肸曰叔肸、叔向，羊舌鮒曰叔鮒、叔魚，羊舌虎曰叔虎。然則兄弟多者，
居中之人皆以叔爲行次，蓋有周之通例，如周武王之兄曰伯邑考，幼弟曰冉
季載，居中者八人除周公、武王外皆稱叔，與此同例，參頁四三。

0792、羊舌職（宣十五）——晉

　　案：左宣十五「羊舌職說是賞也」，杜注：「職，叔向父。」謂羊舌職爲
羊舌肸之父，羊舌、其氏也，參 0787 羊舌大夫條，職蓋其名。

0793、羊斟（宣二）、叔牂（宣二）——宋

　　案：左宣二「華元殺羊食士，其御羊斟不與」，又云「君子謂羊斟非人也……
其羊斟之謂乎」，則羊斟爲人名，宋華元之御也。史記宋微子世家作羊羹，肉
汁謂之羹，亦謂之斟，故羊羹即羊斟。錢大昕十駕齋養新錄卷二，以羊爲其
名，斟爲動詞，不確，俱詳解詁。會箋云：「名羊斟，故頒羊不及，與鄭靈食
諸大夫以黿，召子公而不與，其情事頗類。」以羊斟爲名是也。同上傳孔疏
云：「羊斟與叔牂，當是名字相配。」解詁亦云：「宋羊斟，字叔牂。」並引
爾雅「羊……牝牂」爲說，以母羊爲牂，故名斟字牂，爲名字相應，叔、
蓋其行次也。

0794、羊羅（昭十八）——邾

　　案：左昭十八「邾人羊羅攝其首曰」，則羊羅爲邾人也。

0795、羽頡（襄三十）、馬師頡（襄三十）——鄭

　　案：左襄三十鄭「羽頡出奔晉」，杜注：「羽頡、馬師頡。」又注馬師頡
云：「子羽孫。」子羽蓋字羽，參 0085 子羽條，則羽頡以王父字羽爲氏也。

同傳稱「子皮以公孫鉏爲馬師」，杜注：「代羽頡。」則馬師、其官也。羽頡既出奔晉，故馬師由公孫鉏出任，因羽頡官馬師，以官名配名，故有「馬師頡」之稱也。

0796、老佐（成十五）──宋

案：左成十五宋華元使「老佐爲司馬」，杜注：「老佐，戴公五世孫。」陳氏世族譜及春秋大事表十二下皆謂老佐氏老。

0797、老陽子（昭十二）──周

案：左昭十二周劉獻公等殺「老陽子」，杜注：「周大夫。」廣韻陽字注云：「複姓……春秋釋例，周有老陽子。」以老陽爲複姓。

0798、臣〔成〕簡公（昭七）──周

案：左昭七「王使臣簡公如衛弔」，杜注：「簡公，王卿士也。」「臣簡公」會箋本作「郕簡公」，楊注云：「郕，原誤作臣，或本作成，今從金澤文庫本訂正。」以爲作郕者是。左成十三有成肅公、左定八有成桓公，並作成，杜氏世族譜周「成氏」之下列成肅公、成桓公及此成簡公，則郕宜作成，蓋其氏也，參0892成肅公條，簡、蓋其謚也。

0799、臼任（昭二十一）──宋

案：左昭二十一「張匄……遂與子皮、臼任、鄭翩殺多僚」，杜注：「任、翩亦貙家臣。」謂臼任爲宋華貙家臣。杜注單稱任，蓋以臼爲其氏。

0800、舟之僑（閔二）──虢→晉

案：左閔二「虢公敗犬戎于渭汭，舟之僑曰……遂奔晉」，杜注：「舟之僑、虢大夫。」其奔晉後，左僖二十八晉立其爲戎右，是年被殺。舟之僑之「之」字爲語助，參頁七一。

0801、行人子朱（襄二十六）、子朱（襄二十六）、朱（襄二十六）──晉

案：左襄二十六子朱謂叔向曰：「何以黜朱於朝。」自稱朱，則朱，其名也。而左傳行文時則稱子朱，此名上冠男子美稱「子」字而成之通行稱謂也。稱「行人子朱」者，行人，其官名也。

0802、行人子羽（哀十二）、子羽（哀十二）──衛

案：左哀十二「謀於行人子羽」，杜注：「子羽，衛大夫。」行人爲其官。

0803、行人子員（襄四）、子員（襄二十六）──晉

案：左襄六「韓獻子使行人子員問之」，杜注：「行人，通使之官。」則

行人為其官名，左襄二十六「叔向命召行人子員，行人子朱曰『朱也當御』」，子朱自稱朱，則朱為名，行人子員與行人子朱並列，則員當亦名也。

0804、行人干徵師（昭八經）、干徵師（昭八）——陳

　　案：左昭八經「楚人執陳行人干徵師殺之」，則干徵師為陳行人，行人、其官也。干、公羊經作于，左、穀作干，穀梁范注云：「干，姓，徵師、名。」會箋同。

0805、行人公孫揮（襄二十四）、子羽（襄二十四）、公孫揮（襄二十六）、
　　　　行人子羽（襄二十九）、行人揮（昭元）——鄭

　　案：左襄二十四「鄭行人公孫揮如晉聘」，杜注：「揮，子羽也。」解詁云：「鄭公孫揮、字子羽。」以揮為其名，子羽為其字，同年傳即稱「子羽」。左襄二十九「鄭行人子羽曰」、左昭元「鄭行人揮曰」，行人為其官，此以官名冠於名及字上者也。

0806、行人且姚（哀十二）——吳

　　案：左哀十二「衛人殺吳行人且姚」，則行人且姚為吳人，行人，其官也。

0807、行人北宮結（定七經）、北宮結（定七）、結（定七）——衛

　　案：左定七經「齊人執衛行人北宮結以侵衛」，經多書名，結蓋其名也。傳載衛告齊侯曰「執結以侵我」，亦可證結為其名。杜氏、陳氏世族譜皆列北宮結於衛北宮氏下。以北宮為其氏；春秋分記世譜七且以北宮結為北宮喜之子，則北宮、其氏也，行人則其官名。

0808、行人石買（襄十八經）、石買（襄十七經）、石共子（襄十九）——
　　　　衛

　　案：左襄十七經「衛石買帥師伐曹」，杜注：「買，石稷子。」謂石買為石稷子，則石、其氏也，經多書名，買蓋其名。稱行人石買，行人為其官名。左襄十九稱「石共子」，共蓋其謚也。

0809、行人良霄（襄十一經）、良霄（襄十一）、伯有（襄十五）、伯有氏（襄
　　　　二十九）——鄭

　　案：左襄十一經「楚人執鄭行人良霄」，杜注：「良霄、公孫輒子伯有也。」公孫輒為鄭公子去疾之子，則良霄為公子去疾之孫，公子去疾字良，故良霄以王父字「良」為氏，經多書名，霄蓋其名也。解詁云：「鄭良霄、字伯有。」以霄為其名，伯有為其字。左襄二十九「鄭大夫盟于伯有氏」，謂盟于伯有家也。

0810、行人叔孫婼（昭二十三經）、叔孫婼（昭七經）、昭子（昭四）、叔孫
昭子（昭五）、婼（昭十二）、叔孫（昭二十一）——魯

　　案：左昭四「牛立昭子而相之」，杜注：「昭子，豹之庶子叔孫婼也。」
豹即叔孫豹，則叔孫，其氏也。左昭十二載叔孫婼答季平子曰「故婼也及此」，
又載叔孫婼命吏曰「婼將與季氏訟」，其自稱婼，則婼、其名也。婼，公羊作
舍，左昭七經楊注云：「蓋古韻部爲平入通轉。」其稱昭子者，昭蓋其謚也。
其稱叔孫者，叔孫氏之嗣位者稱叔孫，詳頁十一。

0811、行人樂祁犂（定六經）、樂祁犂（昭二十七經）、樂祁（昭二十二）、
司城子梁（昭二十七）、子梁（定八）——宋

　　案：左昭二十二「樂祁爲司馬」，杜注：「祁、子罕孫樂祁犂。」子罕即
樂喜，則樂、其氏也。左昭二十二、二十五、左定六、八、九皆稱樂祁，而
左昭二十七經、定六經則作樂祁犂、經或書其全名，而傳則省其名之一，左
傳人物名號中，有兩字名而省稱其一之例，詳頁三十。左定八「獻子私謂子
梁」，杜注：「子梁，樂祁。」解詁云：「宋樂祁、字子梁。」以祁爲其名，子
梁爲其字。左昭二十七稱「司城子梁」者，宋有司城之官，如樂祁祖父樂喜
即任是官，左襄九「樂喜爲司城以爲政」是也。前引左昭二十二「樂祁爲司
馬」，會箋本及楊伯峻春秋左傳注本皆作「樂祁爲司城」，疑阮刻本誤。以其
爲司城，故傳稱司城子梁也。

0812、西乞術（僖三十三）、西乞（僖三十二）、術（文十二經）——秦

　　案：左僖三十二秦穆公「召孟明、西乞、白乙」，杜注：「西乞，西乞術。」
孔疏云：「術……必是名，西乞……或字或氏，不可明也。」以術爲其名，是
也。左文十二經「秦伯使術來聘」，傳作「西乞術」，經多書名，術當是其名，
猶左文九經書「楚子使椒來聘」，即鬭椒也。左通補釋八云：「廣韻以西乞爲
氏，通志氏族略亦然。」然解詁云：「秦西術，字乞。」以西爲其氏，乞爲其
字；並謂術讀爲遂，遂、終也；乞讀爲訖，亦終也，故名字相應。張澍春秋
時人名字釋之說同，未知其說然否。

0813、西鉏吾（成十八）——宋

　　案：左成十八「西鉏吾曰」，杜注：「西鉏吾，宋大夫。」通志氏族略第
五云：「西鉏氏，左傳宋大夫西鉏吾，漢有侍御史西鉏虛，見英賢傳。」以西
鉏爲複氏，然左襄九「使西鉏吾……」杜注：「鉏吾，大宰也。」稱鉏吾，蓋

以鉏吾爲其名，西爲其氏，與氏族略之說異。

七畫

0814、伯子同氏（成十八）——晉

案：左成十八晉悼公「館于伯子同氏」，杜注：「晉大夫家。」伯子同爲晉大夫，於伯子同之稱謂下配氏字，以稱其家也，詳見頁十五，會箋云：「蓋其人行伯，故曰伯子同氏。」然或伯爲其氏，同爲其字，以氏配「子」配字爲左傳人物稱謂之通例，詳上篇第二章。

0815、伯氏（襄九）——宋

案：左襄九宋樂喜「使伯氏司里，使華臣具正徒……」，杜注：「伯氏，宋大夫。」則杜注以伯氏爲人名號。傳稱伯氏者，左傳有以行次配氏稱人，左宣十五晉侯曰「微子，吾喪伯氏矣」，伯氏指荀林父，伯爲荀林父之行次，此諸侯以行次配氏稱卿大夫也。左定四「楚之殺郤宛也，伯氏之族出，伯州犂之孫嚭……」，此伯氏之伯則爲氏，本條伯氏之伯亦氏也，蓋以其人之氏伯配「氏」稱其人，詳頁十五。

0816、伯困〔因〕（襄四）

案：左襄四后羿「棄武羅、伯困……」，杜注：「羿之賢臣。」伯困，校勘記謂石經、宋本等作伯因，漢書古今人表作柏因，史記正義作伯姻，故當作伯因；此說是也，會箋本亦作伯因。

0817、伯宗（宣十五）——晉

案：左宣十五「伯宗曰」，杜注：「伯宗，晉大夫。」元和姓纂卷十引世本云：「晉孫伯起生伯宗，因氏焉。」晉語五韋注：「伯宗，晉大夫孫伯糾之子。」左宣十五楊注云：「伯起、伯糾當是一人。」陳氏世族譜以伯糾、伯宗、伯州犂、伯嚭等爲晉伯氏，新唐書宰相世系表云：「宗氏出自子姓，宋襄公母弟敖仕晉，孫伯宗爲三卿所殺，子州犂奔楚，食采於鍾離，州犂少子連家於南陽，以王父字爲氏。」謂伯宗出自宋桓公後，伯宗之宗爲字。伯宗，穀梁成五作伯尊，解詁云：「晉伯宗，字尊。」以宗爲名，尊爲字，又引大雅鳧鷖傳曰：「宗，尊也。」以爲名字相應。然上所引新唐書宰相世系表謂伯宗之後爲宗氏，果如此，則伯宗字宗名尊耶？抑新唐書宰相世系表之說誤耶？

0818、伯明氏（襄四）、伯明（襄四）

案：左襄四「寒浞，伯明氏之讒子弟也，伯明后寒棄之」，杜注：「寒，

國……伯明，其君名。」孔疏：「寒是國名，伯明，寒君之名也。后，君也；伯明君此寒國之時，而棄不收采也。」謂伯明爲寒國之君名。

0819、伯服（僖二十四）──周

　　案：左僖二十四「王使伯服、游孫伯如鄭請滑」，杜注：「二子，周大夫。」史記鄭世家云「周襄王使伯犕請滑」，伯服之服作犕，而周本紀則仍作服。史記志疑卷二十三云：「犕、古服字。」

0820、伯虎（文十八）

　　案：左文十八謂高辛氏有才子八人，伯虎其一也。

0821、伯姬（僖九經）──魯

　　案：左僖九經「伯姬卒」，會箋云：「僖公妹。」謂伯姬爲魯僖公妹，伯當是其行次，姬則其母家姓也。

0822、伯姬（宣十五）──潞

　　案：左宣十五晉伯宗曰「虐我伯姬」，伯姬指同傳所謂「潞子嬰兒之夫人，晉景公之姊」也。曰伯姬者，以其行次配母家姓爲稱，此春秋婦女稱謂之通例。

0823、伯封（昭二十八）、封豕（昭二十八）

　　案：左昭二十八「樂正后夔……生伯封，實有豕心……謂之封豕」，則伯封爲后夔之子。其稱封豕者，杜注：「封，大也。」釋封爲大，孔疏因云：「時人謂之大豬。」會箋云：「封，大也，因其名伯封，以豕配名，惡稱之也。」

0824、伯禽（定四）、魯公（文十二）、禽父（昭十二）──魯

　　案：左定四「分魯公以大路大旂」，杜注：「魯公，伯禽也。」傳又云「命以伯禽」，此伯禽當是策命篇名，猶下文「命以康誥」也，孔疏引劉炫說，以爲猶如尚書君牙之以人名號爲篇名也。伯禽稱魯公者，史記魯周公世家謂周公「卒相成王，而使其子伯禽氏就封於魯」，詩魯頌閟宮述魯受封事云「王曰叔父，建爾元子，俾侯於魯」，以其代周公封於魯，故曰魯公也。其稱伯禽者，魯頌閟宮稱其爲周公之元子，故伯、其行次也，禽則爲其名或字，左傳人物稱謂，有以行次配名或字爲稱。其稱禽父者，則名或字下殿男子美稱父字，此亦左傳人物稱謂之常例，俱詳上篇第二章。

0825、伯嘉（桓十二）──羅

　　案：左桓十二「羅人欲伐之，使伯嘉諜之」，杜注：「羅，熊姓國……伯

嘉，羅大夫。」

0826、伯奮（文十八）

案：左文十八謂高辛氏有才子八人，伯奮爲其一。

0827、伯戲（昭三）

案：左昭三「箕伯、直柄、虞遂、伯戲，其相胡公、大姬，已在齊矣」，杜注謂伯戲爲「舜後，陳氏之先。」

0828、伯輿（襄十）、伯與（成十一）──周

案：左成十一周公「與伯與爭政」，杜注：「伯與，周卿士。」與，釋文云：「本亦作輿。」伯輿見左襄十，云「王叔陳生與伯輿爭政」，杜注亦謂伯輿爲「王卿士」，釋文又云：「輿，本又作與。」傳之伯與與伯輿相距十七年，當爲同一人。杜氏世族譜周雜人下有伯輿，無伯與，則左成十一之伯與本作伯輿歟？

0829、伯鯈（宣三）──南燕

案：左宣三「鄭文公有賤妾，曰燕姞，夢天使與己蘭，曰『余爲伯鯈，余而祖也』」，杜注：「伯鯈，南燕祖。」謂伯鯈爲南燕國之始祖。

0830、伯鯈（僖二十三）──晉

案：左僖二十三重耳在狄取季隗「生伯鯈、叔劉」，則伯鯈爲晉文公之子，傳以伯鯈、叔劉並稱，則伯，其行次也。

0831、伯蠋（成九）──鄭

案：左成九「欒書伐鄭，鄭人使伯蠋行成」，則伯蠋爲鄭人。

0832、佗（昭二十七）──楚

案：左昭二十七「殺陽令終及其弟完及佗」，陽令終爲楚陽匄子，則佗爲楚人。

0833、佚之狐（僖三十）──鄭

案：左僖三十「佚之狐言於鄭伯曰」，杜注：「鄭大夫。」佚之狐之「之」字爲語助，參頁七一。

0834、冶區夫（昭十三）──魯

案：左昭十三「冶區夫曰」，杜注：「區夫，魯大夫。」稱區夫，以冶爲其氏歟？

0835、冶廑（僖三十）、冶（僖三十）——衛

案：左僖三十「衛侯使賂周歂、冶廑，曰：苟能納我，吾使爾為卿。周、冶殺元咺……」，則冶廑為衛人。傳以周、冶稱二人，周、冶蓋二人之氏，廑為其名或字。

0836、吳大伯（閔元）、大伯（僖五）——吳

案：左閔元「為吳大伯不亦可乎」，杜注：「大伯，周大王之適子。」大王即古公亶父，史記周本紀「古公有長子，曰太伯，次曰虞仲，太姜生少子季歷」，則伯、仲、季皆兄弟之行次，故依序稱大伯、虞仲、季歷，史記吳太伯世家云：「太伯之犇荊蠻，自號句吳，荊蠻義之，從而歸之千餘家，立為吳太伯。」則吳、其國名，伯，其行次。

0837、吳子光（定十四經）、公子光（昭十七）、闔廬（昭二十七）、吳子（昭三十）、吳光（昭三十）、光（昭三十）——吳

案：左定十四經稱「吳子光卒」，則光為其名，詳 0857 宋公固條。稱吳光者，吳為其氏，稱闔廬者，闔廬為其號，詳頁五七。史記吳太伯世家及、左昭二十七杜注謂吳子光為吳王諸樊之子，左昭二十七孔疏及史記吳太伯世家索隱引世本謂吳子光為吳子夷末子，此二說也不同。左襄三十一吳屈狐庸謂「有吳國者，必此君之子孫實終之」，此君指吳子夷末，則當以吳子夷末子為是。

0838、吳子夷末（昭十五經）、吳句餘（襄二十八）、吳子（襄三十一）——吳

案：左昭十五經「吳子夷末卒」，則夷末為其名，詳 0857 宋公固條，此吳子乘之三子。史記吳太伯世家夷末作夷昧，公羊經同，趙坦春秋異文箋云：「公羊作夷昧，聲之轉耳。」左襄二十八齊慶封「遂來奔……既而齊人來讓，奔吳，吳句餘予之朱方」，杜注：「句餘、吳子夷末也。」孔疏云：「此時吳君是餘祭也，明年餘祭死，乃夷末代立……杜以為夷末者，以慶封此年之末始來奔魯，齊人來讓，方更奔吳，明年五月而闔弒餘祭，計其間未得賜慶封以邑，故以句餘為夷末也。」又云：「服虔以句餘為餘祭。」史記吳太伯世家：「王餘祭三年，齊相慶封有罪，自齊來犇吳，吳予慶封朱方之縣。」以予慶封朱方者為餘祭，與服虔之說合，惠棟春秋左傳補註亦從服虔之說，安井衡左傳輯釋云：「吳或稱勾吳，先儒謂勾發聲，猶越稱於越，釋文『句，古侯反，讀如勾，則此句亦發聲，餘即餘祭之餘，句餘為

餘祭無疑。」謂句餘之句為發聲，餘即餘祭之餘，故句餘即餘祭。楊注亦云：「慶封奔吳若在二十九年初，餘祭賜以邑，亦極可能，服虔較是。」皆謂句餘當即餘祭，杜注之說非。然自吳子乘號壽夢始，其長子遏號諸樊，次子餘祭號戴吳，此三子夷末則無號，而繼立者僚又號州于，夷末子光號闔廬，闔廬弟號夫槩，詳頁五七，前後凡七君，豈唯夷末無號乎？且餘祭已號戴吳，又稱句餘者何故？豈有兩號乎？安井衡以句為發聲，然左傳人物名號中，罕見有發聲者，即使句字為發聲，亦當稱句餘祭，而不當去號之一字以冠發聲之詞也，左傳人物名號中實無其例，故其說非，杜、孔以句餘為夷末蓋是。左襄二十八經書「冬，齊慶封來奔」，左襄二十九經書「夏五月……閽弒吳子餘祭」，慶封奔魯，齊人來讓，乃復奔吳，孔疏以為慶封奔吳，或餘祭已卒，雖楊注駁此說，然由上述吳君名號考察，似仍以杜、孔之說為是。左傳書吳子夷末與慶封邑於吳子餘祭未卒之時，此乃左傳本有先敘後事之例，如左定五「九月，夫槩王歸，自立也，以與王戰，而敗，奔楚，為棠谿氏」，杜注：「傳終言之。」左昭四「叔孫不食，乙卯，卒，牛立昭子而相之」，楊注：「立昭子婼亦在明年，由明年，傳知之。」此皆傳敘後事之例。然則句餘當是吳子夷末之號。

0839、吳子遏（襄二十五經）、吳子諸樊（襄十四）、吳王（襄二十五）、吳子（襄二十五）、諸樊（襄三十一）——吳

　　案：左襄二十五經「吳子遏……卒」，經多書名，則遏蓋其名也。遏，公、穀作謁，趙坦春秋異文箋云：「遏、謁音相近，公、穀作謁，假音字。」左襄十四稱吳子諸樊，史記吳太伯世家同，諸樊為其號，詳頁五七。據史記吳太伯世家，吳子遏之父壽夢已稱王，故左襄二十五巢牛臣稱吳子遏為「吳王」。

0840、吳子乘（襄十二經）、吳子壽夢（成七）、吳子（襄三）、吳壽夢（襄十九）——吳

　　案：左襄十二經「吳子乘卒」，則乘為其名，詳0857宋公固條。傳稱「吳子壽夢卒」，杜注：「壽夢，吳子之號。」參頁五七。

0841、吳子餘祭（襄二十九經）、戴吳（襄三十一）——吳

　　案：左襄二十九經「閽弒吳子餘祭」，經多書名，則餘祭為其名。左襄三十一「閽戕戴吳」，戴吳為其號，詳頁五七。

0842、吳王夫差（哀元）、夫差（定十四）、吳子（哀元）、吳王（哀七）、吳夫差（哀十三）——吳

案：左定十四「夫差使人立於庭」，杜注：「夫差，闔廬嗣子。」則爲吳子光之子。其稱吳王者，吳自吳子乘已稱王，詳0839吳子遏條。左定六「吳大子終纍敗楚舟師……於是乎遷郢於鄀」，杜注：「終纍，闔廬子，夫差兄。」史記吳太伯世家則云：「吳王使太子夫差伐越……楚恐而去郢徙鄀」，以大子終纍即夫差，左通補釋二十六謂終纍爲夫差之號，未知是否。今暫分爲兩條。

0843、吳句卑（定四）、句卑（定四）——楚

案：左定四「吳句卑曰」，據傳，此楚左司馬戌之臣。吳句卑又稱句卑，會箋云：「句卑，吳人，蓋從而自吳來也。」傳稱左司馬戌初臣於吳王闔廬，而吳句卑又臣於左司馬戌，故會箋以爲句卑從左司馬戌自吳來，句卑蓋其名。

0844、吾離（襄十四）——姜戎

案：左襄十四晉「將執戎子駒支，范宣子親數諸朝，曰『來！姜戎氏，昔秦人迫逐乃祖吾離于瓜州』」，則吾離爲姜戎國先君。

0845、呂姜（哀十七）——衛

案：左哀十七「以爲呂姜髢」，杜注謂呂姜爲衛「莊公夫人」，呂本姜姓之國，呂姜爲呂國之後，姜爲其母家姓，故稱呂姜。與左文六杜祁之稱一律。

0846、呂封人華豹（昭二十一）、華豹（昭二十一）、豹（昭二十一）——
　　　宋

案：左昭二十一「干犫御呂封人華豹」，杜注：「呂封人華豹，華氏黨。」孔疏云：「呂、邑，封人、官名，豹即下文華豹是也……釋例譜一人再見，名字不同，皆兩載之，宋雜人內有呂封人豹、華豹爲一人，知此本無華也。」謂杜氏所據本作「呂封人豹」。傳又稱華豹，此傳敘宋華氏叛宋，與宋及諸侯戰于赭丘，華豹爲華氏一方之人，杜注以爲「華氏黨」，則華豹之華蓋其氏，春秋分記世譜三及陳氏世族譜於宋華氏之下，皆列華豹，亦以華爲其氏，傳又稱其爲「豹」，豹或其名也。

0847、呂級（昭十二）、丁（襄二十五）、丁公（昭三）——齊

案：左昭十二「昔我先王熊繹與呂級……」，杜注：「齊太公之子丁公。」則呂級爲呂尚之子，史記齊太公世家，太公卒後，「子丁公呂伋立」是也。傳之「呂級」，釋文云：「本亦作伋。」會箋本正作「伋」，與史記合。其稱「呂」者，依史記，大公先祖封於呂，「從其封姓，故曰呂尚」，而傅斯年大東小東說則謂齊初封於呂，後乃徙齊，然則「呂」者，齊封地名，因以爲氏，故冠

於名上，稱呂尙、呂級也。其稱「丁公」者，說文玎字下云：「齊大公子伋諡曰玎公。」是以丁爲其諡。通志氏族略第四則以爲是時諸侯無諡，謂「丁公者，長第之次也」，謂丁爲行次。而史記會注考證引汪中之說，謂周初「夏殷之禮相沿而未革，故猶有以甲、乙爲號者，齊之丁、乙、癸，宋之丁公是也」，殷帝王多以天干爲稱，而周初彝銘人物之名號，尙有以天干爲稱者，如父乙、父丁等多見，又獻侯鼎爲成王時器，見郭某周代金文圖錄及釋文冊三頁三一下，其文有「丁侯」者，此等地下實物之記載，可與汪中之說相印證。丁公又稱丁者，省略諸侯之通稱「公」字也。

0848、孝（哀二十四）——魯

案：左哀二十四魯宗人釁夏曰「孝、惠娶於商」，孝指魯孝公，孝蓋其諡也。

0849、孝伯（隱三）——衛

案：左隱三「衛莊公……娶于陳，曰厲嬀，生孝伯，早死，其娣戴嬀生桓公……公子州吁，嬖人之子也」，則孝伯蓋衛莊公之長子，孝伯之伯蓋其行次，稱孝伯，或與左僖十七稱齊桓公長子曰武孟者同，皆以行次殿後也。

0850、孝侯（桓二）——晉

案：左桓二「惠之三十年，晉潘父弑昭侯而納桓叔，不克，晉人立孝侯」，史記晉世家「晉人共立昭侯子平爲君，是爲孝侯」，則晉孝侯爲晉昭侯之子，孝、蓋其諡也。

0851、宋子（襄十九）——鄭

案：左襄十九「子然、子孔，宋子之子也」，杜注謂宋子爲「鄭穆公妾」，蓋宋國女子，故以母家國名冠於母家姓上，猶陳嬀、鄭姬之稱也。

0852、宋子朝（哀十一）、宋朝（定十四）、予朝（哀十一）——宋→衛

案：左定十四「衛侯爲夫人南子召宋朝」，杜注：「南子，宋女也，朝、宋公子，舊通于南子，在宋呼之。」則宋朝爲宋人。其何以稱宋朝？就左傳人物名號考察，諸侯之子孫在他國，以其本國名配名爲稱，詳見頁六。蓋宋朝爲宋公子，從衛靈公之召，仕於衛，故稱宋朝。杜氏世族譜衛雜人下有「宋朝」，云：「本宋公子，子朝也。」子朝見於左哀十一，其文云：「衛大叔疾出奔宋，初，疾娶于宋子朝……子朝出。」杜注：「子朝，宋人，仕衛爲大夫。」則杜以宋朝即子朝，即宋子朝。左哀十一會箋、楊注之說同，論語亦

載宋朝之事，云：「不有祝鮀之佞，而有宋朝之美，難乎免於今之世矣。」
祝鮀爲衛人，宋朝仕於衛，據傳宋朝後出奔，故孔子並舉以爲言，鮀爲祝鮀
之名，朝蓋亦宋朝之名。左傳人物名號中，有名上冠子之例，詳上篇第二章，
故又稱子朝。左昭二十衛有公子朝，或以爲即此宋朝，蓋非也，參 0246 公
子朝條。

0853、宋公王臣（文七經）、宋成公（僖二十四）、宋公（僖二十四）、宋王
　　　臣（定四）——宋

　　案：左文七經「宋公王臣卒」，經多書名，王臣蓋其名也，詳 0857 宋公
固條。王臣，穀梁作壬臣，釋文云：「壬臣或作王臣。」趙坦春秋異文箋云：
「穀梁作壬臣，或字之譌。」傳作「宋成公卒」，成蓋其謚也。

0854、宋公佐（昭二十五經）、佐（襄二十六）、世子佐（昭四經）、大子佐
　　　（昭四）、宋大子（昭四）、元公（昭十）、宋公（昭十二經）、宋元
　　　公（昭二十）、宋元公（昭二十五）——宋

　　案：左昭二十五經「宋公佐卒于曲棘」，經多書名，則佐蓋其名。杜注：
「未同盟而赴以名。」亦以佐爲其名。左昭二十六經「葬宋元公」，元蓋其謚
也。左昭二十五稱「宋公元公」，蓋衍一公字，會箋本及楊伯峻春秋左傳注本
作宋元公。

0855、宋公成（昭十經）、世子成（成十五經）、宋公（成十七經）、平公
　　　（襄六）、宋平公（昭十）、平（哀十二）——宋

　　案：左昭十經「宋公成卒」，則成、其名也，詳 0857 宋公固條。左昭十
一經「葬宋平公」，平蓋其謚也。宋平公之名或作戌，公羊成十五經「宋世子
成」，釋文云：「音恤，本或作成。」校勘記云：「唐石經、閩、監、毛本，成
作戌。」公羊昭十經亦曰「宋公戌卒」，則公羊經或作成，或作戌，然公羊昭
元年經何注謂宋向戌「與君同名」，時宋君即宋平公，則何休所據公羊經作「宋
世子戌」，「宋公戌卒」，今本作成、作戌，皆誤也。左昭十經楊注云：「博古
圖錄卷二十二有宋公成鐘六器，銘云『宋公成之謌鐘』，阮元積古齋鐘鼎彝器
款識引吳東發云：『今觀是銘，當以公羊爲正，是平公器也，左昭二十年傳『公
子城』，杜注『平公子』，『成』與『城』同，若平公名成，其子不得名城也。』
郭沫若兩周經文辭大系考釋云：『古文辰戌之戌與成字之差僅一筆，古器中每
互譌。』」

0856、宋公和（隱三經）、宋穆公（隱三經）、穆公（隱三）、穆（文十八）
　　——宋

　　案：左隱三經「宋公和卒」，則和、其名也，詳 0857 宋公固條。同經「葬宋穆公」，穆蓋其謚。

0857、宋公固（成十五經）、宋共公（成十五經）、宋公（成三經）——宋

　　案：左成十五經「宋公固卒」，經多書名，則固、其名也。又依左傳傳例，經書諸侯卒，多書諸侯之名：左隱七經「滕侯卒」，傳云「滕侯卒，不書名，未同盟也，凡諸侯同盟，於是稱名，故薨則赴以名」，杜注：「盟以名告神，故薨亦以名告同盟。」故有同盟關係之諸侯卒，以名來告，則春秋即據而書其名。左僖二十三復稱「凡諸侯同盟，死則赴以名，禮也」，亦謂諸侯同盟，死赴以名為禮。故左桓十四經「齊侯祿父卒」，杜注：「隱六年盟于艾」；左莊二經「宋公馮卒」，杜注：「再與桓同盟」，如此者甚多，杜氏皆以為因同盟之故，經乃於其卒也書名。左僖二十三云「赴以名，則亦書之」，杜注「謂未同盟」，意謂未同盟之諸侯卒，若赴以名，則春秋亦直書其名。故左桓五經「陳侯鮑卒」，杜注：「未同盟而書名者，來赴以名故也。」左定四經「陳侯吳卒」，杜注：「未同盟而赴以名。」如此者亦甚多，皆未同盟，然赴以名，而春秋亦書其名也。傳續云「不然則否，辟不敏也」，杜注：「謂同盟而不以名告。」又云：「敏、審也。」以為有同盟關係之諸侯卒，然不以名告，則春秋不書名，避因不審而誤書也。此說顧炎武左傳杜解補正疑之，云：「謂未同盟者，蓋恐不審其實而有誤，故不書名，史氏之體也。」以為此二句當指未同盟，而又不赴以名者，則春秋不書其名。沈欽韓春秋左氏傳補注亦云：「此謂未同盟之人，本不審其名，故不赴名，不書也，若已同盟，雖不赴名，策書固已悉之，書其名，無不審之患，攷經中則有未同盟而書名，無同盟而不書名者。」此說是也。綜上所述，春秋書外諸侯卒，不書名者，唯有未同盟且又不赴以名者，故同傳楊注云：「春秋記外諸侯之卒凡一百三十三，而不書名者，十次而已。」此十次指左隱七經「滕侯卒」、隱八經「宿男卒」、莊三十一經「薛伯卒」、僖二十三經「杞子卒」、宣九經「滕子卒」、成十四經「秦伯卒」、成十六經「滕子卒」、昭五經「秦伯卒」、定九經「秦伯卒」、哀三經「秦伯卒」，據此，則經記外諸侯之卒，作某公某卒、某侯某卒、某伯某卒、某子某卒、其下一某字，當皆君名也。

0858、宋公茲父（僖二十三經）、大子茲父（僖八）、宋子（僖九經）、襄公（僖九）、宋襄公（僖九）、宋公（僖十三經）——宋

案：左僖二十三經「宋公茲父卒」，則茲父爲其名，詳 0857 宋公固條。茲父，公羊作慈父，趙坦春秋異文箋云：「慈，古或省作茲，公羊不省，故作慈。」傳稱「宋襄公卒」，襄蓋其謚。春秋書宋君曰宋公，而左僖九經稱宋襄公爲「宋子」，傳云：「宋桓公卒，未葬而襄公會諸侯，故曰子，凡在喪……公侯曰子」，以爲宋桓公未葬，嗣君尙在喪，故經不稱「宋公」，而曰「宋子」，參頁六一。

0859、宋公御說（僖九經）、公子御說（莊十一）、桓公（莊十二）、宋公（莊十四經）、宋桓公（閔二）、桓（文十六）——宋

案：左僖九經「宋公御說卒」，則御說爲其名，詳 0857 宋公固條。傳稱「宋桓公卒」，桓蓋其謚也。左莊十一稱其爲「公子御說」，因其爲宋莊公之子、宋閔公之弟，是時宋君爲閔公，故稱公子。左傳君之嗣子稱大子，其餘凡公之子稱公子，分別甚明。

0860、宋公馮（莊二經）、馮（隱三）、公子馮（隱三）、莊公（桓二）、宋公（桓二）、宋莊公（桓十一）、莊（莊十二）——宋

案：左莊二經「宋公馮卒」，則馮、其名也，詳 0857 宋公固條。左莊三經「葬宋莊公」，莊蓋其謚也。其稱公子馮者，由左隱三宋穆公臨終使孔父嘉奉兄宣公子殤公，而使己子公子馮出居鄭，推知宋穆公未立公子馮爲大子，故傳僅稱公子馮。

0861、宋公鮑（成二經）、公子鮑（文十六）、文公（文十六）、宋公（文十八）、宋文公（宣元）——宋

案：左成二經「宋公鮑卒」，則鮑爲其名，詳 0857 宋公固條。左成三經「葬宋文公」，文蓋其謚也。史記宋微子世家一稱公子鮑，兩稱鮑革，十二諸侯年表仍作鮑。左文十六楊注云：「錢大昕史記考異謂革爲衍文，或是也。」然此亦猶宋景公左傳稱其單名欒，而史記稱頭曼，漢書作兜欒也。參 0044 大子欒條。

0862、宋木（定五）——楚

案：左定五楚昭王賞「宋木」，杜注謂從楚昭王出奔有大功者，則爲楚昭王之臣。

0863、宋共姬（襄三十經）、共姬（成八）、伯姬（成九經）、姬（襄二十六）、
　　　宋伯姬（襄三十經）──宋

案：左成八「宋華元來聘，聘共姬也」，杜注：「成公姊妹，爲宋共公夫人。」稱伯姬者，伯爲其行次，因其爲魯女，故殿以母家姓，而稱伯姬。其稱共姬者，左襄三十杜注云：「共姬，從夫謚也。」謂以其夫宋共公之謚爲稱，故曰共姬。以夫謚配母家姓爲稱，爲左傳婦女稱謂之常例，見上篇第二章。

0864、宋武公（隱元）、武公（桓六）、宋公（文十一）──宋

案：左桓六「宋以武公廢司空」，杜注：「武公名司空。」稱武公者，武蓋其謚也。

0865、宋勇（哀二）──晉

案：左哀二「宋勇爲右」，杜注：「晉大夫。」

0866、宋宣公（隱三）──宋

案：左隱三「宋宣公可謂知人矣」，此宋武公之子，宣蓋其謚也。

0867、宋桓夫人（閔二）──宋

案：左閔二「生齊子、戴公、文公、宋桓夫人……」，此宋桓公之夫人，以夫謚稱，故曰宋桓夫人。

0868、宋景曹（哀二十三）、宋元夫人（昭二十五）、曹氏（昭二十五）
　　　──宋

案：左哀二十三「宋景曹卒，季康子使冉有弔且送葬」，杜注：「景曹，宋元公夫人，小邾女，季桓子外祖母。」孔疏云：「宋景曹者，宋景公之母，姓曹氏也，昭二十五年傳云『季公若之姊爲小邾夫人，生宋元夫人，生子以妻季平子』，此曹是平子之妻母，故爲桓子外祖母也，今康子是桓子之子，父之外祖母卒，故使冉有弔且送葬，婦人多以姓繫夫，此以景公見在，遣弔景公，故繫其子，小邾姓曹，故稱景曹。」謂其爲小邾女，姓曹，繫其子宋景公之謚，故稱宋景曹。然會箋則以景爲其謚，謂春秋經傳「無以子謚爲母稱之禮」，楊注亦云：「母謚景，子亦謚景，兩不相妨。」此說是也。左昭二十五稱之爲「宋元夫人」，以其爲宋元公之夫人也。又稱其爲「曹氏」，以其爲小邾女，曹姓故也。

0869、宋華子（僖十七）──齊

案：左僖十七齊桓公「內嬖如夫人者六人，長衛姬……少衛姬……鄭

姬……葛嬴……密姬……宋華子」，杜注「宋華子」云：「華氏之女，子姓。」左成十五「二華，戴族也」，謂華元、華喜爲宋戴公之後，然則華氏爲子姓也。宋華子爲宋國華氏之女；宋、其母國也，華、其母家氏，子、其母家姓也。

0870、宋襄夫人（文八）、襄夫人（文十六）、夫人王姬（文十六）——宋

案：左文八「宋襄夫人，襄王之姊也」，則此爲周襄王之姊，適宋，爲宋襄公之夫人，襄爲其夫諡，以夫諡殿以「夫人」，曰襄夫人，復冠以夫家國名，則曰宋襄夫人，其稱夫人王姬者，因其爲周襄王之姊，則爲周惠王之女，繫於王，故曰夫人王姬。

0871、完（昭二十七）——楚

案：左昭二十七「殺陽令終與其弟完及佗」，陽令終爲楚陽匄子，則完爲楚人。

0872、完（隱四經）、衛侯（隱元）、衛桓公（隱五經）——衛

案：左隱四經「衛州吁弒其君完」，經多書名，完蓋其名，楊注亦謂完爲其名。左隱五經「葬衛桓公」，桓蓋其諡也。

0873、尨降（文十八）

案：左文十八謂高陽氏有才子八人，尨降爲其一。

0874、尨圉（襄四）

案：左襄四后羿「棄武羅、伯困、熊髡、尨圉」，杜注：「四子皆羿之賢臣。」

0875、巫皋（襄十八）、巫（襄十八）——晉

案：左襄十八「見梗陽之巫皋」，杜注：「梗陽，晉邑……皋，巫名也。」

0876、延（昭二十二）——周

案：左昭二十二周「單子殺還、姑、發、弱、鬷、延……」楊注謂延爲周王子，延爲其名，參0477王子還條。

0877、成大心（文五）、大心（僖二十八）、孫伯（僖二十八）、大孫伯（僖三十三）——楚

案：左僖二十八楚「大心與子西使榮黃諫」，杜注：「大心，子玉之子。」子玉即成得臣，成爲其氏，則成大心之成亦其氏也。同傳稱「孫伯」，杜注：「即大心。」解詁云：「楚成大心，字孫伯。」以大心爲其名，孫伯爲其字。張澍春秋時人名字釋謂「孫即遜字，遜、順也，言心雖大而畏慎也」，以爲名

字相應，左僖三十三又稱「大孫伯」，會箋云：「大蓋與孟也、長也同，因其兄弟行稱之。」

0878、成公（昭十二）、成（昭十二）——周

案：左昭十二「甘簡公無子，立其弟過，過將去成、景之族……而立成公之孫鰌」，杜注：「成公……過之先君。」則此爲甘成公，成蓋其謚也。

0879、成公（成十八經）、魯侯（成十六）、成（襄七）——魯

案：左成十八經「葬我君成公」，此魯成公，成蓋其謚也。

0880、成公般（昭二十六）——晉

案：左昭二十六晉師使「成公般戍周而還」，杜注：「般，晉大夫。」似以般爲其名或字。通志氏族略第五有「成公氏」，云「成公氏：姬姓，衛成公之後」，此衛之成公氏也。左通補釋二十七引萬氏氏族略曰：「通志略云：成公氏，衛成公之後……此成公般疑出自晉成公，與成鱄、成何之成氏別。」謂成公般蓋出自晉成公，與衛之成公氏同，亦以成公二字爲其氏，與左昭二十八之成鱄、左定八之成何之以成字爲氏者別。未知是說然否。

0881、成王（僖二十六）、成（昭四）——周

案：左僖二十六「昔周公、大公……夾輔成王」，此周成王，舊以成爲謚，王國維遹敦跋據彝器文字考證，謂「周初諸王，若文、武、成、康、昭、穆，皆號而非謚也……此美名者，死稱之，生亦稱之。」以爲「謚法之作，其在宗周共、懿諸王以後乎」，參頁四四，則成爲其生號也。

0882、成何（定八）——晉

案：左定八晉「涉佗、成何曰」，杜注：「二子，晉大夫。」萬氏氏族略以成爲其氏，參 0880 成公般條。春秋分記世譜六謂晉「成氏二人」，指此成何與左昭二十八成鱄也。

0883、成風（閔二）、夫人風氏（文四經）——魯

案：左僖二十一「須句……風姓也……邾人滅須句，須句子來奔，因成風也，成風爲之言於公」，杜注：「須句，成風家。」則成風爲須句人，據左閔二及杜注，成風爲魯莊公妾，魯僖公之母，故須句國滅，其君奔魯，依成風，傳稱須句爲風姓，古女子繫姓，故成風之風爲其母家姓，成蓋其謚也。

0884、成差（成十三）——秦

案：左成十三秦、晉戰于麻隧，晉「獲秦成差」，則成差爲秦人。

0885、成師（桓二）、桓叔（桓二）、桓（莊二十三）──晉

案：左桓二晉穆侯於千畝之戰生大子之弟「命之曰成師」，此謂晉穆侯爲大子之弟取名曰「成師」，則成師、其名也。傳又載「封桓叔于曲沃」，杜注以桓叔即成師，史記晉世家云：「成師封曲沃，號爲桓叔。」因其爲大子弟，故桓叔之叔爲其行次。

0886、成桓公（定八）──周

案：左定八「晉士鞅會成桓公侵鄭」，杜注：「桓公，周卿士。」左成十三有成肅公，左昭七有成簡公，杜氏世族譜周「成氏」下列此三公，以成爲其氏，參 0872 成肅公條。桓蓋其謚也。

0887、成秩（襄二十三）──齊

案：左襄二十三「齊侯伐衛……成秩御莒恆」，則成秩爲齊人。

0888、成得臣（僖二十三）、子玉（僖二十三）、令尹子玉（僖二十五）、得臣（僖二十八經）──楚

案：左僖二十三「楚成得臣帥師伐陳」，杜注：「成得臣、子玉也。」國語晉語四章注：「子玉，楚若敖之曾孫。」而左僖二十八杜注謂子玉爲若敖之孫，春秋分記世譜七以得臣爲鬪伯比之三子，則亦以爲若敖之孫，未知孰是。春秋分記世譜七、陳氏世族譜及春秋大事表十二下，皆以成得臣、成大心、成嘉、成虎爲楚成氏。左僖二十八子玉使鬪勃向晉請戰曰「得臣與寓目焉」，自稱得臣，則得臣、其名也。解詁：「楚成得臣，字子玉。」以子玉爲其字。左僖二十三謂子文使子玉爲令尹，以其爲楚之令尹，故以官名冠於字上，稱令尹子玉也。

0889、成愆（襄三十）──周

案：左襄三十「儋括圍蒍，逐成愆」，杜注：「成愆，蒍邑大夫。」會箋謂成愆疑即同傳前文之「單公子愆期」，蓋傳述單公子愆期勸周靈王殺儋括，故儋括逐成愆。馮繼先春秋名號歸一圖卷上，亦謂按釋例，單公子愆期、成愆爲一人，而今所見杜氏世族譜雜人內，成愆與單公子愆期並列爲二人，與馮氏之說不同，而周單氏內有穆公，謂「穆公、旗，即公子愆」，似以單穆公又稱單旗者，即單公子愆期、單公子愆期之期，校勘記謂石經作旗，會箋本亦作旗，則與單旗之旗同，會箋云：「愆旗別本作愆期，論語巫馬期，呂覽具備、仲尼弟子傳作巫馬旗，射義耄期，釋文『期本又作旗』，是期、旗同音，古通。」則期、旗古通用。據杜氏世族譜單穆公又稱單旗者，似即單公子愆

期，春秋分記世譜一謂單穆公「名愆旗」，則直以爲一人。會箋疑單公子愆期即成愆，陳氏世族譜亦以單公子愆期即成愆，然則單穆公單旗者，或與單公子愆期、成愆爲一人。今則暫分三條。參 1650 單公子愆旗、1659 單旗條。

0890、成嘉（文十二）、子孔（文十二）——楚

案：左文十二「成嘉爲令尹」，杜注：「若敖曾孫子孔。」春秋分記世譜七云：「得臣之後爲成氏，生二子，曰大心，曰嘉。」謂成嘉爲成得臣之子，成大心之弟，陳氏世族譜及春秋大事表十二下楚成氏成得臣下亦列成大心、成嘉，則成、其氏也。解詁云：「楚成嘉，字子孔。」以嘉爲其名，子孔爲其字。

0891、成熊（昭十二經）、成虎（昭十二）——楚

案：左昭十二經「楚殺其大夫成熊」，成熊，公羊經作成然，穀梁經作成虎，左氏傳文亦作成虎，孔疏云：「經書熊，傳言虎者，此人名熊字虎，傳言其字，經書其名，名字相覆，猶伯魚名鯉。」解詁亦云：「楚成熊、字虎。」而趙坦春秋異文箋則謂「左氏傳明云：書曰『楚殺其大夫成虎』，則經文作虎字可知，故穀梁經直作虎字，今左傳經文作成熊，或篆文殘脫致誤。正義謂名熊字虎，則古人未有以一物爲名，又以一物爲字者，即以伯魚爲證，伯魚名鯉，固未嘗以別一魚名爲字也，其說不通矣。」以穀梁作「成虎」爲是，其所舉之證據有二：一、左氏傳文引經亦作成虎；二、古人未有以一物爲名，又以一物爲字，然國語晉語一「郤叔虎」，韋注：「郤芮之父郤豹也。」解詁：「晉郤豹，字叔虎。」其說若是，則古人有以一物爲名，以另一物爲字。公羊經作「成然」，解詁及春秋異文箋皆以爲因成熊之形近而誤者。左昭十二「楚子謂成虎、若敖之餘也」，杜注：「成虎，令尹子玉之孫。」謂成虎爲成得臣之孫，則成、其氏也，虎爲其名或字。

0892、成肅公（成十三）、成子（成十三）——周

案：左成十三魯成公「遂從劉康公、成肅公會晉侯伐秦」，成肅公爲周大夫，通志氏族略第二云：「郕氏，亦作成……文王第五子郕叔武之所封……其後以國爲氏，或去邑爲成氏。」又謂成肅公之成即此郕氏。左通補釋十四云：「郕、成通用，疑郕叔武之子孫仕於王朝，如周、召之類是也。而路史國名紀五云：成乃周地，與郕之爲成異，則成、其采邑。未詳孰是。」左昭七有成簡公、左定八有成桓公，杜氏世族譜周「成氏」下列此三人，則成爲其氏，肅蓋其謚也。其稱成子者，以氏配子，此春秋卿大夫稱謂之通例。

0893、成鱄（昭二十八）——晉

案：左昭二十八「魏子謂成鱄」，杜注：「鱄，晉大夫。」單稱鱄，蓋以成爲其氏。成蓋其氏，參0882成何條。

0894、成讙（哀十三）——宋

案：左哀十三鄭「獲成讙」，杜注謂成讙爲「宋大夫。」

0895、杜回（宣十五）——秦

案：左宣十五「魏顆敗秦師于輔氏，獲杜回，秦之力人也」，則杜回爲秦人。

0896、杜祁（文六）——晉

案：左文六趙盾曰「杜祁以君故……」，杜祁之夫爲晉文公，杜注：「杜祁，杜伯之後，祁姓也。」楊注：「杜、國，祁、姓。」杜本國名，祁爲其母家姓，稱杜祁，猶左哀十七衛莊公夫人稱呂姜也。

0897、杜洩（昭四）——魯

案：左昭四「杜洩見」，杜注：「杜洩，叔孫氏宰也。」通志氏族略第二云：「杜氏……祁姓，帝堯之後……在周爲唐杜氏……杜伯無罪被殺，子孫分適諸侯，居杜城者爲杜氏，在魯有杜洩。」以杜爲其氏。

0898、杜原款（僖四）——晉

案：左僖四晉獻公殺大子申生之傅「杜原款」，國語晉語二韋注亦云：「原款，申生之傅也。」晉語二又載杜原款將死，使小臣圉告于申生曰：「款也不才……」自稱款，則款爲其名，或其名原款，而止稱一名也。左成十六晉有杜溷羅，或此二人皆氏杜。杜本國名，左襄二十四范宣子謂其先「在周爲唐杜氏」，杜注：「唐、杜，二國名。」國語晉語八韋注同。國語周語上有杜伯，爲杜國之君，國語晉語八韋注謂杜伯子隰叔避害奔晉，後人受范邑爲范氏。通志氏族略謂杜伯子孫分適諸侯，有以國爲氏者，參0877杜洩條。杜原款、杜溷羅或杜伯後，適晉，而以國名爲族氏者也。觀晉文公有妃曰杜祁，即杜國之後人，可知晉、杜關係之密切。

0899、杜溷羅（成十六）——晉

案：左成十六「晉韓厥從鄭伯，其御杜溷羅曰」，則杜溷羅爲晉人，溷羅蓋其名，杜或其氏歟？參0898杜原款條。

0900、杞子（僖三十）——秦

案：左僖三十秦「使杞子、逢孫、楊孫戍之」，杜注：「三子，秦大夫。」

杞或其氏，以氏配子爲春秋卿大夫稱謂之通例。

0901、杞伯（莊二十七經）——杞

　　案：左莊二十七經「杞伯來朝」，楊伯峻春秋左傳注以此年爲杞惠公六年，則杞伯者，杞惠公也。

0902、杞伯匄（襄二十三經）、杞伯（襄九經）、杞孝公（襄二十三經）
　　　　——杞

　　案：左襄二十三經「杞伯匄卒」，則匄，其名也，詳 0857 宋公固條。史記陳杞世家索隱亦云：「匄，名。」同經「葬杞孝公」，孝蓋其諡也。

0903、杞伯成（定四經）、杞伯（昭二十六經）、杞悼公（定四經）——杞

　　案：左定四經「杞伯成卒于會」，經多書名，成蓋其名。成，公羊經作戊，趙坦春秋異文箋云：「公羊作杞伯戊，或傳寫之譌。」經又云「葬杞悼公」，悼蓋其諡也。

0904、杞伯姑容（襄六經）、杞子（僖二十七經）、杞桓公（僖二十七）、杞
　　　　伯（文十二）——杞

　　案：左襄六「杞桓公卒」，孔疏引世本謂「杞桓公是成公之弟，成公卒而桓公立」，左僖二十三經書「杞子卒」，傳以爲杞成公，杞成公卒於是年，則魯僖二十四年爲杞桓公之元年，左襄六經書「杞伯姑容卒……葬杞桓公」，是年爲杞桓公七十年，史記陳杞世家集解「徐廣曰：世本曰：桓公立十七年」，史記陳杞世家亦云「桓公十七年卒」，此蓋「七十年」之誤倒耳。經書「杞伯姑容卒」，則姑容爲其名，詳 0857 宋公固條。傳云「杞桓公卒，始赴以名」，亦以姑容爲其名。稱杞桓公，桓蓋其諡也。杞君經多書杞伯，故杞桓公於左文十二經、成四、五、七、九、十八經，俱書杞伯，而左僖二十七經書「杞子來朝」，傳云「杞桓公來朝，用夷禮，故曰子」，杜注云：「貶其爵。」以爲杞桓公用夷禮，故由伯爵貶爲子爵，經是以稱杞子也。

0905、杞伯姬（莊二十七經）、伯姬（莊二十五經）——杞

　　案：左莊二十五經「伯姬歸于杞」，楊注：「伯姬，魯莊公之長女。」伯爲其行次、姬則其母家姓，因其嫁與杞國之君，故又冠以夫家國名，稱杞伯姬，與宋伯姬、紀伯姬同例。

0906、杞伯郁釐（昭二十四經）、杞伯（昭十三經）、杞平公（昭二十四經）
　　　　——杞

　　案：左昭二十四經「杞伯郁釐卒」，則郁釐爲其名，詳 0857 宋公固條。

郁釐，公羊作鬱釐，趙坦春秋異文箋云：「鬱、郁音相近，故公羊作鬱釐。」
同經「葬杞平公」，平蓋其諡也。

0907、杞伯益姑（昭六經）、杞伯（襄二十四經）、杞子（襄二十九經）、杞
　　　　文公（襄二十九）——杞

　　案：左昭六經「杞伯益姑卒」，則益姑，其名也，詳 0857 宋公固條。同
經「葬杞文公」，文蓋其諡也。以左襄二十四經稱杞文公爲杞伯，而至左襄二
十九經則稱杞子，故傳釋之云：「書曰子，賤之也。」杜注云：「賤其用夷禮。」

0908、杞伯過（哀八經）、杞僖公（哀九經）——杞

　　案：左哀八經「杞伯過卒」，則過爲名，詳 0857 宋公固條。左哀九經「葬
杞僖公」，僖蓋其諡也。

0909、杞成公（僖二十三）、杞子（僖二十三經）——杞

　　案：左僖二十三經「杞子卒」，傳云「杞成公卒」，成蓋其諡也。杞君經
多稱伯，此稱杞子者，傳云，「書曰子，杞、夷也。」杜注：「成公始行夷禮，
以終其身，故於卒貶之，杞實稱伯，仲尼以文貶稱子，故傳言書曰子，以明
之。」

0910、杞叔姬（成五經）、叔姬（成四）——杞

　　案：左成四「杞伯來朝，歸叔姬故也」，次年經書「杞叔姬來歸」，此時
杞君爲杞桓公，則此爲杞桓公之夫人，魯女，左文十二有叔姬，亦杞桓公之
妻，爲杞桓公所絕，杜注云：「立其娣以爲夫人。」孔疏以爲其娣即此叔姬也，
並引釋例曰「杞桓公以僖二十三年即位，襄六年卒，凡在位七十一年，文成
之世，經書叔姬二人，一人卒，一人出，皆杞桓公夫人也」，依傳考之，其說
蓋是。然姊妹二人何以皆稱叔姬？文十二孔疏云：「其娣亦字叔者，周之法稱
叔也。」蓋謂姊妹多人，伯仲叔季不足分配，居中者皆稱叔也，詳頁四三。

0911、杞姒（哀十七）——宋

　　案：左哀十七「子仲將以杞姒之子非我爲子」，杜注：「杞姒，子仲妻。」
又云：「子仲，皇野。」則杞姒爲宋皇野之妻。杞國姒姓，故杞國之女子稱杞
姒，猶齊國女子稱齊姜、宋國女子稱宋子，鄭國女子曰鄭姬也。

0912、杞侯（桓二經）——杞

　　案：左桓二經「杞侯來朝」，公、穀經作「紀侯」，左傳作「杞侯」與經
同，趙坦春秋異文箋以左氏經爲是，云：「左氏作杞侯，與下文『入杞』相連

貫……杞、紀音相近，字亦相類，公、穀誤爲紀。」楊伯峻春秋左傳注之說同，又以是年爲杞武公四十一年，然則杞侯，杞武公也。

0913、杞侯（桓十二經）──杞

案：左桓十二經「公會杞侯、莒子盟于曲池」，「杞侯」，公、穀經作「紀侯」，楊注云：「春秋啖趙集傳纂例一引竹書紀年亦作紀，然據左傳義，以作杞爲是。」並以是年爲杞靖公四年，據其說，杞侯者，杞靖公也。

0914、杞殖（襄二十三）、杞梁（襄二十三）、殖（襄二十三）──齊

案：左襄二十三「杞殖、華還載甲」，杜注謂杞殖爲「齊大夫」，同傳齊侯使弔杞殖妻，杞殖妻辭曰「殖之有罪……」，自稱其夫爲殖，則殖、其名也。同傳又稱「杞梁」，解詁云：「齊杞殖，字梁。」亦以殖爲其名，又以梁爲其字，杞則爲其氏矣。

0915、步招（文七）──晉

案：左文七晉禦秦師「步招御戎」，則步招爲晉人。左僖十五晉有步揚，以步爲氏。春秋分記世譜六謂步揚、步招爲兄弟或堂兄弟，則步爲其氏矣。然又謂杜氏世族譜列步招於雜人，則杜氏之說與程公說不同。

0916、步揚（僖十五）──晉

案：左僖十五「步揚御戎」，杜注：「步揚，郤犫之父。」左成十一經孔疏引世本，謂「郤豹……生義，義生步揚，揚生州，州即犫也」，故杜注謂步揚爲郤犫之父。廣韻步字注云：「左傳晉有步揚，食采於步，後因氏焉。」通志氏族略第三亦云：「步氏，姬姓，晉公族郤氏之後步陽（琛案：當作揚）食采於步，遂以爲氏。」則步揚其先爲郤氏，因其食采於步，以步爲氏，故其孫郤縠，傳又稱步縠，參 1426 郤縠條。

0917、汪錡（哀十一）──魯

案：左哀十一「公爲與其嬖童汪錡乘」，則汪錡爲魯人，檀弓下作「汪踦」，鄭注：「姓汪，名踦。」

0918、沈子逞（昭二十三經）、沈子（襄二十八）──沈

案：左昭二十三經「沈子逞滅」，沈子逞爲沈國之君，沈、國名，經多書名，逞蓋其名。逞，公羊作楹，穀梁作盈，趙坦春秋異文箋云：「逞、楹音相近，故公羊作楹，穀梁作盈，亦假音字。」左襄二十八有沈子，不知與此爲同一人否，今暫歸爲一條。

0919、沈子楫初（成八）——沈

案：左成八「晉侵沈，獲沈子楫初，從知、范、韓也」，杜注：「繞角之役，欒書從知莊子、范文子、韓獻子之言，不與楚戰，自是常從其謀，師出有功。」蓋以「自是」二字解傳「初」字，以沈子楫為句，初字屬下讀。會箋云：「楫初，沈子名，杜將初字連下句讀，文與理俱失之，從知、范、韓也者，言六年從三子之諫，而不與戰也，若其時遷怒而怒楚，不可得此役之勝，杜云：自是常從其謀，不是。」以楫初為沈子之名，與杜注不同。楊注從會箋之說。

0920、沈子嘉（定四經）——沈

案：左定四經「蔡公孫姓帥師滅沈，以沈子嘉歸」，經多書名，嘉蓋沈國之君名。

0921、沈尹（宣十二）——楚

案：左宣十二「沈尹將中軍」，左成七亦有沈尹，沈欽韓春秋左氏傳補注五云：「叔敖為令尹，似沈尹即孫叔也。」以沈尹即孫叔敖。楊注則云：「墨子所染篇云『齊桓染於管仲、鮑叔，晉文染於舅犯、高偃，楚莊染於孫叔、沈尹，吳王闔廬染於伍員、文義，越王句踐染於范蠡、大夫種』，管仲、鮑叔等皆兩人，則孫叔、沈尹亦為兩人必矣。呂氏春秋當染篇亦有此語，作『荊莊王染於孫叔敖、沈尹烝』，尊師篇又云『楚莊王師孫叔敖、沈尹巫』，察傳篇又云『楚莊聞孫叔敖於沈尹筮』，贊能篇又云『孫叔敖、沈尹莖相與友』，新序雜序五亦云『楚莊王學孫叔敖、沈尹竺』，則孫叔與沈尹為同時之兩人，尤為明顯，其名或作烝，或作巫、筮、莖、竺，蓋字形皆相似，莫知其孰是。」以古籍考明沈尹與孫叔敖係同時之兩人，及沈尹之名，此採左通補釋之說，而更詳明者也。左通補釋十二又云：「韓詩外傳二載沈令尹事，新序雜事一、列女傳二，並作虞丘子，又外傳七虞丘，說苑雜言作沈尹，則知沈尹之氏為虞丘。」以為沈尹氏虞丘也。其稱沈尹者，高誘注呂氏春秋尊師篇云「沈縣大夫」，蓋是也。故左宣十二杜注云：「沈或作寢，寢縣也，今汝陰固始縣。」以沈作寢，為縣名，春秋大事表七之四云：「沈……此沈國之別邑，楚取之以為重鎮，故沈尹見於春秋甚詳……靈王時有沈尹射、平王時有沈尹赤、昭王時有沈尹戌、惠王時有沈尹朱，邑本名寢，楚人因取之于沈，遂謂之沈，至光武時改名固始，今屬河南光州。」以沈為地名。楚縣尹或稱尹，春秋大事表十「武城尹」下注云：「哀十七年傳王卜之，武城尹吉，杜注：『武城尹，

公孫朝。』按定四年傳有武城黑，杜注：『楚武城大夫。』楚官多以尹名者，
而寢與武城皆邑名，蓋即縣尹。」謂沈尹與武城尹爲縣尹，其說蓋是。

0922、沈尹朱（哀十七）——楚

　　案：左哀十七楚「沈尹朱曰……他日改卜子國，而使爲令尹」，沈尹蓋沈
邑之縣尹，參 0921 沈尹條，朱爲其名或字。左通補釋三十二引汪繩祖曰：「淮
南人間訓云『大宰子朱侍飯于令尹子國』，下文改卜子國爲令尹。此沈尹朱即
子朱，後復爲大宰之官。」謂沈尹朱即淮南人間篇之大宰子朱，因後爲大宰
之官，故稱大宰子朱。或稱朱，或稱子朱者，古人名或字上可冠以「子」字，
此爲常例。

0923、沈尹赤（昭五）——楚

　　案：左昭五「沈尹赤會楚子」，春秋大事表十以沈尹爲楚官名，赤爲其名
或字。

0924、沈尹射（昭四）——楚

　　案：左昭四「楚沈尹射奔命於夏汭」，楊注：「沈，縣名……楚名縣長曰
尹，射、其人之名。」

0925、沈尹壽（襄二十四）——楚

　　案：左襄二十四楚子「使沈尹壽……讓之」，杜注：「楚大夫。」

0926、沈諸梁（哀十六）、葉公諸梁（定五）、葉公（定五）、子高（哀十
　　　六）、諸梁（哀十六）——楚

　　案：左定五「葉公諸梁之弟……」，杜注：「諸梁，司馬沈尹戌之子，葉
公子高也。」元和姓纂卷十引風俗通亦云：「楚沈尹戌生諸梁，字子高。」
餘如呂氏春秋慎行論高注、國語楚語下韋注，皆謂沈諸梁爲沈尹戌之子。解
詁：「楚沈諸梁，字子高。」以諸梁爲其名，子高爲其字，與風俗通同。元
和姓纂卷十引風俗通又謂沈諸梁「食采於葉，因氏焉」，左哀十六謂葉公諸
梁「老於葉」，則葉爲其封邑，故稱葉公。左哀十六稱「諸梁」，會箋本作「沈
諸梁」，校勘記亦謂作「沈諸梁」者是，左哀十九亦稱沈諸梁，其稱沈諸梁
者，左通補釋十九云：「蓋仍兼食沈邑。」以其父沈尹戌嘗爲沈邑縣尹，而
作此推測。

0927、牢成（襄二十三）——齊

　　案：左襄二十三「齊侯伐衛……牢成御襄罷師」，則牢成爲齊人。

0928、狂狡（宣二）──宋

案：左宣二「狂狡輅鄭人」，杜注：「狂狡，宋大夫。」

0929、狄虒彌（襄十）──魯

案：左襄十「狄虒彌建大車之輪」，杜注：「狄虒彌，魯人也。」楊注：「虒音斯，漢書古今人表作狄斯彌。」

0930、罕夷（閔二）──晉

案：左閔二「梁餘子養御罕夷」，杜注：「罕夷，晉下軍卿也。」

0931、罕虎（襄三十）、子皮（襄二十九）、虎（襄三十）、子皮氏（昭七）
　　──鄭

案：左襄二十九「鄭子展卒，子皮即位」，杜注：「子皮代父爲上卿。」則子皮爲子展之子，而子展又爲公子喜之子，公子喜字罕，見0241公子喜條，其以王父字罕爲氏，故稱罕虎。左襄二十九稱「故罕氏常掌國政」，以子皮之後爲罕氏也。左襄三十子皮告子產曰「虎帥以聽」，自稱虎，則虎、其名也。解詁：「鄭罕虎，字子皮。」以虎爲其名，子皮爲其字。又罕虎，公羊昭元經作「軒虎」，臧壽恭春秋左氏古義五云：「說文罕、軒並從干聲，故定十五年經『罕達』，公羊亦作『軒達』，昭四年傳『渾罕』，韓子作『渾軒』，亦同音相假。」左昭七「故馬師氏與子皮氏有惡」，此於「子皮」之稱下配氏，以指子皮之家也，參頁十五。

0932、罕朔（昭七）、馬師氏（昭七）、朔（昭七）──鄭

案：左昭七「故馬師氏與子皮氏有惡」，杜注：「馬師氏，公孫鉏之子罕朔也。」公孫鉏爲鄭公子喜之子，則罕朔爲公子喜之孫，公子喜字罕，參0241公子喜條，故罕朔以王父字爲氏也。同傳子產告韓宣子曰「朔於敝邑……」於他國大臣前稱本國臣子曰朔，則朔當爲其名。左襄三十馬師頡出奔，「子皮以公孫鉏爲馬師」，馬師爲官名，自罕朔之父公孫鉏爲馬師後，罕朔繼承之，故傳稱馬師氏，同傳載子產稱罕朔曰「其官，馬師也」亦可證馬師爲其官。

0933、罕達（定十五經）、子姚（哀二）、罕（哀二）、姚（哀二）、武子賸
　　（哀九）、子賸（哀十三）──鄭

案：左定十五「鄭罕達敗宋師于老丘」，杜注：「罕達，子齹之子。」子齹爲罕虎之子，鄭穆公子子罕之後，故罕、其氏也。同年經稱「罕達」，經多書名，則達當是其名也。左傳又稱其爲子姚、子賸、武子賸，解詁云：

「鄭罕達、字子姚，一字贖。」張澍春秋時人名字釋之說同，以達爲其名，子姚及贖爲其字，左哀九會箋則云：「武，謚也，子贖，字也，與鄭桓子思一例。贖、姚音通而並用之。」以武爲其謚，子贖爲其字，又以子贖之贖字與姚字爲音通並用，故或稱子贖、或稱子姚，而非一名二字，與王引之等之說不同。

0934、罕魋（昭七）──鄭

案：左昭七「罕朔殺罕魋」，杜注：「魋，子皮弟。」謂罕魋爲鄭罕虎之弟，則罕、其氏也，魋蓋其名也。

0935、良（襄二十二）──鄭

案：左襄二十二「子展廢良而立大叔」，杜注：「良，游販子。」則爲鄭穆公子子游之後也。

0936、良止（昭七）──鄭

案：左昭七「子產立……良止以撫之」，杜注：「良止，伯有子也。」伯有即鄭良霄，爲鄭公子去疾之孫，公子去疾字良，良霄以王父字「良」爲其氏，故其子良止亦氏良。

0937、良佐（隱三）──鄭

案：左隱三「鄭良佐如陳泣盟」，杜注：「良佐、鄭大夫。」

0938、芋尹申亥（昭十三）、申亥（昭十三）──楚

案：左昭十三「芋尹無宇之子申亥」，則申亥爲楚芋尹無宇之子，傳續稱「芋尹申亥」，則其嗣其父之職位爲芋尹，故稱芋尹申亥。其父又稱申無宇，則申亥之申、其氏也。

0939、芋尹蓋（哀十五）、蓋（哀十五）──陳

案：左哀十五「上介芋尹蓋對曰」，杜注：「蓋，陳大夫貞子上介。」芋尹原爲楚官名，春秋大事表十楚芋尹之官下云：「昭七年傳芋尹無宇，十三年傳芋尹申亥，正義曰『芋、草名，哀十五年陳有芋尹蓋，皆以草名其官，不知何故』。」大事表續云：「按陳近楚，設官多相效，論語有陳司敗，司敗之官亦唯楚有之。」謂陳亦有芋尹之官。同傳芋尹蓋曰「寡君使蓋備使弔君之下吏」，自稱蓋，則蓋、其名也。

0940、角（僖二十八）──衛

案：左僖二十八「其子角從公」，杜注：「角，元咺子。」謂角爲衛大夫

元咺之子，則角爲衛人。

0941、赤（莊二十四經）——曹

案：左莊二十四經「赤歸于曹」，杜注：「赤，曹僖公也，蓋爲戎所納，故曰歸。」孔疏引賈逵之說云：「赤是戎之外孫，故戎侵曹逐羈而立赤。」史記管蔡世家及年表，均以此年爲曹釐（僖）公夷元年，字作夷，與此稱赤者不同，會箋以爲依春秋經，曹無曹僖公一代，史記杜撰曹僖公一代；而赤當爲曹昭公班，又云：「赤後或更名班歟？」公、穀則又以赤即同年經下文之「郭公」，與左氏諸家注不同。赤，小篆作𤆍，夷，小篆作夷，字形相似，疑史記誤爲夷，故與春秋不同，實則一人也。會箋之說蓋非是。

0942、辛甲（襄四）——周

案：左襄四「昔周辛甲之爲大史也」，杜注：「辛甲，周武王大史。」左僖二十二載周平王時周大夫辛有，左桓十八載周莊王時周大夫辛伯，春秋分記世譜六謂周有辛氏三人，蓋以此辛甲、辛有、辛伯皆氏辛歟？

0943、辛有（僖二十二）——周

案：左僖二十二「平王之東遷也，辛有適伊川」，杜注：「辛有，周大夫。」辛或其氏，參 0942 辛甲條。

0944、辛伯（桓十八）——周

案：左桓十八「辛伯告王」，王者，周莊王也，杜注：「辛伯，周大夫。」辛或其氏，參 0942 辛甲條。

0945、辛廖（閔元）——周或晉

案：左閔元「初畢萬筮仕於晉，遇屯䷂之比䷇，辛廖占之曰」，杜注：「辛廖，晉大夫。」史記晉世家集解引賈逵之說同。孔疏引劉炫云：「若在晉國而筮，何得云筮仕於晉？又辛甲、辛有並是周人，何故辛廖獨爲晉大夫？」謂辛廖當是周人。孔疏謂劉炫用服氏之說。孔疏駁云：「傳以畢萬是畢國子孫，今乃筮仕於晉，言於晉以對畢耳，非謂筮時在他國也。案昭十五年傳云『及辛有之二子董之晉，於是乎有董史』，注云『辛有周人，二子適晉爲大史』，則辛氏雖出於周，枝流於晉。」謂晉自有辛氏，以劉炫之說爲非，會箋、楊注則皆以劉炫爲是，未知孰是。

0946、辰（昭二十）——宋

案：左昭二十宋華氏「取大子欒與母弟辰……以爲質」，孔疏謂辰爲宋元

公之子，宋景公之弟，左定十經「宋公之弟辰……出奔陳」，經多書名，辰蓋其名也。

0947、邑姜（昭元）──周

案：左昭元「當武王邑姜方震大叔」，杜注：「邑姜，武王后，齊大公之女。」孔疏云：「傳言武王邑姜，繫之武王，知是武王后也。」

0948、邔子（宣四）──邔

案：左宣四「初，若敖娶於邔，生鬬伯比，若敖卒，從其母畜於邔，淫於邔子之女，生子文焉」，杜注：「邔，國名。」則邔子爲邔國之君，楚令尹子文之外祖父。

0949、邔夫人（宣四）──邔

案：左宣四「若敖娶於邔，生鬬伯比……從其母畜於邔，淫於邔子之女，生子文焉，邔夫人使棄諸夢中」，杜注：「邔，國名。」邔子爲邔國之君，邔夫人則邔子之夫人也。

0950、里克（閔二）、里（僖十）──晉

案：左閔二「里克諫曰」，杜注：「里克，晉大夫。」左僖十「皆里、丕之黨也」，里、丕指里克、丕鄭，丕爲氏，參0730丕鄭條，則里當亦氏也。左僖九經書「里克」，杜注：「里克稱名。」蓋以克爲其名。

0951、里析（昭十八）──鄭

案：左昭十八「里析告子產曰」，杜注：「里析，鄭大夫。」

0952、阬氏（哀十四）──魯

案：左哀十四「司馬牛……卒於魯郭門之外，阬氏葬諸丘輿」，杜注：「阬氏，魯人也。」

八畫

0953、亞圉（昭七）

案：左昭七「余敢忘高圉、亞圉」，杜注：「二圉、周之先也。」史記周本紀謂高圉生亞圉，亞圉爲古公亶父之祖，故杜氏謂高圉、亞圉爲周之先。

0954、侍人宜僚（昭二十一）──宋

案：左昭二十一宋元公「召司馬之侍人宜僚」，則宜僚爲宋大司馬華費遂

之侍人。

0955、侍人賈舉（襄二十五）──齊

案：左襄二十五謂齊莊公「鞭侍人賈舉而又近之……侍人賈舉止眾從者」，杜注：「重言侍人者，別下賈舉。」謂傳下文齊莊公被弒後「賈舉、州綽……皆死」之賈舉，與此侍人賈舉為二人，故傳冠侍人以別之，會箋之說同。

0956、具丙（襄十八）──晉

案：左襄十八「晉州綽……其右具丙」，杜注謂具丙為「州綽之右」，則具丙為晉人。

0957、叔山冉（成十六）──楚

案：左成十六楚「叔山冉謂養由基曰」，叔山冉為楚人。通志氏族略第四云：「叔山氏：左傳叔山冉之後，莊子，魯有叔山無趾。」會箋云：「叔山，複姓。」以叔山為複姓。冉則其名或字。

0958、叔弓（襄三十經）、弓（昭二）、子叔子（昭二）、敬子（昭三）──魯

案：左襄三十經「叔弓如宋葬宋共姬」，杜注：「叔弓、叔老之子。」則叔，其氏也。左昭二載叔弓辭郊勞云「寡君使弓來繼舊好」，自稱弓，則弓，其名也。同傳叔向稱其「子叔子」，叔氏或於叔字上冠子字稱子叔，參 0394 公孫嬰齊條，稱子叔子者，於氏下殿男子美稱「子」字，此春秋時卿大夫稱謂之通例。左昭三種叔弓為「敬子」，敬蓋其諡也。

0959、叔仲小（昭十二）、叔仲穆子（昭十二）、叔仲子（昭十二）、小（昭十二）──魯

案：左昭十二「南蒯語叔仲穆子」，杜注：「穆子，叔仲帶之子，叔仲小也。」因其為叔仲帶之子，故叔仲，其氏也。左昭十二「平子欲使昭子逐叔仲小，小聞之」，小即叔仲小，小蓋其名也，故冠以氏，稱叔仲小。其稱叔仲穆子者，穆蓋其諡也。

0960、叔仲志（定八）──魯

案：左定八「叔仲志不得志於魯」，杜注：「志，叔仲帶之孫。」則叔仲，其氏也，志為其名或字。

0961、叔仲帶（襄三十一）、叔仲昭伯（襄七）、叔仲子（襄二十八）、叔仲昭子（昭四）、帶（昭五）──魯

案：左襄七「叔仲昭伯為隧正」，杜注：「叔仲惠伯之孫。」故叔仲、其氏也。左昭五載叔仲帶謂季孫曰「帶受命於子叔孫」，自稱帶，則帶，其名也。其稱叔仲昭伯、叔仲昭子者，昭蓋其諡也，伯或其行次。其稱叔仲子，以氏殿子字，此春秋時卿大夫稱謂之通例。左襄三十魯叔孫莊叔「獲長狄僑如及虺也、豹也，而皆以名其子」會箋云：「莊叔之子祇有僑如與豹而無虺，蓋七年叔仲昭伯乃虺也，據杜氏則昭伯名帶，帶疑虺之字，虺本蛇類，莊子齊物論『蝍蛆甘帶』，釋文『帶，崔云：蛇也』，古名字相配，故名虺字帶。」楊注亦云：「文十一年傳僅言叔孫得臣（原注：即莊叔）獲長狄僑如，以名宣伯。宣伯之弟有叔孫豹，則名虺者蓋叔仲昭伯而字帶。」皆謂叔仲昭伯名虺字帶，名字相應，此說非是。魯有叔孫氏，又有叔仲氏，公子牙之子曰叔孫戴伯，戴伯子曰叔孫莊叔，莊叔子叔孫僑如，叔孫豹，此叔孫氏也。而公子牙另一子曰武仲休，武仲休之子即左文七之叔仲惠伯，參0962叔仲彭生條，此叔仲帶為其孫，其後又有叔仲小，叔仲志，此叔仲氏也。叔孫氏，叔仲氏二系分別甚明，叔仲帶非叔孫得臣之子亦明矣，會箋，楊注蓋合叔孫氏，叔仲氏為一而致誤歟？且叔仲帶自稱帶，則帶自是其名，會箋，楊注謂名虺，字帶，非也。若以帶為名，虺為字，亦非，因傳明謂叔孫莊叔名子以虺，不以帶也。

0962、叔仲彭生（文十一經）、叔仲惠伯（文七）、惠伯（文七）、叔彭生（文十四經）、叔仲（文十八）——魯

案：左文十一經「夏，叔仲彭生會晉郤缺于承筐」，此叔仲彭生蓋叔彭生之誤，故釋文云：「叔仲彭生……本或作叔彭生，仲衍字。」公、穀亦作「叔彭生」，其後文十四經公、穀書「叔彭生帥師……」，左氏經同，作「叔彭生」，由此可證前此三年之左文十一經亦當作「叔彭生」，左文十一經校勘記云：「漢書五行志，水經陰溝水注並引作『夏，叔彭生會晉郤缺于承匡』。」又云：「石經，宋本無仲字。」此亦可證叔仲彭生當作叔彭生。禮記檀弓下孔疏引世本云「桓公生慶叔牙，叔牙生武仲休，仲生惠伯彭，彭生皮，為叔仲氏」，則叔彭生者，公子牙之孫也，公子牙之行次為叔，後人以其行次叔為氏，故經書彭生之氏曰叔，經多書名，彭生蓋其名。傳稱惠伯者，惠為其諡，伯蓋其行次；傳稱叔仲者，叔仲為其後來之氏，蓋彭生後得立為一氏，為別於公子牙之嫡系，故於原氏「叔」下殿以仲字，為叔仲氏。左文十一經楊注謂「仲為其字」，蓋謂仲為叔彭生之行次，然叔彭生既稱惠伯，伯宜為其行次，仲字或得自其父武仲休（公子牙之子）之仲字也，以武仲休與公孫

茲爲兄弟，公孫茲又稱戴伯，爲長子，故於其諡「戴」字下殿以伯字，曰戴伯，武仲休當爲其弟，故於其諡「武」字下殿以仲字，曰武仲，然則叔仲之氏，上字蓋取自叔彭生之祖公子牙之行次，下字蓋取自叔彭生之父武仲休之行次而構成。經文稱叔彭生，傳文稱叔仲彭生，左文十一經會箋云：「此時尙未立叔仲子，故但書叔彭生。」左文十八謂叔彭生卒後，其宰公冉務人「奉其帑以奔蔡，既而復叔仲氏」，疑魯文公十四年後叔彭生或得立爲叔仲氏，故傳文云「復叔仲氏」，而不云「立」也。左文十八亦稱叔彭生爲叔仲，稱其氏也。

0963、叔老（襄十四經）、子叔齊子（襄十四）、齊子（襄十六）──魯

案：左襄十四經「季孫宿，叔老……會吳于向」，杜注：「叔老，聲伯子也。」謂叔老爲魯公孫嬰齊之子，叔肸之孫，叔肸之行次爲叔，故叔老以王父行次「叔」爲氏，猶季友之後以季友之行次「季」爲氏也。經多書名，老當是其名。左襄十四稱子叔齊子，叔氏或稱子叔，詳0394公孫嬰齊條。其稱齊子者，杜注云：「齊子，叔老字也。」會箋駁云：「叔老，公孫嬰齊之子，不應以父名爲字，齊是其諡，猶齊姜、齊歸矣。」楊注又駁會箋云：「若不得以齊爲字，則亦不得以齊爲諡，嬰齊以二字爲名，禮記曲禮上、檀弓下並云『二名不偏諱』，是也。」左傳人物名號中，有以諡配「子」之例，亦有以字配「子」之例，詳上篇第二章，然以字配子稱某子者較少見，此齊子之齊，或是其諡也。

0964、叔武（僖二十八）、衛子（僖二十八經）、夷叔（僖二十八）、衛武（定四）──衛

案：左定四衛祝佗述踐土之盟載書云「王若曰：晉重，魯申，衛武、蔡甲午，鄭捷，齊潘、宋王臣，莒期」，所稱諸國之君皆書名，衛武之武、亦其名也。左僖二十八衛成公「使元咺奉叔武以受盟」，稱叔武者，左定四祝佗謂其爲衛成公之母弟，知叔爲其行次，以行次配名曰叔武。左僖二十八又稱其爲夷叔，杜注：「夷，諡。」是以諡配行次曰夷叔。左僖二十八經「公會晉侯……衛子，莒子盟于踐土」，稱其曰衛子者，杜注：「衛侯出奔，其弟叔武攝位受盟，非王命所加，從未成君之禮，故稱子。」謂叔武攝位，從未成君之禮，故不稱衛侯，而曰衛子，參頁六一。傳又稱「叔孫將沐」，此叔孫乃叔武之譌，會箋本、唐石十三經本、新興書局影相臺岳氏本，永懷堂本皆作叔武，是也，其爲公子，當不得稱孫矣。

0965、叔肸（宣十七經）——魯

案：左宣十七經「公弟叔肸卒」，傳云：「公母弟也。」則此爲魯宣公之
母弟，魯文公之子。會箋云：「肸，名也，叔猶季友，仲遂，非氏，非字。」
蓋以肸爲其名，叔爲其行次。

0966、叔青（哀十九）——魯

案：左哀十九「叔青如京師」，杜注：「叔青，叔還子。」則叔，其氏也。
杜氏世族譜謂叔青即僖仲，周上傳楊注：「僖當是其謚，仲其排行。」

0967、叔姜（閔二）——魯

案：左閔二「閔公、哀姜之娣叔姜之子也」，則叔姜爲魯閔公之母、莊公
之妾，因其爲哀姜之娣，故叔者、其行次也。哀姜爲齊女，見左莊二十四經
傳，叔姜爲哀姜之娣，亦齊女，則姜者，其母家姓也。

0968、叔姬（莊二十七經）——莒

案：左莊二十七經「莒慶來逆叔姬」，杜注：「慶，莒大夫，叔姬，莊公
女。」稱叔姬，叔蓋其行次，姬則爲其母家姓。

0969、叔孫不敢（定五經）、叔孫成子（定元）、叔孫（定元）、不敢（定元）、
　　　成子（定十）——魯

案：左定元「叔孫成子逆公之喪于乾侯」，杜注：「成子，叔孫婼之子。」
則叔孫，其氏也。同傳載叔孫成子使告子家子曰「使不敢以告」，自稱不敢，
則不敢，其名也。杜注亦云：「不敢，叔孫成子名。」成蓋其謚。其稱叔孫者，
叔孫氏之嗣位者稱叔孫，詳頁十一。

0970、叔孫州仇（定十經）、武叔（定八）、叔孫（定十）、子叔孫（定十）、
　　　州仇（哀十一）——魯

案：左定八「陽虎劫公與武叔」，杜注：「武叔，叔孫不敢之子州仇也。」
則叔孫，其氏也。左哀十一載衛賜代叔孫州仇對吳王曰「州仇奉甲從君」，自
稱州仇，則州仇，其名也。其稱武叔者，武蓋其謚，叔蓋其行次。其稱叔孫者，
叔孫氏之嗣位者稱叔孫，詳頁十一。左定十「武叔聘于齊，齊侯享之曰『子叔
孫……』」，齊侯稱叔孫州仇爲子叔孫，於叔孫之上冠以「子」字，詳頁六十。

0971、叔孫豹（成十六）、穆叔（襄二）、叔孫穆子（襄七）、穆子（襄十一）、
　　　豹（襄二十四）、叔孫（襄二十七）、子叔孫（昭五）——魯

案：左成十六「子叔聲伯使叔孫豹請逆于晉師」，杜注：「豹，叔孫僑如

弟也。」則亦叔孫得臣之子。左襄二十四載叔孫豹告范宣子曰「以豹所聞……」，自稱豹，則豹，其名也。又參 0974 叔孫僑如條。其稱穆叔、穆子者，左襄二楊注云：「穆是其謚。」因其爲叔孫僑如之弟，故叔，其行次也。其稱叔孫者，叔孫氏之嗣位者稱叔孫，詳頁十一。左昭五叔仲帶曰「帶受命於子叔孫」，於叔孫上冠子稱叔孫豹，此蓋敬稱也，詳頁六十。

0972、叔孫得臣（文元經）、莊叔（文三）、叔孫莊叔（襄三十）——魯

案：左文元經「叔孫得臣如京師」，杜注：「得臣，叔牙之孫。」叔牙即魯公子牙，叔爲叔牙之行次，故後人以其行次爲氏。經多書名，則得臣，其名也。左文三稱其「莊叔」，楊注云：「莊蓋叔孫得臣之謚，叔則其字也。」叔當是得臣之行次。

0973、叔孫舒（哀二十六）、文子（哀二十七）——魯

案：左哀二十六「叔孫舒帥師會越皋如……」，杜注：「舒、武叔之子文子也。」謂叔孫舒爲魯叔孫州仇之子，故叔孫，其氏也，舒蓋其名也。其稱文子者，文蓋其謚也。

0974、叔孫僑如（成二經）、宣伯（文十一）、叔孫宣伯（成六）、僑如（成十四經）——魯

案：左襄三十「叔孫莊叔於是乎敗狄于鹹，獲長狄僑如及虺也，豹也，而皆以名其子」，杜注：「叔孫僑如，叔孫豹，皆取長狄名。」則叔孫僑如名僑如，叔孫豹名豹，皆叔孫莊叔之子。其稱宣伯者，宣爲其謚，伯爲其行次，與其弟叔孫豹稱穆叔者一律。

0975、叔孫輒（定八）、子張（哀八）——魯

案：左定八「叔孫輒無寵於叔孫氏」，杜注：「輒，叔孫氏之庶子。」春秋分記世譜六謂輒爲叔孫州仇之子，會箋因謂輒爲叔孫州仇之庶子，然則叔孫，其氏也。左哀八稱其曰「子張」，解詁：「叔孫輒，字子張。」以輒爲其名，子張爲其字。

0976、叔孫還（襄二十一）——齊

案：左襄二十一齊討公子牙之黨「叔孫還奔燕」，杜注：「齊公族。」左襄二十八「崔氏之亂，喪群公子，故鉏在魯，叔孫還在燕，賈在句瀆之丘」，似以叔孫還爲齊群公子之一，故左襄二十五「叔孫還」，杜注即謂「還，齊群公子」，又杜注稱「還」，則叔孫，其氏歟？公子之子始能稱「某孫」，參頁六

四，叔孫還稱叔孫，而前引左襄二十八謂「喪群公子，故……叔孫還在燕」，似以叔孫還爲齊群公子之一，何也？左昭二十「華亥僞有疾，以誘群公子，公子問之，則執之，夏六月丙申，殺公子寅、公子御戎、公子朱、公子固、公孫援、公孫丁……」，此數人未必皆公子，而傳稱群公子，與此句法同，然則叔孫還亦非公之子也，叔孫還蓋先人爲公子，行次爲叔，故以叔爲氏，因還爲宗子，故稱叔孫還歟？參頁十一。

0977、叔豹（文十八）

案：左文十八謂高辛氏有才子八人，叔豹爲其一。

0978、叔堅（僖十）——晉

案：左僖十謂晉殺「叔堅」，又謂叔堅爲晉里克、丕鄭之黨，則叔堅爲晉人。

0979、叔椒（昭五）——晉

案：左昭五薳啓彊謂晉「叔禽，叔椒，子羽皆大家」，杜注：「皆韓起庶子。」則叔椒爲晉人，叔蓋其行次，椒或其名。

0980、叔禽（昭五）——晉

案：左昭五薳啓彊謂晉「叔禽，叔椒，子羽皆大家」，杜注：「皆韓起庶子。」則叔禽爲晉人，叔或其行次，禽爲其名或字。

0981、叔禽（成十）——鄭

案：左成十「鄭伯……殺叔申、叔禽」，杜注：「叔禽，叔申弟。」叔申即鄭公孫申，見左成九，則叔禽爲鄭人，兄弟皆稱叔者，周代兄弟多者，伯、仲、叔、季不足分配，居中者皆稱叔，詳頁四三。

0982、叔詣（昭二十五經）——魯

案：左昭二十五經「叔詣會晉趙鞅……于黃父」，杜氏世族譜魯叔氏下云：「叔詣，鞅之子。」謂叔詣爲叔鞅之子，則叔，其氏也。經多書名，詣蓋其名。

0983、叔詹（僖七）、鄭詹（莊十七經）——鄭

案：左莊十七經「晉人執鄭詹」，傳云：「鄭不朝也。」杜注經云：「詹爲鄭執政大臣。」經多書名，詹蓋其名。孔疏謂鄭詹即左僖七之叔詹，叔或其行次，左僖二十三載叔詹諫鄭文公事，史記鄭世家記此事以叔詹爲鄭文公弟。

0984、叔達（文十八）

案：左文十八謂高陽氏有才子八人，叔達爲其一。

0985、叔隗（僖二十三）──晉

案：左僖二十三謂晉公子重耳奔狄「狄人伐廧咎如，獲其二女叔隗，季隗，納諸公子，公子……以叔隗妻趙衰，生盾」，則叔隗為趙衰之妻，趙盾之母，杜注：「廧咎如，赤狄之別種也，隗姓。」然則叔隗之隗，其母家姓，叔則其行次，與其妹稱季隗者一律。

0986、叔輒（昭二十一經）、子叔（昭二十一）──魯

案：左昭二十一經「叔輒卒」，杜注：「叔弓之子伯張。」謂叔輒為叔弓之子，則叔，其氏也，經多書名，則輒、其名也。叔氏又稱子叔，詳0394公孫嬰齊條，故同年傳昭子曰「子叔將死」，即稱其為子叔。輒，公羊作「痤」，穀梁作「輙」，古人名輒字張，如叔孫輒字張，以輒為「車兩輢」，如人之有兩耳，其象外張，故名輒字張，見說文輒字下段注及解詁。杜注既謂叔輒又稱伯張，張當是其字，由名字相應推之，則其名作輒者是，故解詁云：「魯子叔輒，字伯張。」

0987、叔鞅（昭二十二經）──魯

案：左昭二十二經「叔鞅如京師葬景王」，杜注：「叔鞅、叔弓子。」則叔、其氏也，經多書名，鞅蓋其名也。

0988、叔劉（僖二十三）──晉

案：左僖二十三謂重耳在狄娶季隗「生伯儵，叔劉」，則叔劉者，晉文公在狄所生之次子也，叔為其行次（故其兄稱伯，曰伯儵）劉為其名或字。

0989、叔還（定十一經）──周

案：左定十一經「叔還如周涖盟」，杜注：「還，叔詣曾孫。」孔疏云：「世族譜云『叔還，叔弓曾孫也』，又世本云『叔弓生定伯閱，閱生西巷敬叔，叔生成子還』，還為叔弓曾孫，杜云『叔詣曾孫』，轉寫誤耳。」以為當作叔弓曾孫，釋文之說同。經多書名，還蓋其名，叔則其氏也，又世族譜及孔疏所引世本皆稱其為「成子」，成蓋其謚也。

0990、叔麛（文十四）──楚

案：左文十四「廬戢黎及叔麛誘之」，杜注：「戢黎，廬大夫，叔麛、其佐。」楊注：「廬，楚邑名。」則叔麛為楚人。

0991、叔羆（襄二十一）──晉

案：左襄二十一「宣子殺……羊舌虎、叔羆」，杜注謂叔羆為「晉大夫，欒

盈之黨」，新唐書宰相世系表謂叔羆爲羊舌虎之字，此非也，詳 0790 羊舌虎條。

0992、叔獻（文十八）

　　案：左文十八謂高辛氏有才子八人，叔獻爲其一。

0993、周公（隱八）──魯

　　案：左隱八「鄭伯請釋泰山之祀而祀周公」，周公即文王子周公旦，其稱周公者，史記魯周公世家集解引譙周曰：「以大王所居周地爲其采邑，故謂周公。」索隱亦云：「周，地名，在岐山之陽，本太王所居，後以爲周公之荣邑，故曰周公。」以周公旦食邑於周，故稱周公。正義曰：「括地志云：周公城，在岐縣北九里，此地周之畿內，周公食采之地也，周公、邵公，周室元宰，輔佐文、武，成、康已下，蓋嫡子封於燕、魯，次子食采畿甸，奕葉爲卿士，故謂之周公，邵公也。」詩周南召周譜亦云：「周公封魯，死……元子世之，其次子亦世守采地，在王官，春秋時周公……是也。」皆謂周公旦之後仍食邑於周，爲王卿士，故仍稱周公，左傳所見有周公黑肩，周公忌父，宰孔，周公閱、周公楚等五人，蓋皆周公之後也。國語周語上有「周文公」，韋注云：「文公，周公旦之諡也。」詩周南召南譜亦云：「周公封魯，死，諡曰文公。」皆謂文公爲周公旦之諡，然是時未有諡法，文蓋周公旦之生號，與文、武、成、康、召、穆同。

0994、周公忌父（莊十六）──周

　　案：左莊十六「周公忌父出奔虢」，杜注：「周公忌父，王卿士。」國語周語上有「大宰忌父」，韋注以爲即周公忌父，蓋周公忌父官大宰也。左僖九經有「宰周公」，傳作宰孔，與周公忌父前後出現，故左僖十「周公忌父」下會箋云：「孔字忌父可知。」以忌父爲宰孔之字。楊注亦云：「周公忌父疑即宰孔。」而杜氏世族譜，陳氏世族譜，春秋大事表十二上周之周氏下皆分列二人，今暫分二人。周公忌父蓋周公旦之後，食采王畿、以周爲氏，參 0993 周公條。

0995、周公黑肩（桓五）、周桓公（隱六）、周公（桓十八）──周

　　案：左隱六「周桓公言於王曰」，杜注：「周桓公，周公黑肩也。」左桓五即書「周公黑肩」，會箋云：「王官多書其名。」以黑肩爲其名。稱周桓公者，桓蓋其諡。杜氏世族譜，陳氏世族譜，春秋大事表十二上，周之周氏下皆首列周公黑肩，以周爲其氏，周公黑肩蓋周公旦之後，參 0993 周公條。

0996、周公楚（成十一）、周公（成十二經）——周

案：左成十一「周公楚……出奔晉」，杜氏春秋世族譜、陳氏世族譜及春秋大事表十二上，周之周氏下皆列周公楚，以周爲其氏。

0997、周公閱（僖三十）、宰周公（僖三十經）、周公（文十四）——周

案：左僖三十經「天王使宰周公來聘」，杜注：「周公，天子三公，兼冢宰也。」謂其爲天子三公，故曰周公，因任冢宰之官，故曰宰，參 1292 宰孔條。傳稱「周公閱」，閱或其名歟？

0998、周文王（昭七）、文王（僖五）、文（僖九）——周

案：左昭七「周文王之法曰」，據史記周本紀，周文王即季歷之子昌也，王國維遹敦跋謂文王之文爲生號。

0999、周任（隱六）——周

案：左隱六「周任有言」，杜注：「周任，周大夫。」

1000、周弃（昭二十九）、后稷（文二）

案：左昭二十九「周弃亦爲稷」，杜注：「弃、周之始祖。」弃即棄，孔疏云：「棄爲周之始祖……以其後世有天下號國曰周，故以周冠棄。」左文二「皇祖后稷」，此即周弃。史記周本紀云：「周后稷名弃……遂好耕農……民皆法則之，帝堯聞之，舉弃爲農師……封弃於邰，號曰后稷。」據此，弃爲農官，因號曰稷。稱后稷者，后、君也，與后羿、后杼之后一例。

1001、周幽（昭四）、幽王（昭二十六）——周

案：左昭四「周幽爲大室之盟」，此周宣王之子周幽王也。

1002、周歂（僖三十）、周（僖三十）——衛

案：左僖三十「衛侯使賂周歂、冶廑曰『苟能納我，吾使爾爲卿』，周、冶殺元咺……」，周歂當是衛臣。傳以周，冶稱周歂、冶廑，周、冶蓋此二人之氏，歂爲其名或字。

1003、和組父（襄三）——晉

案：左襄三謂晉合諸侯于雞澤，陳來求成，「晉侯使和組父告于諸侯」，則和組父蓋晉人也。

1004、固（襄三十經）、蔡景公（成三）、蔡侯（襄二十四經）、蔡景侯（襄三十）、景侯（襄三十）——蔡

案：左襄三十經「蔡世子般弒其君固」，經多書名，固蓋其名。同經「葬

蔡景公」、景蓋其謚也。

1005、奄息（文六）——秦

案：左文六「秦伯任好卒，以子車氏之三子奄息，仲行，鍼虎爲殉」，杜注：「子車，秦大夫氏也。」則奄息爲秦大夫子車氏之子，亦氏子車。詩秦風黃鳥即作「子車奄息」，毛傳云：「子車，氏；奄息，名。」

1006、妾（僖十七）——晉

案：左僖十七「惠公之在梁也，梁伯妻之，梁嬴孕，過期，卜招父……曰『……男爲人臣，女爲人妾』，故名男曰圉，女曰妾」，據傳，妾爲晉惠公之女，傳稱「名……女曰妾」，則妾爲其名。

1007、姑（昭二十二）——周

案：左昭二十二周「單子殺還，姑……」，此蓋周之王子，姑爲其名，詳0477 王子還條。

1008、孟子（隱元）——魯

案：左隱元「惠公元妃孟子」，則孟子爲魯惠公之元妃，杜注：「子，宋姓。」蓋謂孟子爲宋女，孟子之「子」爲其母家姓。孔疏云：「孟、仲、叔、季，兄弟姊妹長幼之別字也。」謂孟子之「孟」爲其行次，又稱此行次爲「別字」。孔疏續云：「婦人以字配姓，故稱孟子。」左傳人物名號中，以行次配姓爲婦女稱謂方式之一，孟子即其一例。

1009、孟之側（哀十一）——魯

案：左哀十一「孟之側後入，以爲殿，抽矢策其馬曰：『馬不進也。』」杜注：「之側，孟氏族也，字反。」論語雍也篇載此事曰「孟之反」，孟，其氏也；杜注謂其字反，則名側，解詁亦云：「魯孟之側，字反。」古人名側字反，除此外尚有楚公子側，又稱子反，反亦其字也。當書洪範「無反無側」，詩關雎「輾轉反側」，是側與反義近，故古人以側爲名，而以反爲字，「之」字則氏與名，氏與字間之語助，詳頁七一。

1010、孟公綽（襄二十五）——魯

案：左襄二十五「孟公綽曰」，杜注：「孟公綽，魯大夫。」論語憲問篇孔子曰：「孟公綽爲趙、魏老則優，不可以爲滕薛大夫。」又曰：「公綽之不欲。」稱孟公綽，又曰公綽，則孟爲其氏。會箋云：「孟公綽，孟氏族也。」是矣，陳氏世族譜，春秋大事表十二上於魯國孟氏下皆列孟公綽。公綽之「綽」

字爲其名或字，魯君之子或三家之子孫，有於名或字上冠公字，稱公某者，詳頁六五。然則，孟，其氏也，綽，其名或字，公爲名或字上所冠與公室有關之詞。

1011、孟丙（昭二十八）——晉

案：左昭二十八晉「孟丙爲盂大夫」，則孟丙爲晉大夫，顧炎武左傳杜解補正云：「今本作孟丙者非、漢書地理志云『盂，晉大夫盂丙邑』，以其爲盂大夫，而謂之盂丙，猶魏大夫之爲魏壽餘，閻大夫之爲閻嘉，邯鄲大夫之爲邯鄲午也。」以爲孟丙當作盂丙。會箋駁云：「石經及宋本並作孟丙，古今人表及水經注亦同，地理志作盂丙者，盂、孟字相近而譌耳，丙新爲盂大夫，若作盂丙，是未爲盂大夫，既以邑氏也，有此理乎？」顧氏之說，其證只據一地理志，而古今人表及水經注皆作孟，石經及會箋本亦作孟，校勘記亦未言有何版本作盂，然則顧氏據一孤證以立說，蓋不可從，當以作「孟丙」者爲是。

1012、孟丙（昭四）、孟（昭四）——魯

案：左昭四載叔孫豹「娶於國氏，生孟丙、仲壬」，則孟丙爲叔孫豹之子，其弟稱仲壬，則孟、仲爲二人之行次，丙、壬蓋二人之名，或叔孫豹以天干名其二子也。同傳稱其曰孟，則稱其行次也。

1013、孟任（莊三十二）——魯

案：左莊三十二魯莊公築臺「臨黨氏，見孟任」，杜注：「孟任，黨氏女。」其稱孟任者，依春秋女子稱謂形式有以行次配母家姓推之，則任，蓋其母家姓，孟則其行次，春秋時薛國爲任姓。

1014、孟陽（莊八）——齊

案：左莊八齊之叛亂者「殺孟陽于牀」，杜注謂孟陽爲齊「小臣」。

1015、孟樂（襄四）——無終

案：左襄四「無終子嘉父使孟樂如晉」，杜注：「無終，山戎國名，孟樂，其使臣。」

1016、季公亥（昭二十五）、公若（昭二十五）、季公若（昭二十五）——魯

案：左昭二十五「季公亥與……」，杜注：「公亥即公若也。」杜氏世族譜亦云：「季公亥……公若，季孫宿子。」則季，其氏也。季公亥又稱公若，

解詁云：「魯季公亥，字若。」以若爲其字，亥則其名。魯三家之後，名、字上或冠以公字，詳頁六五。

1017、季公鳥（昭二十五）、公鳥（昭二十五）——魯

案：左昭二十五「季公鳥娶妻於齊鮑文子」，杜注：「公鳥，季公亥之兄，平子庶叔父。」則季公鳥爲季孫宿之庶子，季其氏也。公鳥之兄曰公彌，又稱公鉏，名彌字鉏；公鳥之弟季公亥，又稱季公若，名亥字若，「公」字爲名或字上所冠與公室有關之詞，故公鳥之公亦同，鳥則其名或字，詳頁六五。

1018、季仲（文十八）

案：左文十八謂高辛氏有才子八人，季仲爲其一。

1019、季佗（文十八）——莒

案：左文十八莒紀公生大子僕「又生季佗」，則季陀爲莒紀公之子，季蓋其行次，佗則其名或字。左成十四經「莒子朱卒」，楊注云：「莒子朱即莒渠丘公，名季佗。」此蓋非，經多書名，朱當是其名，不應莒子朱名季佗。陳氏世族譜以季佗爲厲公，其後列莒子朱，與渠丘公爲一人，亦不知何據。

1020、季芊畀我（定四）、季芊（定四）——楚

案：左定四「楚子取其妹季芊畀我以出」，孔疏引世族譜云：「季芊與畀我二人，皆平王女也。」以季芊與畀我爲二人，此一說也。孔疏又引服虔云：「季芊許嫁，而字畀我。」以爲一人，並以畀我爲季芊之字，此二說也。會箋云：「季其輩行，因以爲字，芊，楚姓，季芊猶云伯姬、叔姬，下文但言季芊，則畀我其名，非二人也。」謂季芊畀我爲一人，畀我爲季芊之名，此三說也。季芊畀我之季，當其行次，芊爲其母家姓，畀我則爲其名或字也。

1021、季姒（昭二十五）——魯

案：左昭二十五「季公鳥娶妻於齊鮑文子……公鳥死……季姒與饔人檀通」，杜注：「季姒，公鳥妻，鮑文子女。」古婦女繫姓，故季姒之「姒」，其母家姓也；季，或其行次，如仲子、伯姬之類，或其夫家之氏，如欒祁，夏姬之類，下文稱秦遄之妻爲秦姬，以夫氏冠於母家姓上，則此季姒之季，或亦其夫氏歟？

1022、季姬（哀八）——齊

案：左哀八齊閭丘明來逆「季姬」，此即傳所謂季康子之妹也。季，其行次或其母家氏，姬爲其母家姓。

1023、季孫行父（文六經）、季文子（文六）、文子（文六）、行父（文十八）、
季孫（成八）──魯

案：左文六經「季孫行父如陳」，杜氏世族譜以季孫行父爲季友之孫，穀
梁楊疏引世本云：「季友生仲無佚，佚生行父。」亦以爲季友之孫。季友之行
次爲季，故其孫季孫行父因以爲氏，稱季氏，爲魯三家之一。經多書名，故
行父爲其名。左成八季孫行父告韓穿曰「行父懼晉之不遠猶，而失諸侯也」，
自稱行父，亦可證行父爲其名。其稱季文子，文蓋其諡。其稱季孫者，季氏
之宗子稱季孫，詳頁十一。詩魯頌駉孔疏云：「行父是季友之孫，故以季孫爲
氏。」季孫非氏，季乃其氏，其稱季孫，非謂季友之孫也，詳頁十二。

1024、季孫宿（襄六經）、季武子（襄六）、武子（襄九）、季孫（襄十九）、
宿（昭二）──魯

案：左襄六經「季孫宿如晉」，杜注：「行父之子。」即魯季孫行父之子，
故季，其氏也。左昭二季孫宿告韓起曰「宿敢不封殖此樹」，自稱宿，則宿，
其名也。其稱武子者，武蓋其諡也。其稱季孫，季氏之宗子稱季孫，詳頁十
一。又宿，春秋經傳皆作宿，左襄六經校勘記云：「宿、外傳作夙，鄭氏檀弓
注亦作夙，正義引世本云『行父生夙』，案宿乃古文夙字。」楊注云：「說文：
宿，從佰聲，佰、夙又是異形而同字，故宿即夙。」

1025、季孫斯（定六經）、桓子（定五）、季桓子（定五）、季孫（定九）
──魯

案：左定五「桓子行東野」，杜注：「桓子，意如子季孫斯。」謂季孫斯
爲季孫意如之子，則季，其氏也。左定六經稱其曰「季孫斯」，經多書名，斯
蓋其名。其稱桓子，桓蓋其諡。稱季孫，季氏之宗子稱季孫，詳頁十一。

1026、季孫意如（昭十經）、季平子（昭九）、平子（昭十）、季孫（昭十二）、
意如（昭十四經）──魯

案：左昭十經「季孫意如……帥師伐莒」，禮記檀弓下孔疏引世本謂：「悼
子……生平子意如。」杜氏世族譜亦云：「意如，悼子之子。」則季孫意如爲
季悼子之子，季孫宿之孫，則季，其氏也。左昭二十五季孫意如告叔孫婼曰
「苟使意如得改事君……」，自稱意如，則意如，其名也。意如、公羊作隱如，
趙坦春秋異文箋云：「公羊……假隱爲意，亦由聲誤。」其稱平子者，平蓋其
諡也。又稱季孫，季氏之宗子稱季孫，詳頁十一。

1027、季梁（桓六）——隨

案：左桓六「季梁在」，杜注：「季梁，隨賢臣。」

1028、季然（昭二十五）——楚

案：左昭二十五楚子使「季然郭卷」，杜注謂季然爲「大夫」，則楚大夫也。

1029、季萷（昭二十）

案：左昭二十「季萷因之」，杜注：「季萷，虞、夏諸侯。」

1030、季隗（僖二十三）——晉

案：左僖二十三載公子重耳出奔狄，「狄人伐廧咎如，獲其二女叔隗，季隗，納諸公子，公子取季隗」，則季隗爲晉文公夫人，杜注謂「廧咎如，赤狄之別種也，隗姓」，則季隗之隗，其母家姓也，季則其行次，與叔隗之稱一律。

1031、季寤（定八）、子言（定八）——魯

案：左定八「季寤」，杜注：「季桓子之弟。」則季寤爲季孫意如之子，季孫斯之弟，季，其氏也。同傳稱其爲子言，解詁云：「魯季寤，字子言。」以寤爲其名，子言爲其字。

1032、季貍（文十八）

案：左文十八謂高辛氏有才子八人，季貍爲其一。山海經大荒南經有「季釐」、郝懿行箋疏云：「貍，釐聲同。」疑季釐即此季貍，王國維「殷卜辭中所見先公先王考」從之。

1033、季魴侯（哀八）——魯

案：左哀八「季魴侯通焉」，杜注：「魴侯，康子叔父。」則季孫意如之子，季，其氏也。魴侯或其名。

1034、季蘭（襄二十八）

案：左襄二十八「季蘭尸之」，詩召南采蘋云「誰其尸之，有齊季女」，孔疏謂季蘭即詩之季女。

1035、宗人釁夏（哀二十四）——魯

案：左哀二十四「使宗人釁夏獻其禮」，杜注：「宗人、禮官也。」左通補釋三十二引尙靜齋經說云：「據雜記，釁廟、釁器皆宗人職之，故釁夏即以事爲氏。」謂釁夏氏釁，釁氏以事爲氏。

1036、宗子（文十二）──宗

案：左文十二「子孔執舒子平及宗子」，杜注：「宗、巢二國，群舒之屬。」以宗爲國名。宗子者，宗國之君也。左傳於四夷小國之君，多以其國名配「子」稱之。

1037、宗區（莊三十二）──虢

案：左莊三十二「虢公使祝應，宗區，史嚚享焉」，杜注：「宗、宗人……區……名。」以宗爲官名、區爲人名。

1038、宗樓（哀十一）、宗子陽（哀十一）──齊

案：左哀十一齊「宗樓將下軍……宗子陽與閭丘明相屬也」，杜注：「子陽，宗樓也。」既稱宗樓，又稱宗子陽，則宗，其氏也。解詁云：「齊宗樓，字子陽。」以樓爲其名，子陽爲其字。

1039、宗豎（哀十四經）──陳

案：左哀十四經「陳宗豎出奔楚」，則宗豎爲陳人。

1040、宗魯（昭二十）──衛

案：左昭二十「齊豹見宗魯於公孟，爲驂乘焉」，則宗魯事衛靈公之兄公孟縶也。

1041、定（昭二十二）──周

案：左昭二十二「單子殺還……定……」，定蓋周群王子之一，定爲其名，參 0477 王子還條。

1042、定王（宣三）──周

案：左宣三「定王使王孫滿勞楚子」，此周定王也，定蓋其謚也。

1043、定姒（襄四經）、夫人姒氏（襄四經）──魯

案：左襄四經「夫人姒氏薨……葬我小君定姒」，杜注：「成公妾，襄公母。」此說是也。傳謂定姒卒、葬有缺、匠慶謂「君長，誰受其咎」，知爲襄公之母。又成公夫人爲齊姜，知此爲成公妾也。杜注又云：「姒，杞姓。」姒爲其母家姓，故稱姒氏。其稱定姒者，杜注云：「定，謚也。」以謚配母家姓，故稱定姒。姒，公羊作「弋」，趙坦春秋異文箋云：「姒，弋，聲之轉。」楊注云：「蓋平入對轉通假。」

1044、定姒（定十五經）、姒氏（定十五經）──魯

案：左定十五經「姒氏卒……葬定姒」，杜注：「定公夫人。」以爲魯定

公之夫人。姒爲其母家姓，故稱姒氏，左定十五會箋云：「定姒，從夫謚……唯從夫之謚，故不嫌與襄公之母同謚。」以定姒之「定」，爲其夫魯定公之謚，此說是也。春秋時婦女名號，於母家姓上冠謚者有二類：其一爲己謚，另一爲夫謚。而魯君夫人及妾名號，於母家姓上冠謚者，止十二人，除此定姒外，皆與夫異謚，則此定蓋夫謚。又其中十人（含此定姒）經書其葬，除此定姒外，餘九人經稱「夫人某氏薨……葬我小君某某」，皆書薨，稱夫人，小君，獨此定姒書卒，不稱夫人及小君，可知葬較另外九人差一等，蓋未爲之制謚，而以夫謚稱之也。「姒」穀梁作「弋」，趙坦春秋異文箋以爲「姒、弋，聲之轉。」楊注云：「古音平入對轉。」

1045、定姜（成十四）、夫人姜氏（成十四）、姜氏（襄十）──衛

案：左成十四「衛侯欲辭，定姜曰」，杜注：「定姜、定公夫人。」謂定姜爲衛定公夫人。春秋婦女繫姓爲稱，姜，其母家姓，定蓋其夫之謚，繫夫謚稱定姜；稱姜氏，以母家姓稱也。

1046、宛（隱八經）──鄭

案：左隱八經「鄭伯使宛來歸」，杜注：「宛，鄭大夫。」經多書名，宛蓋其名。

1047、宛沒（襄二十五）──晉

案：左襄二十五「晉侯使魏舒、宛沒逆衛侯」，則宛沒爲晉人。

1048、宛春（僖二十八）──楚

案：左僖二十八「子玉使宛春告於晉師」，會箋、楊注皆謂宛春爲楚大夫。

1049、宛射犬（襄二十四）、射犬（襄二十四）──鄭

案：左襄二十四「鄭人卜宛射犬」，杜注：「射犬，鄭公孫。」傳稱宛射犬，又稱射犬，宛蓋其氏。水經溳水注云：「溳水……又東南逕宛亭西，鄭大夫宛射犬之故邑也。」則宛射犬之稱宛，蓋以邑爲氏也。

1050、宛筏（成二）──齊

案：左成二齊「鄭周父御佐車，宛筏爲右，載齊侯以免」，則宛筏爲齊人。

1051、屈生（昭五）──楚

案：左昭五「屈生爲莫敖」，杜注：「生，屈建子。」謂屈生爲楚屈建之子，則屈、其氏也。

1052、屈申（昭四）、屈伸〔申〕（昭五）──楚

案：左昭四楚「使屈申圍朱方」，杜注：「屈申，屈蕩之子。」則屈、其氏也。左昭五經「楚殺其大夫屈申」，經多書名，則申蓋其名，杜注云：「書名。」亦以申爲其名。傳云「楚子以屈伸爲貳於吳，乃殺之」，作屈伸，與經文不同，楊注本作「屈申」，云：「申本作伸，今從昭四年傳，五年經及敦煌伯三七二九號殘卷，石經、宋本、金澤文庫本，淳熙本、岳本、足利本訂正。」然則屈伸之伸，乃申之誤也。

1053、屈完（僖四經）──楚

案：左僖四經「楚屈完來盟于師」，杜注：「屈完、楚大夫也。」屈爲其氏，參 1578 莫敖屈瑕條。經多書名，完蓋其名。

1054、屈巫（成二）、申公巫臣（宣十二）、巫臣（成二）、子靈（襄二十六）──楚→晉

案：左成二「申公巫臣曰……」，同傳又稱申公巫臣爲巫臣、屈巫，左成七載巫臣之子爲狐庸，而左襄三十一稱屈狐庸，父子俱稱屈，則屈、其氏也。其稱申公巫臣者，左通補釋十二謂「申公乃縣公之稱」，蓋屈巫嘗爲申縣之尹，故稱申公，傳又稱巫臣，巫臣蓋其名也。稱屈巫者，兩字名省其一，左傳人物名號中有其例，詳頁三十。左襄二十六稱子靈，杜注：「子靈，巫臣。」解詁云：「楚屈巫，字子靈。」以子靈爲其字。

1055、屈到（襄十五）──楚

案：左襄十五「屈到爲莫敖」，杜注：「屈到，屈蕩子。」國語楚語上韋注亦云：「屈到，楚卿，屈蕩之子子夕。」皆以爲屈蕩之子，則屈、其氏也。解詁：「楚屈到、字子夕。」以到爲其名，子夕爲其字。

1056、屈狐庸（襄三十一）、狐庸（成七）──楚→晉→吳

案：左成七申公巫臣使於吳「實其子狐庸焉，使爲行人於吳」；則狐庸爲巫臣子，左襄三十一又稱之爲屈狐庸，巫臣稱屈巫，其子稱屈狐庸，則屈，其氏也，狐庸蓋其名也。左襄十八晉有邢伯，左昭十四晉有邢侯，杜注以爲申公巫臣之子，而重澤俊郎左傳人名地名索引以爲即屈狐庸。左成七巫臣實狐庸於吳，左襄三十一載「吳子使屈狐庸聘于晉，通路也」，則狐庸此時由吳至晉，左襄十八之邢伯非屈狐庸也。參 1242 邢伯條。

1057、屈建（襄二十二）、令尹子木（襄二十五）、子木（襄二十五）、建（昭二十）──楚

案：左襄二十五「屈建爲令尹」，杜注：「屈建，子木。」國語楚語上韋

注亦謂屈建爲「屈到之子子木」，又注屈到云「屈蕩之子」，以屈建爲屈到之子，屈蕩之孫，則屈，其氏也。解詁：「楚屈建、字子木。」以建爲名，子木爲其字。

1058、屈罷（昭十四）──楚

案：左昭十四楚子「使屈罷簡東國之兵於召陵」，則屈罷爲楚臣，屈蓋其氏，詳1578莫敖屈瑕條。

1059、屈禦寇（僖二十五）、子邊（僖二十五）、息公子邊（僖二十五）──楚

案：左僖二十五「楚鬭克，屈禦寇以申息之師戍商密」，杜注：「屈禦寇、息公子邊。」傳下文稱息公子邊，子邊，解詁云：「楚屈禦寇，字子邊。」以禦寇爲其名，子邊爲其字。屈，其氏也，詳1578莫敖屈瑕條。其稱息公者，楚縣尹稱公，屈禦寇當爲息縣之縣尹，故傳載其以息師戍商密也。

1060、屈蕩（宣十二）──楚

案：左宣十二楚「彭名御左廣，屈蕩爲右」，其後三十九年，即左襄十五載楚「屈蕩爲連尹」，再後十年，即左襄二十五載楚「屈蕩爲莫敖」，凡此三屈蕩，不知同一人否。左宣十二載屈蕩爲左廣之車右，同傳並載養由基爲右廣之車右，而左襄十五載「屈蕩爲連尹，養由基爲宮厩尹」，由屈蕩與養由基並列觀之，則此二屈蕩蓋一人。左襄十五於「屈蕩爲連尹」前載「屈到爲莫敖」，杜注云：「屈到，屈蕩子。」杜注所謂屈到父之屈蕩，蓋非同傳爲連尹之屈蕩，以屈到居屈蕩之上也。又屈到爲屈建之父，詳1057屈建條，故左襄二十二「屈建爲莫敖」，蓋代其父也。至左襄二十五「屈建爲令尹，屈蕩爲莫敖」，則屈建由莫敖升爲令尹，而屈蕩則由連尹升爲莫敖也。由官職考之；左宣十二，襄十五，二十五所載之屈蕩蓋爲一人，且此屈蕩非屈到之父、屈建之祖。杜注於左襄二十五屈蕩下注云：「世本：屈蕩，屈建之祖父，今此屈蕩與之同姓名。」謂此屈蕩非屈建之祖父名屈蕩者，是也。屈，其氏也，參1578莫敖屈瑕條。

1061、弦子（僖五經）──弦

案：左僖五經「楚人滅弦，弦子奔黃」，杜注：「弦國在……」，則弦子爲弦國之君也。左傳於四夷小國之君，多以其國名配「子」稱之。

1062、弦施（哀四）、弦多（哀十一）──齊

案：左哀四「齊陳乞，弦施……救范氏」，杜注：「弦施，弦多也。」左

哀十一稱弦多，則弦、其氏也。解詁：「齊弦施，字多。」以施爲其名，多爲其字。說文通訓定聲施字下云：「齊弦施字子多。」以子多爲其字，與解詁以爲字「多」者不同，實則春秋人物之字，多止一字，其稱子某者，爲字上冠「子」字也，弦施實字多，非字子多，詳頁三四。

1063、弦高（僖三十三）——鄭

案：左僖三十三「鄭商人弦高將市於周」，則弦高爲鄭之商人。

1064、昆吾（昭十二）

案：左昭十二楚靈王曰「昔我皇祖伯父昆吾」，據史記楚世家，陸終生六子，長曰昆吾，六曰季連，季連爲芊姓，楚其後也。則昆吾爲楚遠祖之兄，故楚靈王稱「皇祖伯父」。楚世家索隱引世本「其一曰樊，是爲昆吾」，謂昆吾又稱樊，虞翻曰：「昆吾，名樊，爲己姓，封昆吾。」謂樊爲其名，封於昆吾，故稱昆吾，見楚世家集解引。昆吾之地在衛，故左哀十七衛侯夢于北宮，見人登昆吾之觀曰「登此昆吾之墟」是也。

1065、東宮得臣（隱三）——齊

案：左隱三「衛莊公娶于齊東宮得臣之妹」，杜注：「得臣、齊大子也。」楊注：「東宮，大子所居，故名太子曰東宮。」是也。廣韻東字注謂東宮得臣之東宮爲氏，則誤矣。得臣當是其名。

1066、東郭書（定九）、書（定九）——齊

案：左定九齊伐晉夷儀「東郭書讓登」，春秋分記世譜六及陳氏春秋世族譜皆列東郭書於齊東郭氏下，東郭氏爲齊桓公之後，詳 1701 棠姜條，則東郭、其氏也。書爲其名或字。

1067、東郭偃（襄二十五）、偃（襄二十五）——齊

案：左襄二十五「東郭偃臣崔武子」，東郭偃氏東郭，參 1701 棠姜條，偃則爲其名或字。

1068、東郭賈（哀十四）、大陸子方（哀十四）——齊

案：左哀十四齊「成子將殺大陸子方……東郭賈奔衛」，杜注：「賈即子方。」春秋分記世譜二及陳氏世族譜齊東郭氏下皆列東郭賈，以東郭爲其氏，而通志氏族略第三則云：「大陸氏，姜姓，齊太公之後，食邑陸鄉，因號大陸氏，齊簡公時有大陸子方。」又云：「大陸子方號東郭賈。」以大陸爲其氏，東郭賈爲其號，與程氏，陳氏之說不同。杜注稱賈，則以賈爲名或字，鄭樵

以東郭賈爲號，蓋非。又齊有東郭氏，見 1701 棠姜條，左傳所載東郭偃，東郭書皆氏東郭，則東郭賈或原氏東郭，其稱大陸者，或食邑大陸，因以爲新氏，或別居大陸，因以爲稱，如桐門右師之類歟？又解詁云：「齊東郭賈，字子方。」以賈爲其名，子方爲其字。

1069、東關嬖五（莊二十八）、五（莊二十八）——晉

案：左莊二十八「驪姬嬖，欲立其子，賂外嬖梁五與東關嬖五」，漢書古今人表及國語晉語韋注，「東關嬖五」皆作「東關五」，此傳杜注謂梁五：「姓梁，名五。」又謂：「東關嬖五，別在關塞者，亦名五，皆大夫，爲獻公所嬖幸。」以爲東關指關塞，五爲其名。傳下文稱此二人曰「二五」，會箋云：「梁五既稱其姓曰梁，東關五不應獨略其姓，廣韻東字注云：『漢複姓；左傳晉有東關嬖五。』是東關爲姓矣。昭九年有『外嬖嬖叔』之稱，則東關下嬖字非衍文，豈五及叔甚得嬖幸，是以世人以嬖五、嬖叔呼之，故皆有嬖字，如論語吳孟子，亦因世人所呼而用吳字，即此類也。二五疑非名，第隨行呼之，遂爲名耳。」則謂東關爲其姓，五爲其行次，因受國君嬖幸，故於行次上冠以嬖字，稱嬖五。張聰咸左傳杜註辨證云：「東關疑亦嬖者之姓，猶東門襄仲、東郭偃，皆以其地爲氏。」亦以東關爲其氏，蓋是也。會箋謂東關嬖五及梁五之五爲其行次，春秋時或未有以三、五等稱人之行次者，左成十七晉有夷陽五，氏夷陽，亦稱五，五蓋此三人之名或字歟？

1070、杵臼（文十六經）、昭公（文七）、宋公（文七）、宋昭公（文十六）——宋

案：左文十六經「宋人弑其君杵臼」，經多書名，杵臼蓋其名也。杵臼，公羊作「處臼」，史記宋微子世家作「杵臼」，與左傳同，說文「臼、舂臼也」，「杵、舂杵也」，杵臼爲舂檮粟之器，取斯二物之名以爲名也，則作杵臼是。傳稱宋昭公，昭蓋其謚也。

1071、析公（襄二十六）——楚

案：左襄二十六楚「子儀之亂，析公奔晉」，析公爲楚人，稱析公者，楚守縣大夫稱公，如子儀爲申縣大夫，左僖二十五稱申公子儀，另有白公、葉公等是。左僖二十五申公子儀以申師戍商密，「秦人過析」、僞俘析人，商密人懼曰「秦取析矣」，杜注：「析、楚邑。」析公蓋守此析邑之大夫，與申公子儀有關，故此傳載申公子儀作亂，事敗，而析公即奔晉。

1072、析朱鉏（哀八）——魯

案：左哀八「獲析朱鉏」，此魯與吳戰，魯方之人，梁履繩謂非衛之析朱鉏，見左通補釋二十六，而吳闓生則以爲同一人，見楊注引文史甄微，今暫分二條。

1073、析朱鉏（昭二十）、成子（昭二十）——衛

案：左昭二十「析朱鉏」，杜注：「朱鉏，成子，黑背孫。」謂析朱鉏爲衛穆公子黑背之孫。黑背字晳，或作析，朱鉏以王父字爲氏，見0098子叔黑背條。故析、其氏也。朱鉏或其名。傳稱衛侯「賜析朱鉏諡曰成子」，則成、其諡也。

1074、析歸父（襄二十三）、析文子（襄十八）、子家（襄十八）——齊

案：左襄十八「范宣子告析文子」，杜注：「析文子，齊大夫子家。」同傳稱子家，左襄二十三作「析歸父」，解詁云：「齊析歸父，字子家。」家爲其字，春秋時人名歸多字家，如魯公孫歸父、鄭公子歸生、蔡公孫歸生，皆字家，傳稱子家。其稱析文子者，文蓋其諡也。傳稱析文子，析歸父，以析冠名，諡上，則析當是其氏。

1075、林不狃（哀十一）、不狃（哀十一）——魯

案：左哀十一「林不狃之伍曰」，杜注：「不狃，魯士。」傳又稱不狃，不狃蓋其名，林蓋其氏。左昭二十六魯有林雍、左定八魯有林楚。蓋皆氏林也。

1076、林楚（定八）——魯

案：左定八「林楚御桓子……桓子咋謂林楚曰：『而先皆季氏之良也。』」，桓子即季桓子，則林楚爲季氏家臣，林或其氏，參1075林不狃條。

1077、林雍（昭二十六）——魯

案：左昭二十六魯師及齊師戰于炊鼻，「林雍羞爲顏鳴右」，杜注：「皆魯人。」傳又云「苑何忌取其耳」，杜注：「何忌、齊大夫，不欲殺雍，但截其耳以辱之。」杜注稱林雍爲雍，蓋以林爲其氏，魯有林氏，參1075林不狃條。

1078、枝如子躬（昭十三）——楚

案：左昭十三謂楚平王「使枝如子躬聘于鄭」，則枝如子躬爲楚人。廣韻枝字注云：「漢複姓，左傳楚大夫枝如子弓。」以枝如爲其複姓。通氏志族略第四「以名爲氏」下云：「枝氏……楚大夫枝如子躬之後，或姓枝如。」蓋以枝如爲枝如子躬之名，左通補釋二十五駁云：「愚謂傳文無名字連稱者，當從

廣韻爲是。」以左傳未見名字連言，而名在上者也，故從廣韻之說，以枝如爲枝如子躬之複姓。

1079、武公（昭十五）、武（桓六）——魯

　　案：左昭十五「將禘于武公」，此魯武公，武蓋其謚。

1080、武公（襄二十九）——衛

　　案：左襄二十九「吾聞衛康叔，武公之德如是」，杜注謂武公爲衛康叔「九世孫」。

1081、武氏（隱五）——周

　　案：左隱五「曲沃莊伯以鄭人，邢人伐翼，王使尹氏，武氏助之」，杜注：「尹氏、武氏，皆周世族大夫。」元和姓纂卷六述武氏之來歷云：「周平王少子生而有文在手，曰武，遂以爲氏。」會箋引此說以注武氏，而不著所出。

1082、武王（桓二）、武（僖九）、周武（昭四）——周

　　案：左桓二「武王克商」，此周武王也。武爲其生號，詳頁四四。

1083、武姜（隱元）、姜氏（隱元）、姜（隱元）——鄭

　　案：左隱元「鄭武公娶于申，曰武姜」，則武姜爲鄭武公夫人。孔疏云：「外傳說伯夷之後曰『申、呂雖衰，齊、許猶在』，則申、呂與齊、許俱出伯夷，同爲姜姓也。」謂申爲姜姓，武姜爲申女，則武姜之姜，其母家姓也。楊注云：「武是武公之謚。」故稱武姜者，以夫謚配母家姓，此春秋時婦女稱謂之通例。

1084、武城黑（定四）——楚

　　案：左定四「武城黑謂子常曰」，杜注：「黑，楚武城大夫。」則武城黑爲楚人，黑爲其名或字。

1085、武羅（襄四）

　　案：左襄四「羿……棄武羅……」，杜注云：「羿之賢臣。」謂武羅爲后羿之賢臣。廣韻武字注：「世本云：夏時有武羅國，其後氏焉。」楊注云：「疑武羅國即此武羅之國。」

1086、泠州鳩（昭二十一）——周

　　案：左昭二十一周「泠州鳩曰」，杜注：「伶、樂官，州鳩、其名也。」泠作伶。

1087、泠至（僖十）──秦

案：左僖十「秦伯使泠至報問」，杜注：「泠至，秦大夫。」通志氏族略第四云：「泠氏，風俗通云：黃帝時典樂泠倫之後，左傳秦大夫泠至。」以泠為其氏。

1088、炎帝氏（昭十七）、炎帝（哀九）

案：左昭十七「炎帝氏以火紀，故為火師」，漢書律曆志下：「易曰：炮犧氏沒，神農氏作……以火承木，故為炎帝，教民耕農，故天下號曰神農氏。」以為炎帝即神農氏。杜注亦云：「炎帝、神農氏，姜姓之祖也。」孔疏云：「帝系、世本皆為炎帝即神農氏……晉語云：炎帝以姜水成，為姜姓，是為姜姓之祖也。」以炎帝為姜姓之祖。

1089、狐毛（僖二十七）、毛（僖二十三）──晉

案：左僖二十三「狐突之子毛及偃從重耳在秦」，則狐毛為狐突之子，狐、其氏也。左僖二十七「狐毛」，杜注：「偃之兄。」以狐毛為兄，狐偃為弟。國語晉語四晉文公使狐偃為卿，辭曰「毛之智，賢於臣，其齒又長」，則狐偃自謂狐毛長於己，又君前臣名，狐偃於晉文公前稱其兄曰「毛」，則毛蓋其名也。

1090、狐父（昭十一）──晉

案：左昭十一「晉人使狐父請蔡于楚」，杜注：「狐父、晉大夫。」左通補釋二十四引周氏附論云：「狐父當是雜人，昭三年傳云：狐、續、慶、伯降在皂隸，未必有為大夫者，知狐父非狐突之後。」陳氏世族譜則列狐父於晉狐氏之下，以狐為其氏。

1091、狐季姬（昭十三）、大戎狐姬（莊二十八）──晉

案：左莊二十八「大戎狐姬生重耳」，杜注：「大戎，唐叔子孫別在戎狄者。」國語晉語四「狐氏出自唐叔，狐姬、伯行之子也，實生重耳」，又云「狐偃其舅也」，據國語，則重耳母狐姬出自唐叔，姬姓，狐為其母家氏，故重耳之舅曰狐偃也。又春秋大事表五以大戎為國名，則曰大戎狐姬者，以母家國配母家氏配母家姓為稱也，與左僖十七宋華子一例。曰狐季姬者，季為其行次，張澍謂狐姬出於王子狐之後，居於戎者，陳槃以為非，見春秋大事表列國爵姓及存滅表譔異冊六。

1092、狐突（閔二）──晉

案：左僖二十三「狐突之子毛及偃從重耳在秦」，謂狐毛、狐偃為狐突之

子，則狐突之狐，其氏也。國語晉語一狐突曰「突聞之」；自稱突，突爲其名，韋注又稱狐突爲伯行，晉語四有伯行，云「狐姬，伯行之子也」，韋注：「伯行，狐氏字。」蓋以伯行爲狐突之字，解詁據此云：「晉狐突，字伯行。」以突爲其名，伯行爲其字。

1093、狐射姑（文六經）、賈季（文六）──晉

案：左文六經「晉狐射姑出奔狄」，傳云「賈季奔狄」，杜注：「射姑、狐偃子賈季也。」以狐射姑爲狐偃子，則狐、其氏也，經多書名，射姑蓋其名也。射姑，穀梁作夜姑，春秋異文箋云：「射與夜，古竝音豫，穀梁作夜，亦假音字。」楊注云：「射、夜古音同在鐸部，固可通假。」稱賈季者，左通補釋九云：「桓九年，晉滅賈國，以爲邑，疑賈華先受之，後以與狐射姑爲采，因稱賈季，以邑爲氏。」以賈季之賈爲其采邑，因以爲氏。禮記檀弓下孔疏云：「賈季即狐射姑也。賈是采邑，季則其字也。」季蓋其行次。

1094、狐偃（僖二十三）、偃（僖二十三）、子犯（僖二十三）、舅氏（僖二十四）、狐（文八）──晉

案：左僖二十三「狐突之子毛及偃從重耳在秦」，則狐偃爲狐突之子，狐毛之弟，狐、其氏也。國語晉語四狐偃對重耳曰「偃之肉腥臊」，自稱偃、則偃，其名也。其稱子犯者，禮記檀弓下鄭注謂狐偃「字子犯」，解詁亦以子犯爲其字。左僖二十四重耳稱狐偃爲「舅氏」者，國語晉語四載公孫固曰「狐偃、其舅也」，謂狐偃爲重耳之舅，國語晉語二及禮記檀弓下皆稱其爲舅犯，韋注：「重耳舅，故曰舅犯。」鄭注亦云：「舅犯、重耳之舅。」以狐偃爲重耳舅，故重耳呼之曰「舅氏」。

1095、狐溱（僖二十五）──晉

案：左僖二十五「狐溱爲溫大夫」，杜注：「狐溱，狐毛之子。」則狐、其氏也。

1096、狐鞫居（文二）、續簡伯（文二）、續鞫居（文六）──晉

案：左文二「狐鞫居爲右」，杜注：「鞫居，續簡伯。」左文六稱之爲「續鞫居」，杜注云：「鞫居，狐氏之族。」則狐鞫居原氏狐，稱續鞫居者，通志氏族略第三云：「續氏、姬姓，晉大夫狐鞫居，食采於續，故謂之續簡伯，又爲續氏。」左通補釋九云：「續以邑爲氏，戰國時趙有續經（原註：見呂覽無義篇），今陝西崞縣有此姓，是其後也。」謂續爲其采邑名，後以爲氏。其稱簡伯者，

左通補釋九云:「簡伯蓋其字也,鞫居以專殺誅,不宜有謚。」左文二會箋及楊注從之,朱駿聲說文通訓定聲鞫字下亦云:「續鞫居、字簡伯。」皆以鞫居爲其名,簡伯爲其字。然晉欒盈叛而出奔,被殺族滅,亦有謚,曰懷子;荀寅、士吉射失位出,亦有謚,日文子、昭子,由此觀之,左通補釋謂狐鞫居以專殺誅,不宜有謚,遂謂簡伯爲字,此蓋有可議,簡或是其謚,亦非絕不可能。

1097、直柄(昭三)

案:左昭三「箕伯,直柄……其相胡公、大姬,已在齊矣」,杜注謂直柄爲「舜後、陳氏之先」,即直柄爲虞舜之後、齊陳氏之先。

1098、知徐吾(昭二十八)——晉

案:左昭二十八晉使「知徐吾爲塗水大夫」,杜注:「徐吾,知盈孫。」則知,其氏,徐吾蓋其名。

1099、知朔(襄十四)——晉

案:左襄十四「於是知朔生盈而死」,杜注:「朔,知罃之長子,盈,朔弟也,盈生而朔死。」謂知罃生朔及盈,知盈生而知朔死,以此解傳,文意不順。史記趙世家索隱引世本云:「逝敖生莊子首,首生武子罃,罃生莊子朔,朔生悼子盈。」謂知朔生知盈,然則傳「知朔生盈而死」,謂知朔生盈之後即死;言其早卒也,杜注誤,由上所考,知朔爲知罃之子,知盈之父,則知,其氏也。

1100、知起(襄二十一)——晉

案:左襄二十一「知起……出奔齊」,杜注:「晉大夫。」陳氏春秋世族譜及春秋大事表十二上晉荀氏下列知起,荀氏自荀首後又稱知氏,則陳、顧二氏以知起之「知」爲其氏。

1101、祁午(襄三)、午(襄三)——晉

案:左襄三晉祁奚日「午也可」,杜注:「午、祁奚子。」則祁午之祁爲其氏。左昭元祁午謂趙文子曰「午也是懼」,自稱午,則午,其名也。

1102、祁盈(昭二十八)、盈(昭二十八)——晉

案:左昭二十八「祁盈將執之」,杜注:「盈,祁午之子。」則祁,其氏也,盈蓋其名也。

1103、祁奚(成八)、祁大夫(襄二十一)——晉

案:左襄二十一「必祁大夫」,杜注:「祁奚也,食邑於祁,因以爲氏。」

謂祁奚之祁爲氏，祁氏以邑爲氏。左昭二十八晉滅祁氏，「分祁氏之田以爲七縣……賈辛爲祁大夫」，杜注謂祁爲七縣之一，則祁爲晉邑，後爲祁氏之田，祁氏滅後，以賈辛爲祁大夫。春秋分記世譜六云：「祁氏，獻侯之後，舉生瞞，瞞生高，高生奚。」謂祁氏爲晉獻侯之後，祁舉生祁瞞，此二人見於左僖十及左僖二十八：祁瞞生高，高生祁奚，高蓋指高梁伯，國語晉語七韋注云：「祁奚，高梁伯之子。」程氏此說不知何據，若是，則祁奚之先已以邑爲氏矣。傳載叔向稱祁奚爲祁大夫，因其食邑於祁，故稱祁大夫，猶趙衰食邑於原，傳稱原大夫也。呂氏春秋去私篇載「祁黃羊」舉其仇解狐，舉子祁午事，高注云：「黃羊、晉大夫祁奚之字。」謂祁奚字黃羊，然則以奚爲其名也。

1104、祁勝（昭二十八）、勝（昭二十八）——晉

案：左昭二十八「晉祁勝與鄔臧通室」，杜注：「二子，祁盈家臣也。」謂祁勝爲祁盈家臣，祁、蓋其氏。傳載祁盈之臣曰「慭使吾君聞勝與臧之死也以爲快」，稱其爲「勝」，勝蓋其名也。

1105、祁瞞（僖二十八）——晉

案：左僖二十八晉「祁瞞奸命，司馬殺之」，春秋分記世譜六，陳氏世族譜及春秋大事表十二上晉祁氏下皆列祁瞞、祁舉、以祁爲其氏。

1106、祁舉（僖十）——晉

案：左僖十「遂殺丕鄭，祁舉」。杜注：「祁舉、晉大夫。」祁蓋其氏，參 1105 祁瞞條。

1107、肥（哀三）、康子（哀三）、季孫（哀六）、季康子（哀七）、子季孫（哀十一）——魯

案：左哀三季桓子曰「則肥也可」，杜注：「肥、康子也。」禮記檀弓下孔疏引世本謂：「斯生康子肥。」杜氏世族譜亦云：「肥，桓子之子。」皆謂季康子肥爲魯季桓子斯之子，則季，其氏也。左哀二十三宋景曹卒，季康子使冉有弔，曰「以肥之得備彌甥也」，自稱肥，則肥，其名也。其稱康子者，康蓋其諡也。又稱季孫、季氏之宗子稱季孫，詳頁十一。左哀十一孔子稱其爲「子季孫」，冠以「子」字，此猶叔仲帶稱叔孫豹爲子叔孫，齊景公稱叔孫州仇爲子叔孫，蓋敬稱也。

1108、肥子緜皋（昭十二）——肥

案：左昭十二晉「滅肥，以肥子緜皋歸」，杜注：「肥，白狄也，緜皋，

其君名。」則肥爲國名，夷狄之君，左傳多稱子，「肥子緜皋」意即肥國之君名緜皋也。

1109、肹（哀十六）、鄎武子（哀十六）──衛

案：左哀十六「衛侯使鄎武子告于周曰：『蒯聵得罪于君父……使下臣肹敢告執事。』」杜注：「武子，衛大夫肹也。」其自稱肹，則肹其名也；武蓋其諡也；鄎或其氏。

1110、臾駢（文六）──晉

案：左文十二「趙氏新出其屬曰臾駢」，杜注：「臾駢，趙盾屬大夫，新出佐上軍。」則臾駢爲晉人。

1111、舍（文十四經）──齊

案：左文十四經「齊公子商人弑其君舍」，經多書名，舍蓋其名也。

1112、芮司徒（襄二十六）──宋

案：左襄二十六「宋芮司徒生女子」，杜注：「芮司徒，宋大夫。」春秋時有芮國，參1113芮伯萬條，據史記秦本紀秦成公元年「芮伯來朝」，秦穆公二十年，秦滅芮國。芮司徒不知是否爲此芮國之後，然芮當是其氏，司徒則是宋官名。左成十五宋「華喜爲司徒」是也。以氏配其官名，故稱芮司徒。

1113、芮伯萬（桓三）、芮伯（桓三）──芮

案：左桓三「芮伯萬之母芮姜，惡芮伯之多寵人也」，釋文「芮……國名」，左桓四「秦師侵芮」，則芮爲國名。通志氏族略第二「以國爲氏」下云：「芮氏，伯爵，周同姓之國，司徒芮伯之後也，其後有芮伯萬。」司徒芮伯，見尚書顧命，僞孔傳云「司徒第二，芮伯爲之……芮……國名」芮伯萬爲芮國之君，萬蓋其名。

1114、芮良夫（文元）──周

案：左文元「周芮良夫之詩曰」，所引詩爲詩大雅桑柔第十三章，詩序云：「桑柔，芮伯刺厲王也。」毛傳云：「芮伯，畿內諸侯，王卿士也。字良夫。」潛夫論遏利篇云：「昔周厲王好專利，芮良夫諫而不入，退賦桒（桑）柔之詩以諷」皆與左傳合，毛傳以良夫爲其字，然逸周書芮良夫篇自稱「予小臣良夫」，則良夫蓋其名。

1115、芮姜（桓三）──芮

案：左桓三「芮伯萬之母芮姜」，芮伯萬爲芮國之君，詳1113芮伯萬條，

其稱芮姜者，春秋時婦女繫姓，則姜爲其母家姓，芮則其夫家國名。

1116、邯鄲午（定十）、午（定十）——晉

　　案：左定十三「晉趙鞅謂邯鄲午曰」、邯鄲午爲晉人。同傳孔疏引世族譜：「夙孫穿，穿生旃，旃生勝，勝生午。」謂趙夙之孫爲趙穿，穿之子爲趙旃，旃之子爲趙勝，勝之子爲邯鄲午，則邯鄲午原氏趙，其稱邯鄲午者，傳載趙鞅使告邯鄲人曰「吾私有討於午也，二三子唯所欲立」，杜注：「午……別封邯鄲，故使邯鄲人更立午宗親。」則因其封於邯鄲、故稱邯鄲午，趙鞅稱其曰「午」，午蓋其名歟？又國語魯語下稱其父趙勝曰「邯鄲勝」，則其父已食采於邯鄲矣，左定十三稱邯鄲勝之子曰趙稷，稱其本氏也。

1117、邴夏（成二）——齊

　　案：左成二「邴夏御齊侯」，則邴夏爲齊人。左通補釋十三引萬氏氏族略云：「或云邴夏，邴歜之子，案歜于文十八年與弒齊懿公出奔，其子必不留齊，疑夏是其族。通志氏族略三云『齊有邴邑，而有邴氏』，則邴師（原註：襄二十五），邴意茲（原註：定十三），蓋皆其後也。」據此，則邴夏之邴爲其氏。

1118、邴洩（哀十一）、洩（哀十一）——魯

　　案：左哀十一「邴洩爲右」，杜注：「孟氏臣。」則邴洩爲魯人，傳載孟孺子云「洩曰」，稱其爲「洩」，則洩爲其名或字，而邴蓋其氏也。齊有邴氏，見 1117 邴夏條，左文十八齊邴歜弒齊懿公，「歸，舍爵而行」，蓋出奔他國，邴洩或齊邴氏之後歟？

1119、邴師（襄二十一）——晉

　　案：左襄二十一范宣子殺「邴豫……邴師」，杜注：「皆晉大夫。」通志氏族略第三云：「邴豫食邑于邴，因以爲氏。」而傳連書邴豫、邴師，則邴師之邴，當亦是其氏也。

1120、邴師（襄二十五）——齊

　　案：左襄二十五謂崔杼弒齊莊公，「邴師」等皆死，齊有邴氏，詳 1117 邴夏條，則邴蓋其氏也。

1121、邴意茲（定十三）——齊

　　案：左定十三「邴意茲曰」，杜注：「齊大夫。」齊有邴氏，詳 1117 邴夏條。邴意茲蓋亦以邴爲氏，意茲爲其名也。

1122、郱豫（襄二十一）──晉

案：左襄二十一范宣子殺「郱豫……郱師」，杜注：「皆晉大夫，欒盈之黨也。」通志氏族略第三云：「郱氏……晉大夫郱豫食邑于郱，因以爲氏。」傳亦以郱豫，郱師連書，則郱當是其氏。

1123、郱歜（文十八）、歜（文十八）──齊

案：左文十八謂齊懿公「與郱歜之父爭田……而使歜僕」，傳稱郱歜，又稱歜，歜爲其名或字，而郱蓋其氏也，通志氏族略第三云：「齊亦有郱邑，而亦有郱氏。」郱歜蓋郱氏之一，以邑爲氏，左傳齊另有郱夏，郱師，郱意茲，參1117郱夏條。郱歜，史記齊太公世家作「丙戎」；而十二諸侯年表及衛世家皆作郱歜，國語楚語下亦作郱歜，與左傳同。

1124、長狄僑如（文十一）、僑如（文十一）──鄋瞞

案：左文十一「鄋瞞侵齊……叔孫將臣……敗狄于鹹，獲長狄僑如……以命宣伯」，杜注：「鄋瞞，狄國名。」又云：「僑如、鄋瞞國之君，蓋長三丈。」謂僑如爲鄋瞞之君，鄋瞞爲狄國名，以其身長、故謂長狄，同傳孔疏亦云：「狄是北夷大號，鄋瞞是其國名。」得臣既獲僑如，以名其子，此子即魯叔孫僑如也。

1125、長狄緣斯（文十一）──鄋瞞

案：左文十一「宋武公之世，鄋瞞伐宋……司徒皇父帥師禦之……獲長狄緣斯」，杜注：「緣斯、僑如之先。」長狄僑如爲鄋瞞國之君，緣斯蓋亦鄋瞞國之君也。

1126、長武子（哀二十三）──晉

案：左哀二十三「晉荀瑤伐齊…長武子請卜」，杜注：「武子、晉大夫。」沈欽韓春秋左氏傳補注云：「呂覽當染篇智伯瑤染于智國，張武，淮南人間訓張武教智伯奪韓，魏之地，而擒于晉陽。長、張字通，即此長武子也。」楊注以沈說爲是。長當是其氏。武蓋其諡。

1127、長牂（僖二十八）──衛

案：左僖二十八「長牂守門」，杜注：「長牂，衛大夫。」

1128、長魚矯（成十七）、矯（成十七）──晉

案：左成十七「郤犫與長魚矯爭田，執而梏之……既矯亦嬖於厲公」，則長魚矯爲晉臣。傳稱「矯」，則矯爲其名或字。廣韻魚字注：「漢複姓……左

傳晉有長魚矯。」通志氏族略第五云：「長魚氏……左傳晉有長魚矯。」皆以長魚爲其氏。

1129、門尹般（僖二十八）──宋

　　案：左僖二十八「宋人使門尹般如晉告急」，杜注：「門尹般，宋大夫。」左哀二十六有門尹得，又有樂得，杜注謂門尹得即樂得，樂得氏樂，門尹蓋其官名。此稱門尹般，門尹當亦官名。春秋大事表十以門尹爲官名，云：「按國語，敵國賓至，關尹以告，門尹除門，周禮地官之屬，司門下大夫二人，司關上士二人、中士四人，鄭司農以司關爲關尹，則門尹當即周禮之司門也。」馬宗璉春秋左傳補注謂：「班，蓋宋卿，掌門尹之任。」亦以爲官名。門尹般，國語晉語四作「門尹班」，蓋同音通假。

九畫

1130、侯羽（成七）──鄭

　　案：左成七「鄭共仲、侯羽軍楚師」，杜注：「二子，鄭大夫。」左僖二十四鄭有侯宣多，以侯爲氏，此侯羽或亦氏侯。

1131、侯叔夏（文十一）──魯

　　案：左文十一魯「侯叔夏御莊叔」，左定十魯有侯犯，此二人皆氏侯歟？

1132、侯宣多（僖二十四）──鄭

　　案：左僖二十四「鄭伯與……侯宣多省視官具于氾」，杜注謂侯宣多爲「鄭大夫」，左文十七杜注：「宣多既立穆公……」，稱宣多，杜氏蓋以侯爲其氏。新唐書宰相世系表云：「侯氏出自姒姓，夏后氏之裔，封於侯，子孫因以爲氏，一云：本出姬姓、晉侯緡爲曲沃武公所滅、子孫適於他國，以侯爲氏，鄭有侯宣多，生晉。」謂侯宣多氏侯，其子爲侯晉，侯晉氏侯，參1133侯晉條。左僖二十四會箋亦云：「侯、氏。」又云：「宣多是名是字未詳。」古人之字多止一字，宣多蓋其名。

1133、侯晉（襄十）──鄭

　　案：左襄十「子駟爲田洫……侯氏……喪田焉……子駟當國……侯晉……殺子駟」，據此，侯晉氏侯，故傳稱侯氏，因喪田之怨，殺子駟。晉爲其名或字。

1134、侯朝（襄二十三）──齊

　　案：左襄二十三齊伐衛「商子車御侯朝」，則侯朝爲齊人。

1135、侯獳（僖二十八）——曹

　　案：左僖二十八「曹伯之豎侯獳」，會箋：「豎，小臣也。」則侯獳爲曹共公之小臣。

1136、侯獳（成十七）——鄭

　　案：左成十七「鄭大子髡頑、侯獳爲質於楚」，杜注：「侯獳，鄭大夫。」鄭有侯氏，參1133侯晉條。侯獳不知氏侯名獳，抑侯獳即其名。

1137、南史氏（襄二十五）——齊

　　案：左襄二十五齊崔杼之亂「南史氏聞大史盡死，執簡以往」，春秋大事表十云：「南史是佐太史者，當是小史也，居在南，故謂之南史耳。」

1138、南季（隱九經）——周

　　案：左隱九經「天子使南季來聘」，杜注：「南季，天子大夫也，南、氏，季、字也。」孔廣森公羊通義云：「南，采也，文王之昭有聃季載，白虎通義作南季載，然則南即聃也。季或載之後。」史記管蔡世家謂周封文王季子季載於冉，因稱冉季載，左傳作聃季，孔廣森以白虎通作南季載，因以南即聃，疑南季爲聃季載之後。南本爲采地名，因以爲氏，季蓋其行次。

1139、南宮牛（莊十二）——宋

　　案：左莊十二「南宮牛、猛獲帥師圍亳」，杜注：「牛，長萬之子。」謂南宮牛爲南宮長萬之子，則南宮，其氏也，牛爲其名或字。

1140、南宮長萬（莊十一）、宋萬（莊十二經）、南宮萬（莊十二）——宋

　　案：左莊十一「公以金僕姑射南宮長萬」，杜注：「南宮長萬，宋大夫。」左莊十二經「宋萬弒其君捷及其大夫仇牧」，經多書名，萬蓋其名。孔疏云：「萬及仇牧並名見於經」，亦以萬爲其名。又云：「傳稱南宮長萬，則爲已氏。」以南宮爲其氏，是也，故傳以氏配名，稱之曰南宮萬，稱其子曰南宮牛。其稱宋萬者，穀梁謂其「以國氏」。其稱南宮長萬者，解詁云：「宋南宮萬，字長。」又注云：「梁氏處素曰『疑長是其字』，案春秋時，名字竝稱者，皆先字而後名，故曰南宮長萬。」以萬爲其名，長爲其字，氏字名連言，故曰南宮長萬。

1141、南宮極（昭二十三）——周

　　案：左昭二十三「召伯奐，南宮極以成周人戍尹」，杜注：「二子，周卿士。」左昭二十四周有南宮嚚，杜注以爲南宮極之子，父子皆稱南宮，南宮爲其氏也。尚書顧命有「南宮毛」，僞孔傳云：「毛，名。」蓋以南宮爲氏，

則周初已有氏南宮者，不知南宮極與此南宮毛有關否？

1142、南宮囂（昭二十四）——周

案：左昭二十四「召簡公，南宮囂以甘桓公見王子朝」，杜注：「囂、南宮極之子。」則南宮爲其氏也。

1143、南郭偃（宣十七）——齊

案：左宣十七「齊侯使高固，晏弱、南郭偃會」，則南郭偃爲齊人。通志氏族略第三「南郭氏……左傳有南郭偃」，以南郭爲其氏。

1144、南蒯（昭十二）、南氏（昭十三）——魯

案：左昭十二「季平子立而不禮於南蒯」，杜注：「蒯、南遺之子，季氏費邑宰。」謂南蒯爲南遺之子，南遺亦是魯季氏費邑宰，見左襄七，父子俱稱南，則南，其氏也。

1145、南遺（襄七）、遺（襄七）——魯

案：左襄七「南遺爲費宰」，費爲魯季氏邑，則南遺爲魯季氏私邑之宰也。右昭十二有南蒯，杜注以爲南遺之子，則南，蓋其氏也，遺或其名。

1146、南孺子（哀三）、南氏（哀三）——魯

案：左哀三「季孫有疾、命正常曰：『無死！南孺子之子、男也，則以告而立之。』」杜注：「南孺子、季桓子之妻。」楊注引章太炎先生春秋左傳讀卷七云：「韓非子八姦云：『貴夫人，愛孺子，便僻好色，此人主之所惑也。』外儲說右上云：『齊威王夫人死，中有十孺子，皆貴於王。薛公欲知王所欲立，而請置一人以爲夫人。』然則君之孺子尊亞夫人，蓋猶禮之世婦，卿之妻尊與之等也。」又引章先生注云：「春秋繁露爵國篇言孺子在夫人、世婦、左右娣、良人之下，此則甚卑，與傳及韓非所言皆異。」左傳於婦女稱孺子者，僅此一見，左傳言孺子，多指大夫及諸侯之嗣子，詳頁七三，至戰國以孺子稱婦女，則較常見，然則以孺子稱婦女，蓋始自春秋末葉歟？傳又稱其曰南氏，云：「南氏生男。」左通補釋卅一引萬氏氏族略云「魯有南遺，南蒯，南孺子亦南氏也」，蓋謂南孺子之母家氏南，春秋時婦女有以母家姓殿「氏」字稱某氏者，詳上篇第二章，亦有以母家之氏殿以「氏」字，稱某氏者乎？或婦女稱謂習慣於春，秋末期轉變歟？

1147、哀姜（莊二十四）、夫人姜氏（莊二十四經）、夫人氏（僖元經）——魯

案：左莊二十四經「公如齊逆女……夫人姜氏入」，則姜氏爲魯莊公之夫人，

因其爲齊女，故稱姜氏。經稱「夫人氏」者，公羊僖元云：「夫人何以不稱姜氏？貶，曷爲貶？與弑公也。」同年穀梁云：「其不言姜，以其殺二子，貶之也。或曰：爲齊桓諱殺同姓也。」同年左傳孔疏引賈逵云「殺子輕，故但貶姜」，皆謂因貶而去姓，而杜注則謂「不稱姜，闕文」，以爲經文脫姜字，非貶也，孔疏爲之疏通云：「若其必有所貶，自可替其尊號，去一姜字，復何所明？於薨，於葬未嘗有貶，何故喪至，獨去一姜？公羊傳又曰『曷爲不於弑焉貶？貶必於其重者，莫重乎其以喪至也』，案禮之成否，在於薨葬，何以喪至獨得爲重？喪至已加貶責，於葬不應備文，何故『葬我小君』，復得成禮？正以薨葬備禮，知其無所貶責，故杜以經無姜字，直是闕文，公羊、穀梁見其文闕，妄爲之說耳！」而會箋云：「不稱姜者，薨時已見，省文從可知，亦以別于生稱也。凡夫人生時，出入皆稱夫人某氏，死後則稱諡，如聲姜，穆姜之類，今哀姜喪歸，欲稱其諡，而未葬無諡，欲直稱夫人姜氏，又疑與生時無異，故去姜字以別之，公、穀亦無姜字，非闕文也。」以爲欲稱其諡，而未葬無諡，又爲別於生稱之夫人姜氏，故省文稱夫人氏也，非貶，非闕文。楊注亦云：「夫人氏猶隱公三年之君氏，詩邶風凱風之『母氏』，並非闕文。」其稱哀姜者，哀當是其諡。

1148、契（文二）

案：左文二「湯不先契」，杜注：「契、湯十三世祖。」此即史記殷本紀所謂殷之始祖殷契也。

1149、姚子（昭二十八）——鄭

案：左昭二十八「是鄭穆少妃姚子之子」，姚子爲鄭穆公少妃，春秋婦女繫姓爲稱，子當是其母家姓，姚或其母家氏，如左成十六鄭姚句耳，蓋即以姚爲氏，參1150姚句耳條。

1150、姚句耳（成十六）——鄭

案：左成十六「姚句耳與往」，杜注：「句耳，鄭大夫。」杜注稱句耳，蓋以姚爲其氏也。

1151、宣公（文十八）——魯

案：左文十八「敬嬴生宣公」，此魯宣公，宣蓋其諡。

1152、宣王（昭二十六）、宣（僖二十四）——周

案：左昭二十六「宣王有志」，杜注：「宣王、厲王子。」此周宣王也，左僖二十四「又有厲，宣之親」，此宣亦指周宣王。

1153、宣姜（桓十六）——衛

　　案：左桓十六「衛宣公烝於夷姜，生急子……爲之娶於齊，而美，公取之……宣姜與公子朔構急子。」杜注：「宣姜，宣公所取急子之妻。」則宣姜爲齊女，後爲衛宣公之夫人，稱宣姜者，姜爲其母家姓，宣蓋其夫謚也。

1154、封具（襄二十五）——齊

　　案：左襄二十五崔杼弒齊莊公「賈舉，州綽，邴師，公孫敖，封具……皆死」，杜注：「八子皆齊勇力之臣，爲公所嬖者。」則封具爲齊人也。

1155、帝乙（文二）

　　案：左文二「宋祖帝乙」，杜注：「帝乙，微子父。」則帝乙亦是紂之父。

1156、急子（桓十六）——衛

　　案：左桓十六「衛宣公烝於夷姜，生急子」，則急子爲衛宣公之子。急子，史記衛康叔世家，漢書古今人表作太子伋，詩邶風新臺及二子乘舟序，新序節士作伋，詩芃蘭孔疏引左傳亦作「伋」，會箋云：「急，伋同音。」楊注云：「急，伋同從及聲，同音通假。」諸書稱伋，太子伋，伋蓋其名也。傳稱急子者，名下殿男子美稱子字，此爲左傳人物稱謂之通例，詳頁二八。

1157、施父（桓九）——魯

　　案：左桓九「施父曰」，杜注：「施父，魯大夫。」國語齊語齊桓公曰「施伯，魯之謀臣也」，韋注：「施伯，魯大夫，惠公之孫，施父之子。」通志氏族略第三云：「施氏、姬姓、魯惠公之子公子尾字施父，其子因以爲氏。」皆謂魯有施父，爲魯惠公之子，鄭樵且謂施父爲公子尾之字，則左傳施父蓋即此人。左成十一有施孝叔，杜注：「魯惠公五世孫。」蓋即施父之後也。

1158、施孝叔（成十一）——魯

　　案：左成十一「而嫁其外妹於施孝叔」，杜注：「孝叔，魯惠公五世孫。」施孝叔蓋左桓九施父之後，以施爲氏，見1157施父條。又成十七稱「施氏卜宰」，亦可證施爲其氏。

1159、眛（昭元）

　　案：左昭元「金天氏有裔子曰眛」，則眛爲金天氏之後裔。

1160、昭夫人孟子（哀十二）、孟子（哀十二經）——魯

　　案：左哀十二經「孟子卒」、傳云「昭夫人孟子卒，昭公娶于吳，故不書姓」，則孟子、魯昭公之夫人也，吳女。吳爲姬姓國，孟爲其行次，依春秋婦

女稱謂之習慣，宜稱孟姬或姬氏，然魯亦姬姓，為諱娶同姓，故曰孟子。其稱孟子者，杜注：「若宋女。」孔疏曰：「若言此夫人是宋國之長女也。」會箋則駁云：「杜注以子為宋姓，則以吳女說稱宋女，恐非人情也。」此說是，春秋時雖同姓不婚，然非絕對，如晉獻公娶大戎狐姬，生重耳，娶驪姬，生奚齊，晉平公內宮有四姬，可證諸侯娶同姓。當時已多有之，並非驚世駭俗之事，不必詭稱宋女。會箋又云：「婦女美稱亦有稱子者，如詩齊風『齊子豈弟』，是也，處子、西子之類亦然。」以婦人美稱釋子字，其說蓋是，左襄十九「諸子仲子、戎子」，杜注謂諸子為「諸妾」，左哀五「諸子鬻姒」，諸子亦是諸妾之義，左哀三季孫斯之妻曰南孺子，南蓋其氏，參 1146 南孺子條，由諸子，孺子之稱，知傳有以「子」稱婦女之例，孟子之子蓋亦其類也。

1161、昭王（僖四）——周

案：左僖四「昭王南征而不復」，杜注：「昭王、成王之孫。」昭為其生號，詳頁四四。

1162、昭伯（閔二）——衛

案：左閔二「齊人使昭伯烝於宣姜」，杜注：「昭伯，惠公庶兄，宣公子頑也。」謂昭伯乃衛宣公之子。昭，蓋其謚也。

1163、昭侯（桓二）——晉

案：左桓二「晉潘父弒昭侯而納桓叔」，史記晉世家云：「文侯仇卒，子昭侯伯立。」則昭侯者，晉文侯仇之子，其稱昭侯者，昭為其謚歟？然左昭十六經「晉侯夷卒……葬晉昭公」，則其子孫晉侯夷亦以昭為謚矣。

1164、昭姬（文十四）、子叔姬（文十四）、叔姬（文十四）——齊

案：左文十四「子叔姬齊昭公，生舍」，阮刻本子叔姬下無妃字，校勘記謂諸本有妃，會箋本亦有妃，釋文云：「妃、音配，本亦作配。」則有妃字是。妃齊昭公，謂嫁與齊昭公也，則子叔姬為齊昭公之夫人，大子舍之母。同傳魯人求昭姬于齊曰「殺其子、焉用其母，請受而罪之」，則其為魯女，故稱姬；稱叔姬者，叔為其行次；稱昭姬者，以夫謚「昭」字冠於母家姓上，而成之名號也，其稱子叔姬者，於叔姬上冠以子，參 0096 子叔姬條。

1165、柔（桓十一經）——魯

案：左桓十一經「柔會宋公，陳侯，蔡叔盟于折」，杜注：「柔，魯大夫，未賜族者。」經多稱名，柔蓋其名也。

1166、柱（昭二十九）

　　案：左昭二十九「有烈山氏之子曰柱，爲稷」，則柱爲有烈山氏之子。禮記祭法云：「厲山氏之有天下也，其子曰農，能殖百穀。」鄭注云：「厲山氏，炎帝也，起於厲山，或曰有烈山氏。」則農即柱，傳及魯語皆云其子曰柱，祭法稱農者，孔疏引劉炫云：「蓋柱是名，其官曰農，猶呼周棄爲稷。」以柱爲其名，農爲其官。

1167、洩冶（宣九經）——陳

　　案：左宣九經「陳殺其大夫洩冶」，杜注：「書名。」以洩冶或冶爲其名。

1168、洩庸（哀二）——吳

　　案：左哀二「吳洩庸如蔡納聘」，則洩庸爲吳人。左通補釋三十一云：「仁和俞葆寅曰：洩是吳臣，自吳越春秋，漢書董仲舒傳，王襃四子講德論，竝以越之舌庸爲洩庸，而後人遂混爲一人。案舌庸見哀廿六年及外傳吳語，當日越方卑事吳，深謀雪恥，爲有任用吳臣，居然在五大夫之列乎？杜氏世族譜以洩庸爲吳雜人，不言即舌庸，萬氏氏族略云『吳有洩庸，越有舌庸』，是已。」

1169、洩堵俞彌（僖二十四）、洩堵寇（僖二十）、子俞彌（宣三）、俞彌（宣三）——鄭

　　案：左宣三謂鄭文公「生公子士……生子瑕，子俞彌，俞彌早卒」，則子俞彌爲鄭文公之子，傳又稱俞彌，俞彌蓋其名，名上冠子字，爲春秋人物名號之常例，春秋經傳引得及左傳人名地名索引皆將子俞彌與左僖二十四鄭伐滑之洩堵俞彌歸爲一人，此蓋是也。二者皆稱俞彌、此其一；鄭伐滑之另一主帥公子士爲鄭文公子，子俞彌亦爲鄭文公子，疑鄭以此二公子伐滑，鄭文公之子，多頻見於此時前後，如左僖十七有子華，左僖二十四有子臧，左僖三十有公子蘭，左僖三十一有公子瑕，則子俞彌蓋亦以公子之身份伐滑也，此其二；左僖二十四載鄭伐滑云「鄭之入滑也，滑人聽命，師還，又即衛，鄭公子士、洩堵俞彌帥師伐滑」，此爲鄭二次伐滑，其主帥爲公子士，洩堵俞彌。左僖二十載鄭首次伐滑曰「滑人叛鄭，而服於衛，夏，鄭公子士，洩堵寇帥師入滑」，伐滑之帥爲公子士及洩堵寇。疑洩堵寇即洩堵俞彌，以二者皆稱洩堵也。由上所述，子俞彌蓋即洩堵俞彌，即洩堵寇，爲鄭兩次伐滑主帥之一，因鄭首次伐滑，滑不服，故四年後仍以舊帥率軍伐之，洩堵或其氏，寇或其字歟？

1170、洩駕（隱五）、洩伯（隱七）——鄭

案：左隱五「鄭祭足，原繁，洩駕以三軍軍其前」，會箋云：「三大夫書姓名。」蓋以洩爲其氏，駕爲其名。左隱七「洩伯」，杜注：「洩伯，鄭洩駕。」既稱洩伯，又稱洩駕，可證洩爲其氏。

1171、洩駕（僖三十一）——鄭

案：左僖三十一「鄭洩駕惡公子瑕」，杜注：「洩駕，亦鄭大夫，隱五年洩駕距此九十年，疑非一人。」參1170洩駕條。

1172、皇父充石（文十一）、司徒皇父（文十一）、皇父（文十一）——宋

案：左文十一「宋武公之世，鄋瞞伐宋，司徒皇父帥師禦之，耏班御皇父充石。」杜注：「皇父，戴公子。」謂皇父爲宋戴公之子，又云：「充石，皇父名。」謂充石爲其名，孔疏云：「古人連言名字者，皆先字後名，且此人子孫以皇爲氏，知皇父字，充石名。」謂其字皇父，名充石。傳稱「司徒皇父」，司徒爲其官，宋有司徒之官，左文七「鱗瓘爲司徒」是也。解詁云：「宋公子充石，字皇父。」亦謂其名充石，字皇父，實則其字只一皇字，「父」爲字下所附男子美稱之詞，故其後人以其字皇爲氏，如皇瑗、皇鄖是也。

1173、皇戌（宣十二）——鄭

案：左宣十二「鄭皇戌使如晉師曰」，楊注云：「皇戌，鄭卿。」皇，其氏也，參1177皇武子條。

1174、皇耳（襄十）——鄭

案：左襄十「故鄭皇耳帥師侵衛」，杜注：「皇耳，皇成子。」「成」當是「戌」字之誤，會箋本即作「戌」，杜氏世族譜鄭皇氏下，亦列皇耳於皇戌之下，則皇耳爲皇戌子無疑也，然則，皇，其氏也。

1175、皇辰（成十八）——鄭

案：左成十八「楚子辛，鄭皇辰侵城郜」，皇爲其氏，參1177皇武子條。

1176、皇奄傷（昭二十二）——宋

案：左昭二十二「宋華亥，向寧，華定，華貙，華登，皇奄傷，省臧，士平出奔楚」，則皇奄傷爲宋人，此據陳氏世族譜，春秋大事表十二下及楊伯峻春秋左傳注斷句，會箋則作「皇奄，傷省，臧士平」，以皇奄爲一人、傷省爲一人、、臧士平爲一人。又皇奄傷蓋氏皇，參1182皇瑗條。

1177、皇武子（僖二十四）——鄭

　　案：左僖二十四鄭伯「問禮於皇武子」，杜注：「皇武子，鄭卿。」會箋云：「皇武子、疑皇戌之誤。」然杜氏世族譜於鄭皇氏之下首列皇武子，次列皇戌，則以爲二人。稱皇武子，武蓋其謚，於謚上冠皇字，皇當是其氏也。杜氏世族譜又於皇戌下列皇耳，春秋分記世譜四，陳氏世族譜亦於鄭皇氏下列皇武子、皇戌、皇耳、皇辰、皇頡等五人，亦以皇爲其氏。

1178、皇非我（哀二十六）、非我（哀十七）——宋

　　案：左哀十七「子仲將以杞姒之子非我爲子……」，子仲即皇野，參 1180 皇野條，則非我爲皇野之子，是以左哀二十六稱皇非我，皇，其氏也，非我，蓋其名也，又參 1182 皇瑗條。

1179、皇國父（襄十七）——宋

　　案：左襄十七「宋皇國父爲大宰」，則皇國父爲宋人，皇，蓋其氏，詳 1182 皇瑗條。

1180、皇野（哀十四）、司馬子仲（哀十四）、野（哀十四）、司馬（哀十四）、
　　　　子仲（哀十七）——宋

　　案：左哀十四「宋桓魋之寵害於公……公……告皇野」，杜注：「皇野、司馬子仲。」傳載皇野告向巢云「野曰」，自稱野，則野，其名也。春秋分記世譜七謂皇野爲皇瑗昆弟，陳氏世族譜及春秋大事表十二下亦列皇野於宋皇氏下，則皇，其氏也。其稱司馬者，楊注云：「司馬，其現任官職。」其稱子仲者，解詁云：「宋皇野，字子仲。」以子仲爲其字，此非也。仲蓋其行次，以「子」字配行次爲稱，亦左傳人物名號形式之一，詳頁六一。

1181、皇郞（襄九）——宋

　　案：左襄九「使皇郞命校正出馬」，杜注：「皇郞，皇父充石之後。」孔疏亦引服虔云：「皇郞、皇父充石之後，十世宗卿爲人之子大司馬椒也。」則皇，其氏也，參 1182 皇瑗條。楊注據服虔之說云：「字椒。」

1182、皇瑗（哀七經）、右師（哀十七）——宋

　　案：左哀十八「宋殺皇瑗……復皇氏之族，使皇緩爲右師」，稱皇瑗，又稱皇氏，則皇瑗之皇，當是其氏。孔疏引杜氏世族譜謂皇瑗爲「皇父充石八世孫」，皇父充石字皇，見 1172 皇父充石條，則皇瑗以先人之字爲氏。左哀七經「宋皇瑗帥師侵鄭」，經多書名，則瑗蓋其名也。又春秋分記世譜七以皇郞、

皇野、皇非我、皇瑗、皇懷爲宋皇氏之人，陳氏世族譜及春秋大事表十二下同；陳氏世族譜及春秋大事表復以皇國父，皇奄傷同爲宋皇氏者。

1183、皇緩（哀十八）──宋

案：左哀十八「宋殺皇瑗……復皇氏之族，使皇緩爲右師」，據傳則皇緩爲宋皇氏之一，杜注謂皇緩爲皇瑗從子，孔疏引杜氏世族譜，謂皇緩爲皇父充石「十世孫」，則皇，其氏也。

1184、皇頡（襄二十六）──鄭

案：左襄二十六「鄭皇頡戍之」，杜注：「皇頡，鄭大夫。」皇爲其氏，參 1177 皇武子條。

1185、皇懷（哀二十六）──宋

案：左哀二十六「於是皇緩爲右師，皇非我爲大司馬，皇懷爲司徒」，杜注：「皇懷，非我從兄弟。」謂皇懷爲皇非我從兄弟，則皇，其氏也。參 1182 皇瑗條。

1186、相土（襄九）

案：左襄九「相土因之」，杜注：「相土，契孫，商之祖也。」

1187、省臧（昭二十二）──宋

案：左昭二十二「宋華亥，向寧、華定，華貙，華登，皇奄傷，省臧，士平出奔楚」，則省臧爲宋人。此據陳厚耀等斷句，會箋作「皇奄，傷省，臧士平」，以皇奄爲一人，傷省爲一人，臧士平又爲一人。參 1176 皇奄傷條。

1188、祈招（昭十二）──周

案：左昭十二「祭公謀父作祈招之詩以止王心」，杜注：「祈父，周司馬，世掌甲兵之職，招，其名。」會箋則謂：「祈招似樂章名。」

1189、禹（莊十一）

案：左莊十一「禹湯罪己」，禹即夏禹也。史記夏本紀云：「夏禹，名曰文命。」史記會注考證則云：「禹，名，文命、徽號。」

1190、穿封戌（襄二十六）、戌（襄二十六）──楚

案：左襄二十六「穿封戌囚皇頡」，左通補釋十九引萬氏氏族略云：「穿封戌爲方城外之縣尹，疑穿封是方城外地名，戌爲其縣尹。昭八年楚靈王滅陳爲縣，使戌爲縣公，或即以地爲氏。傳中單稱戌，可知其名。」疑穿封爲其氏，而以戌爲其名。

1191、紀伯姬（莊四經）、伯姬（隱二經）——紀

案：左隱二經「伯姬歸于紀」，杜注：「伯姬，魯女。」會箋云：「隱公姊妹。」楊注亦云：「伯姬是魯惠公長女。」則伯為其行次，因其為魯女，姬姓，故以行次配母家姓為稱，曰伯姬也，此春秋婦女稱謂之常例。因其嫁於紀國，故又冠以夫家國名，稱紀伯姬，此亦春秋婦女稱謂之常例，詳上篇第二章。

1192、紀叔姬（莊十二經）、叔姬（隱七經）——妃

案：左隱七經「叔姬歸于紀」，杜注：「叔姬，伯姬之娣也，至是歸者，待年於父母國，不與嫡俱行。」謂叔姬為左隱二經「伯姬歸于紀」之伯姬娣，為伯姬之媵，因其時年尚幼，故未隨伯姬嫁與紀，此時年已長，故歸于紀，公羊傳何休注，穀梁傳范寧注之說略同。據此，稱叔姬者，叔為其行次，姬為其母家姓；因嫁與紀國，故冠以夫家之國名，稱紀叔姬。

1193、紀季（莊三經）——紀

案：左莊三經「紀季以鄙入于齊」，杜注：「季，紀侯弟。」又云：「故書字貴之。」謂季為其字。會箋云：「紀季以行次書，與許叔，蕭叔同，此非襃貶紀季之文，杜以季為字，故曰貴之耳。」則會箋以季為行次，非字，不以杜注為然，楊注亦曰：「紀季，紀侯弟。史例，諸侯之弟類以仲、叔、季稱，共仲、許叔，蔡季是也。秦始皇本紀贊云：『紀季以鄙，春秋不名。』則季非名可知。」則紀，其國名，季，其行次也。

1194、紀季姜（桓九經）——周

案：左桓九經「紀季姜歸于京師」，杜注：「季姜，桓王后也，季，字，姜，紀姓也。」紀季姜以母家國名配行次、配母家姓為稱。

1195、紀侯（桓六經）——紀

案：左桓六經「紀侯來朝」，紀侯為紀國之君。

1196、紀裂繻（隱二經）、紀子帛（隱二經）——紀

案：左隱二經「紀裂繻來逆女」，杜注：「裂繻，紀大夫。」同經又云：「紀子帛，莒子盟于密」，杜注：「子帛，裂繻字也。」解詁亦云：「紀裂繻，字子帛。」以裂繻為其名，子帛為其字。並釋名字相應之故云：「裂繻蓋謂裂帛邊以為符信，漢書終軍傳『關吏予軍繻』，張晏注云：『繻，符也。書帛裂而分之，若券契矣。』蘇林注云：『繻，帛邊也，舊關出入皆以傳，傳煩，因裂繻頭合以為符信也。』紀子帛名裂繻，則裂繻為符，春秋時已有之，不始於漢

世矣。」以爲名字相應。又紀裂繻，公、穀作紀履緰，紀子帛，公、穀作紀子伯，以名字相應觀之，則左傳較是。

1197、紇（襄二十三）、悼子（襄二十三）、季悼子（昭十二）──魯

案：左襄二十三「季武子無適子，公彌長，而愛悼子，欲立之，訪於申豐曰『彌與紇，吾皆愛之』」，則季悼子爲季孫宿之庶子，後得立爲季孫宿之後。季，其氏也，悼蓋其諡，季孫宿稱其爲「紇」，父稱子名，則紇，其名也。

1198、虷班（文十一）──宋

案：左文十一「宋武公之世，鄋瞞伐宋，司徒皇父帥師禦之，虷班御皇父充石」，則虷班爲宋人。傳又續云：「宋公於是以門賞而班，使食其征，謂之虷門。」杜注謂：「征，征稅也。」食門之征稅謂之虷門，而不謂虷班門，似虷爲其氏也。

1199、胡（定四）、蔡仲（定四）──蔡

案：左定四蔡叔「其子蔡仲改行帥德」，則蔡仲爲周武王弟蔡叔之子。傳又載周王「命之以蔡，其命書云：『王曰：胡……』」周天子當稱臣子之名，則蔡仲當名胡，杜注亦云：「胡、蔡仲之名。」

1200、胡子豹（定十五經）、胡子（定四經）──胡

案：左定十五經「楚子滅胡，以胡子豹歸」，胡子豹爲胡國之君，經多書名，豹蓋其名也。左定四經有「胡子」，未知是否同一人，今暫歸爲一條。

1201、胡子髡（昭二十三經）、胡子（襄二十八）──胡

案：左昭二十三經「胡子髡、沈子逞滅」，胡子髡爲胡國之君，經多書名，則髡其名也。左襄二十八、昭四經皆有胡子，未知是否同一人，今暫歸爲一條。

1202、胡公（襄二十五）──陳

案：左襄二十五「昔虞閼父爲周陶正……庸以元女大姬配胡公」，杜注謂胡公爲「閼父之子滿也」。史記陳杞世家：「陳胡公滿者，虞帝舜之後也……至于周武王克殷紂，乃復求舜後，得媯滿，封之於陳，以奉帝舜祀，是爲胡公。」則胡公爲陳之始祖。

1203、胡姬（哀六）──齊

案：左哀六齊「使胡姬以安孺子如賴」，杜注：「胡姬，景公妾也。」楊注：「胡姬，胡國三女，姬姓。」胡有姬姓之國及歸姓之國，參1988齊歸條。

1204、胥午（襄二十三）、午（襄二十三）——晉

　　案：左襄二十三「欒盈夜見胥午而告之」，杜注：「胥午、守曲沃大夫。」晉有胥氏，傳稱「午」，則胥蓋其氏也。陳氏世族譜及春秋大事表十二上皆於晉胥氏下列胥午，以胥爲其氏，而春秋分記晉胥氏下云：「甲父生二子、曰午，曰克。」直謂胥午爲胥甲父之子，胥克之兄，不知何據。傳又稱午，午或其名也。

1205、胥甲父（宣元經）、胥甲（文十二）——晉

　　案：左文十二「欒盾將下軍，胥甲佐之」，杜注：「胥臣子。」謂胥甲爲晉胥臣之子，則胥，其氏也。左宣元經。傳皆稱之爲「胥甲父」，此氏名下配「父」字也，詳 0730 卞鄭父條。

1206、胥犴（昭二十四）——越

　　案：左昭二十四「越大夫胥犴勞主於豫章之汭」，則胥犴爲越大夫。

1207、胥臣（僖二十八）、司空季子（僖二十三）、臼季（僖三十三）——晉

　　案：左僖二十三謂晉公子重耳「奔狄……從者……司空季子」，杜注謂司空季子爲「胥臣，臼季也」，孔疏云：「胥、氏也，臣、名也，晉有臼邑，蓋食采於臼邑，字季子，而爲司空之官，故名氏互見也。」孔疏謂司空季子名臣，氏胥，字季子，食邑於臼，官司空，故又稱胥臣、臼季，會箋、楊注從其說，左僖三十三楊注謂「臼即二十四年傳之臼衰」，季當是其行次。

1208、胥克（宣元）——晉

　　案：左宣元「晉人討不用命者，放胥甲父於衛，而立胥克。」杜注：「克，甲之子。」則胥爲其氏也。

1209、胥門巢（哀十一）——吳

　　案：左哀十一「胥門巢將上軍，王子姑曹將下軍，展如將右軍」，杜注：「三將，吳大夫。」謂胥門巢爲吳大夫。廣韻門字注：「伍子胥抉眼吳門，因謂子胥門，子孫乃以胥門爲氏，吳有胥門巢。」此說非。日知錄卷三十一云：「趙橚生曰：按吳越春秋，吳王夫差十三年，將與齊戰，道出胥門、因過姑胥之臺，則子胥未死已名爲胥門。愚考左傳哀公十一年，艾陵之戰，胥門巢將上軍，胥門、氏，巢、名，蓋居此門而以爲氏者，如東門遂，桐門右師之類。」謂胥門巢氏胥門，名巢，胥門氏以居吳城胥門因以爲氏，猶魯東門氏之類，且胥門之名，於伍子胥未卒前已有，其說是，故會箋、楊注皆從之。

1210、胥梁帶（襄二十六）──晉

案：左襄二十六趙文子告晉侯曰「胥梁帶能無用師」，杜注：「胥梁帶，晉大夫。」會箋云：「梁帶，胥甲父之子也。」春秋分記世譜六謂胥梁帶爲胥甲父之孫，胥午之子；陳氏世族譜及春秋大事表十二上於晉胥氏下皆列胥梁帶，以胥爲其氏。又君前臣名，趙文子於晉侯前稱「胥梁帶」，梁帶蓋其名也。

1211、胥童（成十七）──晉

案：左成十七「胥童以胥克之廢也」，杜注：「童，胥克之子。」則胥，其氏也。同傳胥童等攻郤氏，晉語六作「胥之昧」，韋注以爲即胥童，解詁云：「晉胥童、字之昧。」以童爲名，之昧爲其字。

1212、胥彌赦（哀十七）──衛

案：左哀十七「胥彌赦占之」，杜注：「赦，衛筮史。」杜注稱赦，以胥彌爲其氏歟？

1213、苑羊牧之（昭二十二）──莒

案：左昭二十二「苑羊牧之諫曰」，杜注：「牧之，莒大夫。」解詁云：「莒苑牧之，字羊。」自注云：「昭二十年傳有苑何忌，則苑乃姓也。古姓名與字竝稱者，恆先字而後名，若百里孟明視，苑羊牧之是矣。」謂苑爲其氏，名牧之，字羊也。苑何忌爲齊人，氏苑，見1214苑何忌條。

1214、苑何忌（昭二十）、苑子（昭二十六）──齊

案：左昭二十「苑何忌辭曰」，杜注：「何忌，齊大夫。」左昭二十六「苑何忌取其耳……苑子之御曰」，稱苑何忌爲苑子，明苑爲其氏，氏下殿「子」字，此春秋時卿大夫稱謂之常例。左昭二十會箋引賈氏群經音辨云：「苑，姓也，春秋時有苑何忌。」通志氏族略第二苑氏下云：「商武丁子先受封於苑，因以爲氏……左傳……有苑何忌。」皆以苑爲其氏。何忌當是其名。

1215、苗賁皇（宣十七）、賁皇（襄二十六）──楚→晉

案：左襄二十六「若敖之亂，伯賁之子賁皇奔晉，晉人與之苗……苗賁皇曰」，則苗賁皇爲楚伯賁之子，伯賁字賁，見2416鬬椒條，其子曰賁皇，則以父字爲氏矣，此與鄭子然之子出奔楚，以父字「然」爲氏，曰然丹者一律，參1720然丹條。賁皇之皇爲其名或字，因食采於苗，故又稱苗賁皇，晉大夫多以食邑爲氏，然則苗、賁皆其氏矣。

1216、若敖（僖二十八）──楚

案：左僖二十八「若敖之六卒實從之」，杜注：「若敖，楚武王之祖父，

葬若敖者。」謂若敖爲楚武王之祖父，據史記楚世家，若敖卒，子霄敖立，霄敖卒，子蚡冒立，蚡冒卒，弟武王立，是若敖爲楚武王之祖父。其稱若敖者，以其爲葬於若之楚君故也，敖、豪也，酋長之稱，或丘陵之稱，參 1667 堵敖條，楚君無謚號者，多以葬地配以敖字，稱某敖，如左昭十三楚子干爲王，旋即自殺，傳云「葬子干於訾，實訾敖」，是其例，故杜注「葬若敖者」，敖當是衍文，會箋本即作「葬若者」，會箋並云：「此處杜注葬若下不當有敖字，宋本皆衍，獨毛居正六經正誤云『若下欠敖字』，毛氏所據爲北宋冑監本，其本無敖字，與卷子本合，毛氏以爲脫文，則誤也。」此說甚是。左宣十二「訓之以若敖，蚡冒，篳路藍縷，以啓山林」，則若敖爲楚創業之先君，有開闢之功勞。左宣四「若敖取於䢵，生鬬伯比」，傳續稱鬬伯比生令尹子文，楊注云：「據楚世家，楚先君若敖當西周之末，東周之初，與此若敖恐非一人。」以爲楚先君若敖爲一人，令尹子文之祖又爲一人，此疑非是。左莊三十謂子文爲令尹，左僖二十三載子文使子玉爲令尹而致仕，依楚世家，若敖卒後，子霄敖在位六年，孫蚡冒十七年，孫武王五十一年，曾孫文王十三年，玄孫莊敖五年，其後爲玄孫成王，魯莊三十年即成王八年，是年子文爲令尹，自若敖卒，至子文爲令尹，凡百年，若以子文於魯僖二十三致仕爲八十歲計，則魯莊三十爲相時爲五十三歲，左宣四謂若敖卒，鬬伯比從其母畜於母家，則若敖卒時，鬬伯比年幼可知，若鬬伯比於若敖卒時出生，則鬬伯比生子文時爲四十七歲，鬬伯比首次見於左傳，即左桓六說楚武王時爲五十八歲，末次見於左傳，即左桓十三送屈瑕伐羅時爲六十五歲，故由年齡推測，子文祖父即楚先君若敖，亦無不可，此其一。鬬伯比所事之楚武王，依楚世家世次，乃其姪子，子文所事之成王，亦僅低子文二輩而已，由輩份言之，子文祖父即楚先君若敖，亦無不可，此其二。左昭十二楚子信讒，「謂成虎若敖之餘也，遂殺之」，據杜注：成虎爲令尹子玉成得臣之孫，左僖二十八載「若敖之六卒」從令尹子玉與晉戰於城濮，杜注謂「若敖，楚武王之祖父……子玉之祖也」，因子玉爲楚先君若敖之孫，（琛案：國語晉語四韋注以爲曾孫）故稱子玉之孫成虎爲若敖之餘。何以楚王以「若敖之餘」之罪名殺成虎？左宣四載子文之姪鬬椒作亂，楚王「滅若敖氏」，謂楚滅子文祖父若敖所傳下之族。今楚王信讒，遂託鬬椒作亂事，以討若敖之餘爲名，而殺成虎。由此言之，成虎、子玉與鬬椒、子文同祖若敖也，此其三。故左傳所載之若敖，皆楚先君若敖，非別有一若敖爲令尹子文之祖父者。

1217、苫越（定八）、苫夷（定七）——魯

案：左定八「苫越生子」，杜注：「苫越、苫夷。」左定七即稱「苫夷」，既稱苫越又稱苫夷，則苫、其氏也。解詁云：「魯苫越、字夷。」以越爲名，夷爲字。

1218、茀翰胡（成十六）——晉

案：左成十六「郤至從鄭伯，其右茀翰胡曰」，則茀翰胡爲晉郤至之車右也。

1219、范山（文九）——楚

案：左文九「范山言於楚子曰」，杜注：「范山，楚大夫。」會箋云：「范，楚邑，楚語芋尹無宇亦稱范無宇，十年傳范巫矞似，杜云：『范邑之巫。』特未詳其所在。」楊注亦云：「范，楚邑，十年傳有『范巫矞似』，杜注『矞似，范邑之巫』可證，則范山蓋以邑爲氏。」則范，其氏也，山爲其名或字。

1220、范巫矞似（文十）——楚

案：左文十「楚范巫矞似謂成王與子玉，子西曰」，杜注：「矞似，范邑之巫。」楊注云：「范，楚邑，范邑之巫名矞似。」以矞似爲其名。劉文淇春秋左氏傳舊注疏證云：「北魏書陽固傳，著演賾賦云『識同命於三君兮，兆先見於矞姒』，似，姒異文，古之巫多女，疑陽氏所稱爲古本也。」謂矞似或當作矞姒，爲女子之名號，據其說，姒爲矞姒之母家姓。

1221、范無恤（文十二）——晉

案：左文十二「秦伯伐晉……晉人禦之……范無恤御戎」，陳氏世族譜及春秋大事表十二上晉范氏下皆列范無恤，以范爲其氏，無恤蓋其名。

1222、茅地（昭二十三）、地（昭二十三）——邾

案：左昭二十三邾「徐鉏、丘弱、茅地曰」，杜注：「三子，邾大夫。」左哀七謂茅成子「以茅叛」，則茅爲邾之邑名，茅地蓋以邑爲氏。

1223、茅夷鴻（哀七）、茅成子（哀七）、成子（哀七）——邾

案：左哀七「茅成子請告於吳，不許……成子以茅叛。」杜注：「成子，邾大夫茅夷鴻。」傳謂「成子以茅叛」，茅蓋其采邑，故得據以叛邾子也，然則其稱茅者，以邑爲氏也，成或其謚，傳稱茅夷鴻，夷鴻蓋其名。

1224、茅筏（僖二十八）——晉

案：左僖二十八謂晉「使茅筏代之」，則茅筏爲晉人。

1225、咄（襄三十）──鄋瞞

　　案：左襄三十叔孫莊叔「敗狄于鹹，獲長狄僑如及咄也，豹也」，此傳與左文十一「鄋瞞侵齊，遂伐我，公卜叔孫得臣追之，吉……獲長狄僑如」同為一事，杜注鄋瞞云：「鄋瞞，狄國名。」春秋大事表五同。則咄、豹及長狄僑如皆狄人，其國名曰鄋瞞。

1226、邾子克（隱元）、邾儀父（隱元經）、儀父（隱元）、邾子（隱元）
　　　──邾

　　案：左莊十六經「邾子克卒」，則克、其名也，詳 0857 宋公固條。左隱元經「公及邾儀父盟于蔑」，傳云「公及邾儀父盟于蔑──邾子克也，未王命，故不書爵，曰儀父，貴之也」，傳謂邾儀文即邾子克，杜注云：「克，儀父名。」以克為其名。杜預又注經文「邾儀父」云：「附庸之君，未王命，例稱名，能自通于大國，繼好息民，故書字貴之。」以「儀父」為其字，其說近是。然楊注引方苞春秋直解云：「春秋從無書字之法。」方苞謂春秋不書字，故儀父非字，是名，又謂「意克為儀父之子」，以邾子克與邾儀父為二人，儀父為父，克為子，顧棟高因之作「春秋無書字之法論」以闡其說，亦以儀父為名，見春秋大事表四十八。春秋多書名，然非絕無書字者，如左桓二經「宋督弒其君與夷及其大夫孔父」，孔父傳稱孔父嘉，為孔子之先祖，古人名字連言，皆先字後名，孔是字，嘉為其名，古人名嘉字孔者甚多，詳頁三二，亦可證孔是其字，然則能謂春秋經不書字乎？而古人名克字儀者亦甚多，如左桓十八周王子克，同傳又稱子儀，左僖二十五楚鬬克、同傳又稱子儀，皆名克字儀，此外左哀十七亦載宋桓司馬之臣曰子儀克，古人名字連言，皆先字後名，克、其名，儀則為其字也，詳 0465 王子克，2404 鬬克，0132 子儀克條，依此三條例之，則邾子名克字儀，實合古人名字相應之常軌，故邾儀父即邾子克，名克字儀，無可疑也。稱儀父者，穀梁云：「儀，字也，父猶傳也，男子之美稱也。」可證儀為其字，父則美稱。邾，公羊作「邾婁」，春秋異文箋云：「列國方言有語聲在後者，邾婁是也……公羊多齊言，故邾作邾婁。」會箋云：「婁者，邾之餘聲也，合邾婁之音為鄒，故至孟子時，改國號曰鄒。」

1227、邾子穿（定三經）、邾子（昭十一經）、邾莊公（昭十一）、莊公（定
　　　三）──邾

　　案：左定三經「邾子穿卒」，穿蓋其名也，詳 0857 宋公固條，傳又稱「葬邾莊公」，莊蓋其諡也。

1228、邾子益（哀七經）、邾子（定三經）、邾隱公（定十五）——邾

　　案：左哀七經「以邾子益來」，經多書名，益蓋其名，杜注：「益，邾隱公。」左定十五作「邾隱公」，隱蓋其諡也。

1229、邾子牼（襄十七經）、邾子（成十八經）、邾宣公（成十八）——邾

　　案：左襄十七經「邾子牼卒」，杜注：「宣公也。」孔疏云：「經不書葬，故詳言其諡。」以宣為其諡也。左成十八經「邾子來朝」，傳云「邾宣公來朝，即位而來見也」，則為繼邾子籧且之邾君也。經稱「邾子牼卒」，則牼為其名也，詳 0857 宋公固條。牼，公、穀俱作「瞷」，春秋異文箋云：「公、穀作瞷，亦方音之轉。」楊注云：「端方陶齋吉金錄卷一有邾公牼鐘四器，足證左氏經正確。」

1230、邾子華（昭元經）、邾子（襄十八經）、邾悼公（襄十九）——邾

　　案：左昭元經「邾子華卒……葬邾悼公」，則華為其名，詳 0857 宋公固條，稱邾悼公者，悼蓋其諡也。

1231、邾子瑣（莊二十八經）——邾

　　案：左莊二十八經「邾子瑣卒」，則瑣為其名，詳 0857 宋公固條。

1232、邾子蘧蒢（文十三經）、邾文公（僖十九）、邾子（僖二十八經）
　　　　——邾

　　案：左文十三經「邾子蘧蒢卒」、則蘧蒢為其名，詳 0857 宋公固條。蘧蒢，公、穀從竹作「籧篨」，趙坦春秋異文箋云：「說文分言籧字，篨字，訓為二物，并言籧篨二字作一物解，是經文籧篨字皆當從竹矣。」又云：「說文……竹部籧，籧篨，粗竹席也……篨、籧篨也。」以為作籧篨者是，是也。其名「籧篨」者，楊注云：「此蓋假物為名。」孔疏云：「蘧蒢，邾子瑣之子也，莊二十九年即位。」其稱邾文公者，文蓋其諡也。

1233、邾子籧且（成十七經）、定公（文十四）、籧且（文十四）——邾

　　案：左成十七經「邾子籧且卒」，則籧且為其名，詳 0857 宋公固條。左文十四載邾人告晉曰「齊出籧且長」，自稱籧且，亦可證籧且為名。左文十四又稱其為「定公」，定蓋其諡也。

1234、邾快（昭二十七經）——邾

　　案：左昭二十七經「邾快來奔」，杜注：「快，邾命卿也。」孔疏：「快不書氏，蓋未賜族。」經多書名，快當是其名。

1235、邾畀我（襄二十三經）——邾

　　案：左襄二十三經「邾畀我來奔」，孔疏云：「畀我書名。」以畀我爲其名。

1236、邾庶其（襄二十一經）、庶其（襄二十一）——邾

　　案：左襄二十一經「邾庶其以漆、閭來奔」，杜注：「庶其，邾大夫。」經多書名，庶其蓋其名也，莒紀公亦名庶其，見左文十八經。

1237、郈工師駟赤（定十）、駟赤（定十）——魯

　　案：左定十「叔孫謂郈工師駟赤曰」，杜注：「工師，掌工匠之官。」郈則叔孫氏之邑，駟赤不知爲其名或氏名連言，史記仲尼弟子列傳有「壤駟赤、字子徒。」集解引鄭玄曰「秦人」，若駟赤即此人，則壤爲其氏，駟赤爲其名。

1238、郈昭伯（昭二十五）、郈孫（昭二十五）——魯

　　案：左昭二十五「故郈昭伯亦怨平子」，又稱郈孫，郈，其氏也，見2064瘠條。郈氏之宗子曰郈孫，詳頁十一。其稱郈昭伯者，昭蓋其謚也。史記魯周公世家索隱引世本云：「名惡。」陳氏世族譜云：「魯孝公八世孫，或云郈成子之子。」

1239、郈馬正侯犯（定十）、侯犯（定十）、犯（定十）——魯

　　案：左定十叔孫武叔「使郈馬正侯犯殺公若」，則侯犯爲叔孫氏私邑郈之馬正，馬正爲官名，左襄二十三「季氏以公鉏爲馬正」，杜注：「馬正，家司馬。」是也。左文十一魯有侯叔夏，侯犯與侯叔夏皆氏侯歟？

1240、邢公（襄二十三）——齊

　　案：左襄二十三「齊侯伐衛……上之登御邢公」，則邢公爲齊人也。

1241、邢侯（僖十六經）——邢

　　案：左僖十六經「公會齊侯，宋公，陳侯，衛侯，鄭伯，許男，邢侯，曹伯于淮」，會箋云：「邢侯春秋一出，以侯爵在許男之下。」邢侯爲邢國之君。

1242、邢侯（昭十四）、邢伯（襄十八）——晉

　　案：左襄十八「邢伯告中行伯」，杜注：「邢伯、晉大夫邢侯也。」左昭十四「晉邢侯與雍子爭鄐田」，杜注：「邢侯、楚申公巫臣之子也。」則邢侯即邢伯，爲申公巫臣之子，左襄二十六謂申公巫臣奔晉「晉人與之邢」，則邢爲巫臣之食邑，而其子因以爲氏，故稱邢侯、邢伯，伯蓋其行次，巫臣另有子曰屈狐庸，參1056屈狐庸條。

1243、邢帶（昭五）——晉

案：左昭五「箕襄、邢帶……皆大家也」，杜注謂箕襄、邢帶為「韓氏族」，孔疏云：「杜以上箕襄、邢帶食邑於箕、邢，故為韓氏之族。」謂邢帶原氏韓，以食邑於邢，故稱邢帶。

1244、邢蒯（襄二十一）——晉

案：左襄二十一「知起、中行喜，州綽，邢蒯出奔齊」，杜注：「四子，晉大夫。」左昭五晉有邢帶，蓋食邑於邢，不知與此邢蒯同族否？

1245、郊公（昭十四）——莒

案：左昭十四「莒著丘公卒，郊公不慼」，杜注：「郊公，著丘公子。」莒君無諡而多以地為號，郊公之郊，蓋亦以地為號者也，詳頁五八。

1246、重（昭二十九）

案：左昭二十九「少暤氏有四叔，曰重，曰該，曰脩，曰熙」，孔疏云：「四叔是少暤氏子孫，非一時也。」而楊注則以為少暤氏之弟，參 1845 該條。

1247、重（昭二十七）——齊

案：左昭二十七「子仲之子曰重，為齊侯夫人，曰『請使重見』，子家子乃以君出」，則重為魯公子慭之女，齊景公夫人。會箋謂重為其名，是也。

十畫

1248、原仲（莊二十七經）——陳

案：左莊二十七經「葬原仲」，杜注曰：「原仲，陳大夫。原、氏。仲，字也。」會箋云：「原仲是趙孟、知伯之類。」以仲為家號，其說疑非是；原仲之仲當是其行次，如左莊二十五經之書女叔，左桓十一經之書祭仲，叔、仲皆是行次，詳 0068 女叔條。

1249、原伯貫（僖二十五）——周

案：左僖二十五「遷原伯貫于冀」，杜注曰：「伯貫，周守原大夫也。」會箋駁云：「昭十二年有周原伯絞，十八年有周原伯魯，皆稱原伯，原伯貫蓋原伯名貫也，不得以伯貫為二名。僖二十四年耤叔桃子大敗周師，獲周公忌父、原伯、毛伯、富辰，疑此原伯貫即桃子所獲原伯之子，周畿內諸侯，故傳云遷之于冀，若是守原大夫，當歸于周，即不歸，傳不必言其所遷焉。」楊注云：「原伯貫遷冀後，仍稱原伯，其子孫見傳者，昭十二年有原伯絞、十八年有原伯魯。」另左宣十六有原襄公，則原、其氏也，貫或其名。

1250、原伯絞（昭十二）、絞（昭十二）——周

　　案：左昭十二「周原伯絞虐其輿臣……原輿人逐絞而立公子跪尋」，杜注：
「原伯絞，周大夫原公也。」又云：「跪尋，絞弟。」原蓋畿內諸侯，而又爲
王臣，故傳於原伯絞之上冠以「周」字，稱「周原伯絞」，又稱原君之弟爲「公
子跪尋」，諸侯之子始得稱公子，今傳稱公子，以諸侯視原矣！又參 1252 原
莊公條。傳稱「原伯絞」，又單稱「絞」，則絞蓋其名也。

1251、原伯魯（昭十八）——周

　　案：左昭十八「往者見周原伯魯焉」，杜注：「原伯魯，周大夫。」陳氏
世族譜及春秋大事表十二上周原氏下皆列原伯魯。原爲其氏，魯或其名，參
1252 原莊公、1250 原伯絞條。

1252、原莊公（莊十八）、原伯（莊二十一）——周

　　案：左莊二十一「原伯曰」，杜注：「原伯，原莊公也。」通志氏族略第
三「原氏：周文王第十六子原伯之後，封於河內……周有原莊公，世爲周卿
氏，故以邑爲氏」，左僖二十四富辰謂原爲「文之昭也」，則原爲國，楊注疑
原莊公爲其後，同傳「獲原伯、毛伯」，杜注：「原、毛皆采邑。」孔疏：「此
原伯、毛伯蓋是文王之子原、毛之後，世爲王臣，仍爲伯爵，或本封絕滅，
食采畿內，故云皆采邑也。」亦謂原伯蓋出自周文王，疑本封絕滅，食於畿
內。左僖二十五周王予晉文公「陽樊、溫、原、欑茅之田」，晉文公即「圍原……
遷原伯貫于冀」，原伯貫蓋原莊公之後人也。其稱「莊公」者，莊蓋其諡也。
左昭十二稱周原伯絞虐而被逐，「立公子跪尋」，杜注：「跪尋，絞弟。」原伯
絞弟稱公子，與諸侯之子稱公子者同。

1253、原壽過（定元）——周

　　案：左定元「魏獻子屬役於韓簡子及原壽過」，杜注：「原壽過，周大夫。」
陳氏世族譜及春秋大事表十二上周原氏下皆列原壽過。

1254、原繁（隱五）——鄭

　　案：左隱五「鄭祭足、原繁、洩駕以三軍軍其前」，會箋云：「三大夫書
姓名。」蓋以原爲其氏、繁爲其名。

1255、原襄公（宣十六）——周

　　案：左宣十六「原襄公相禮」，杜注：「原襄公，周大夫。」陳氏世族譜
及春秋大事表十二上周原氏下皆列原襄公，則原爲其氏，襄蓋其諡也。

1256、唐成公（定三）、唐侯（定三）──唐

案：左定三「唐成公如楚」，杜注：「成公，唐惠侯之後。」唐惠侯見左宣十二，杜注謂唐爲「屬楚之小國」。其稱「唐成公」者，成蓋其謚也。

1257、唐叔虞（昭元）──唐

案：左昭元「其季世曰唐叔虞」，杜注：「唐人之季世，其君曰叔虞。」楊注：「此唐叔虞，乃唐國末期之君，服事殷商者也。」據傳，唐國爲成王所滅，而封晉之先祖唐叔，唐叔名虞，會箋謂即「取唐君之名以爲名耳」。

1258、唐狡（宣十二）──楚

案：左宣十二「楚子使唐狡……告唐惠侯」，杜注謂唐狡爲「楚大夫」。

1259、唐苟（成十六）──鄭

案：左成十六謂晉楚鄢陵之戰「石首御鄭成公，唐苟爲右」，杜氏世族譜鄭雜人之下列唐苟，以唐苟爲鄭人。

1260、唐惠侯（宣十二）、唐侯（宣十二）──唐

案：左宣十二「楚子使唐狡與蔡鳩居告唐惠侯」，杜注：「唐，屬楚之小國。」惠，蓋其謚也。

1261、城父司馬奮揚（昭二十）、奮揚（昭二十）──楚

案：左昭二十楚平王「使城父司馬奮揚殺大子」，城父爲楚邑，春秋大事表十五云：「周禮夏官有都司馬，鄭云『都、王子弟所封及三公采地也，司馬主其軍賦』，昭十九年傳云『大城城父而寘大子焉』，則此城父司馬即周禮都司馬之職也。」以司馬爲奮揚之官名。通志氏族略第四：「奮氏：高辛氏才子八元伯奮之後，楚有奮揚。」謂奮爲其氏。

1262、夏之御寇（襄二十三）──齊

案：左襄二十三「齊侯伐衛……商子游御夏之御寇」，則夏之御寇爲齊人。御寇蓋即禦寇，爲其名，夏蓋其氏，「之」爲氏名間之語助，參頁七一。

1263、夏父弗忌（文二）──魯

案：左文二「於是夏父弗忌爲宗伯」，國語魯語上「夏父弗忌爲宗」，韋注：「夏父展之後也。」韋注又於魯語上「夏父展」下注云：「夏父，氏也。」則以夏父弗忌之夏父爲氏。又夏父弗忌禮記禮器作「夏父弗纂」，忌、纂蓋古可通假。而漢書古今人表則作「夏父不忌」。弗忌蓋其名。

1264、夏戊（哀十一）、夏丁氏（哀二十五）——衛

　　案：左哀二十五「初、衛人翦夏丁氏」，杜注：「在十一年。」左哀十一作「衛人翦夏戊」，解詁云：「衛夏戊，字丁。」以戊爲其名，丁爲其字。此古人以天干爲名字而名字相配者也，如鄭石癸又稱石甲父，亦以癸與甲相配。

1265、夏后相（哀元）、相（僖三十一）

　　案：左哀元「滅夏后相」，杜注：「夏后相，啓孫也。」孔疏：「夏本紀云：禹生啓，啓生大康，大康崩，弟仲康立，仲康崩，子相立，是相爲仲康之子，啓之孫也。」因相爲夏代之君，故曰「夏后相」，后、君也，見左襄四杜注。

1266、夏后皋（僖三十二）

　　案：左僖三十二「其南陵夏后皋之墓也」，杜注：「皋，夏桀之祖父。」史記夏本紀「帝皋崩，子帝發立，帝發崩，子帝履癸立，是爲桀」，則夏后皋爲夏桀之祖父。后、君也，見左襄四杜注。

1267、夏姬（宣九）、姬（成二）——陳

　　案：左宣九「陳靈公與孔寧、儀行父通於夏姬」，杜注：「夏姬，鄭穆公女，陳大夫御叔妻。」國語楚語上「昔陳公子夏爲御叔娶於鄭穆公，生子南」，韋注：「子南，夏徵舒之字。」則夏徵舒氏夏，即以王父公子夏之字「夏」爲氏；其母稱夏姬者，國語及杜注稱夏姬爲鄭穆公女，則姬爲母家姓，夏則其夫家氏也。

1268、夏桀（昭四）、桀（莊十一）

　　案：左昭四「夏桀爲仍之會」，此夏代亡國之君，史記夏本紀「帝發崩，子帝履癸立，是爲桀」，索隱云：「桀，名也。」

1269、夏啓（昭四）

　　案：左昭四「夏啓有鈞臺之享」，杜注：「啓，禹子也。」

1270、夏區夫（哀十三經）——陳

　　案：左哀十三經「盜殺陳夏區夫」，春秋分記世譜七陳夏氏下云：「齧生區夫。」以夏區夫爲夏齧之子，夏徵舒之後，陳氏世族譜及春秋大事表十二下於陳夏氏下皆列夏區夫，則夏，其氏也。經多書名，經稱夏區夫，則區夫爲其名。區、公羊作彄，春秋異文箋云：「區、彄，音相近，公羊作彄，假音字。」

1271、夏陽說（成六）、說（成六）——晉

　　案：左成六「晉伯宗、夏陽說……侵宋」，杜注：「夏陽說，晉大夫。」

左通補釋十三引萬氏氏族略云：「夏陽說以邑爲氏，晉滅虢下陽，二傳作夏陽，蓋說食采於此。」謂夏陽說爲晉大夫，食采於夏陽，以邑爲氏。同傳稱說，說爲其名或字。

1272、夏徵舒（宣十經）、徵舒（宣十）、夏南（成二）——陳

案：左宣十經「陳夏徵舒弑其君平國」，杜注：「徵舒，陳大夫也。」左宣十一楚討夏徵舒，告陳人曰「將討於少西氏」，杜注：「少西，徵舒之祖子夏之名。」子夏見於楚語上，作公子夏，孔疏云：「禮以王父字爲氏，徵舒以夏爲氏，知子夏是字，少西是名。」謂夏徵舒之祖名少西，字子夏，解詁云：「陳公子少西，字子夏。」亦以子夏爲子，則夏徵舒以王父字「夏」爲氏也。經多書名，經稱「夏徵舒」，則徵舒、其名也。左宣十陳靈公謂儀行父曰「徵舒似女」，君稱臣名，亦可證徵舒爲其名。左成二申公巫臣稱其爲「夏南」者，國語楚語上「昔陳公子夏爲御叔娶於鄭穆公，生子南」，韋注：「子南，夏徵舒之字。」則南爲其字。徵、古懲字，徵舒即懲舒，名懲舒猶後世之名破胡，舒爲近楚之小國，左文十二「群舒叛楚」是也，舒在南，故古人名舒字南，左襄二十二楚公子追舒又稱子南，以南爲字，與此同義，參解詁。夏徵舒字南，故左傳稱「夏南」，以氏配字也，韋注稱子南者，子爲字上所冠男子美稱之辭。

1273、夏齧（昭二十三經）、齧（昭二十三）——陳

案：左昭二十三經「獲陳夏齧」，杜注：「夏齧，徵舒玄孫。」孔疏云：「案世本，宣公生子夏，夏生御叔，叔生徵舒，舒生惠子晉，晉生御寇，寇生悼子齧，齧是徵舒曾孫。」皆謂夏齧爲夏徵舒之後，則夏、其氏也。經多書名，經稱「夏齧」，則齧爲其名，世本稱「悼子齧」，悼蓋其謚也。

1274、奚仲（定元）

案：左定元「薛之皇祖奚仲居薛，以爲夏車正」，杜注：「奚仲爲夏禹掌車服大夫。」

1275、奚齊（莊二十八）——晉

案：左僖九經「晉里克殺其君之子奚齊」，則奚齊爲晉獻公之子，經多書名，奚齊蓋其名也。

1276、孫伯黶（昭十五）——晉

案：左昭十五周景王告籍談曰「且昔而高祖孫伯黶司晉之典籍以爲大政，故曰籍氏」，杜注：「孫伯黶，晉正卿，籍談九世祖。」孔疏並引世本述孫伯

黶至籍談九世之次。潛夫論志氏姓謂晉「籍氏及襄公之孫孫黶皆晉姬姓」，既曰籍氏，又曰孫黶，則孫黶非孫伯黶，因籍氏爲孫伯黶之後，且自晉襄公之孫至籍談，未達九世也。通志氏族略第四云：「晉大夫荀林夫爲中行伯，孫伯黶以王父字爲伯氏，司晉之典籍，故亦謂之籍氏。」此亦非，荀林父之孫至籍談亦未達九世也。氏族略又云：「或言晉文侯仇弟陽叔伯黶。」以孫伯黶爲晉文侯仇之弟，則未知是否。

1277、孫免（宣六經）──衛

案：左宣六經「晉趙盾、衛孫免侵陳」，春秋左氏傳舊注疏證云：「免止見此年經，當是衛大夫。」左文元衛有孫昭子，以孫爲氏；左宣七經衛有孫良夫，爲孫林父之父，孫免與孫良夫或是同族，以孫爲氏，故陳氏世族譜及春秋大事表十二下於衛孫氏下皆列孫免。經多書名，免蓋其名也。

1278、孫良夫（宣七經）、孫桓子（宣七）、孫子（成二）、桓子（成二）
　　　　──衛

案：左宣七經「衛侯使孫良夫來盟」，經多書名，良夫蓋其名也。傳作「孫桓子」，桓蓋其諡也；因其爲孫昭子之後，故孫、其氏也，詳282孫昭子條。傳稱「孫子」者，以氏殿子，此春秋時卿大夫稱謂之常例。

1279、孫叔（成十三）──鄭

案：左成十三「鄭公子班自訾求入于大宮……子駟……殺子如、子駹、孫叔、孫知」，杜注：「子如、公子班，子駹、班弟，孫叔、子如子，孫知、子駹子。」則孫叔、孫知爲公孫，孫叔、孫知之「孫」，似與其爲公孫有所關連。左襄八子駟殺鄭群公子子狐等，據傳及杜注，子狐之子稱孫擊、孫惡，蓋亦因公孫而稱孫某，詳頁六四。

1280、孫林父（成七經）、孫文子（成十四）、孫子（襄七）、文子（襄十四）
　　　　──衛

案：左成七經「孫林父出奔晉」，杜注：「林父、孫良夫之子。」則孫、其氏也，經多書名，則林父當是其名也。左成十四稱「孫文子」，文蓋其諡也。其稱「孫子」者，氏下殿以子字，曰某子，此春秋時卿大夫稱謂之常例。

1281、孫知（成十三）──鄭

案：左成十三「子駟殺子如、子駹、孫叔、孫知」，杜注：「子如、公子班，子駹、班弟，孫叔、子如子，孫知、子駹子。」則孫知爲公孫，其稱「孫

知」，當與其為公孫有關，參頁六四。

1282、孫昭子（文元）——衛

案：左文元「晉師圍戚，獲孫昭子」，杜注：「昭子，衛大夫，食戚邑。」杜氏世族譜衛孫氏下云：「孫昭子、武公四世孫。」左成十四孔疏亦云：「世本……孫氏出於衛武公，至林父八世。」新唐書宰相世系表詳其世系云：「衛康叔八世孫武公和生公子惠孫，惠孫生耳，為衛上卿，食采於戚，生武仲乙，以王父字為氏，乙生昭子炎，炎生莊子紇，紇生宣子鯔，鯔生桓子良夫，良夫生文子林父，林父生嘉。」謂衛武公生公子惠孫，至曾孫武仲乙以王父字「孫」為其氏。通志氏族略第三亦云：「耳……生武仲，亦曰孫仲。」蓋此後以孫為氏，宰相世系表謂武仲之子為昭子，杜氏世族譜亦謂孫昭子為衛武公四世孫，兩者合，左傳稱「孫昭子」，孫、其氏也，昭、蓋其謚也。

1283、孫莊子（哀二十六）——衛

案：左哀二十六「昔……甯武子、孫莊子為宛濮之盟而君入」，杜注：「在魯僖二十八年。」杜氏世族譜「孫莊子級、武公三世孫，孫昭子、武公四世孫」，列孫莊子於孫昭子之上，而新唐書宰相世系表則云：「昭子炎生莊子紇。」以莊子為昭子之子。考諸左傳，魯僖公二十八年孫莊子、甯武子為宛濮之盟，其後六年即魯文公元年，晉獲孫昭子，則以杜說為是。稱孫莊子者，莊蓋其謚，孫則其氏也。

1284、孫惡（襄八）——鄭

案：左襄八「鄭群公子以僖公之死也，謀子駟，子駟先之，夏四月庚辰，辟殺子狐、子熙、子侯、子丁，孫擊、孫惡出奔衛」，杜注：「二孫，子狐之子。」據傳，子狐似鄭之公子，依杜注，孫擊、孫惡為子狐之子，則蓋鄭之公孫也，孫擊、孫惡之孫字，與其為公孫似有所關連。左成十三鄭公子班之子孫叔、姪孫知，蓋亦以公孫而稱孫某，參 1279 孫叔條。

1285、孫嘉（襄二十六）——衛

案：左襄二十六「孫嘉聘于齊」，杜注謂孫嘉為「孫文子之子」，則孫、其氏也。

1286、孫蒯（襄十）、蒯（襄十四）——衛

案：左襄十「孫蒯獲鄭皇耳于犬丘」，杜注：「孫蒯、林父子。」謂孫蒯為孫林父之子，則孫、其氏也。左襄十四稱其為「蒯」，蒯或其名也。

1287、孫擊（襄八）——鄭

案：左襄八「孫擊、孫惡出奔衛」，杜注：「二孫，子狐之子。」子狐蓋鄭之公子，孫擊或以公孫而稱孫某歟？詳 1284 孫惡條。

1288、孫襄（襄二十六）、伯國（襄二十六）——衛

案：左襄二十六「孫襄居守」，杜注：「孫文子之子。」則孫、其氏也。傳又稱「伯國傷」，杜注：「伯國，孫襄也。」解詁云：「衛孫襄、字伯國。」以襄為其名，伯國為其字。

1289、宮之奇（僖二）——虞

案：左僖二「宮之奇存焉」，杜注：「宮之奇，虞忠臣。」宮之奇之「之」字蓋語助，詳頁七一。

1290、宮廄尹棄疾（昭六）——楚

案：左昭六「獲宮廄尹棄疾」，杜注：「鬭韋龜之父」，宮廄尹為楚官名，左襄五「養由基為宮廄尹」是也。棄疾蓋其名，如楚平王亦名棄疾，鄭穆公子亦名棄疾。

1291、宮嬖綽（昭十二）——周

案：左昭十二「殺瑕辛于市，及宮嬖綽……」，杜注謂宮嬖綽為「周大夫」。

1292、宰孔（僖九）、周公（僖五）、宰周公（僖九經）、孔（僖九）——周

案：左僖九經「公會宰周公、齊侯……于葵丘」，杜注：「周公，宰孔也，宰、官，周、采地，天子三公……」孔疏云：「傳稱王使宰孔賜齊侯胙，知周公即宰孔也，其官為大宰，采地名為周，天子三公，故稱公，孔則其名也。」謂宰周公即宰孔；官為大宰，故稱宰，周為其采地名，為天子三公，故稱公；孔疏並謂孔是其名。傳云：「會于葵丘……王使宰孔賜齊侯胙，曰『天子有事于文、武，使孔賜伯舅胙』」，經稱「宰周公」，傳稱「宰孔」，知即同一人，宰孔自稱「孔」，知孔即其名也。左僖五「王使周公召鄭伯」，杜注：「周公、宰孔也。」又左僖三十經「天王使宰周公來聘」，傳作「王使周公閱來聘」，左傳人名地名索引及春秋經傳引得謂周公閱即宰孔，蓋以二者經皆稱宰周公也。宰孔名孔，前已明之，疑周公閱當是另一人，嗣宰孔為周之大宰，故同稱宰周公，杜氏世族譜及春秋分記世譜一皆分別列為二人也。

1293、宰咺（隱元經）——周

案：左隱元經「天王使宰咺來歸惠公仲子之賵」，杜注：「宰、官，咺、名。」

孔疏謂宰咺之宰，即周禮天官之宰夫，楊注從之，而會箋則以爲大宰。傳云：「天王使宰咺來歸惠公、仲子之賵，緩，且子氏未薨，故名。」以咺爲其名。

1294、宰渠伯糾（桓四經）──周

案：左桓四經「天王使宰渠伯糾來聘」，傳云：「周宰渠伯糾來聘，父在，故名。」杜注：「宰、官，渠、氏，伯糾、名也。」孔疏亦云：「周禮天官有大宰、小宰、宰夫，知宰是官也。傳言父在故名，知伯糾是名，自然渠爲氏矣。」謂宰爲官名，渠爲其氏、伯糾爲其名。惠棟春秋左傳補註云：「渠，周邑，昭二十六年傳劉子以王出，次于渠，注云『周地』，然則伯糾蓋氏于邑者。」謂伯糾以邑爲氏。會箋云：「伯是單伯、召伯之伯，其世號也。」楊注則云：「伯蓋其行次，糾是其名，伯糾以行次冠名，猶論語伯達、伯适之類。」二說當以楊注爲是。

1295、家父（桓八經）──周

案：左桓八經「天王使家父來聘」，公羊何注云：「家、采地，父、字也。」蓋謂家爲其采地，因以爲氏，父爲其字，杜注云：「家父、天子大夫，家、氏，父、字。」與何注略同。詩小雅節南山有「家父」、詩小雅十月之交有「家伯」，鄭箋以「家父」、「家伯」爲字，節南山孔疏則云：「雲漢序云『仍叔』，箋引桓五年仍叔之子來聘，春秋時趙氏世稱孟，智氏世稱伯，仍氏或亦世字叔也。」又云：「古人以父爲字，或累世同之，宋大夫有孔父者，其父正考父，其子木金父，此家氏或父子同字父。」謂家父之「父」爲字，或父子相同，此與鄭箋以「家父」爲字不同，且其所舉孔父、正考父、木金父之例亦不當，以孔父之父乃配字之男子美稱，非字也。然會箋或據其「趙氏世稱孟、智氏世稱伯」，「累世同之」之語，而立「家號」之說，其釋左桓八經「家父」云：「以父繫氏，非名非字，世以父稱，即其家號也。」又於左莊二十七「召伯廖」下箋云：「伯、家號。」如此者甚多，楊注蓋從其說，故於左文九經「召伯」下云：「召氏世稱伯，如莊二十七年傳有召伯廖；又宣十五年經之召伯，召戴公也；成八經之召伯，召桓公也；昭二十二年傳之召伯奐，召莊公也；又二十六年經、傳之召伯盈，召簡公也。蓋自召康公稱召伯之後，即世襲此稱歟？」趙氏自趙盾後，嗣位者多稱孟，雖非長子，或亦稱「趙孟」，參1956趙盾、1717無恤條。然此或特例，執一、二特例，廣泛推之於他氏，或未必盡然。以家父爲例，父或男子美稱，詩節南山有家父，春秋經有家父，皆以氏配父爲稱，未嘗不可，如左昭十五周景王即以氏配父稱籍談爲籍父，詩十月之交

亦有「家伯」，以氏配行次爲稱也，何必以家父之父爲家號？又如仍叔，叔或其行次，詩有仍叔，春秋經亦有仍叔，皆以氏配行次爲稱，未嘗不可，何必以叔爲家號？春秋經於周祭氏，或稱祭公，或稱祭伯，或稱祭叔，叔當是行次，然則經稱仍叔，叔或亦其行次，未必其家號也。由上述觀之，經傳以氏配父、配伯、配叔……稱天子、諸侯之卿大夫，於未有確實証據之前，似不宜謂父、伯、叔爲家號，蓋宜以父爲配氏之男子美稱，伯、叔爲其人之行次，或伯爲爵稱也，然則家父者，家爲其氏，父爲男子美稱也。

1296、家僕徒（僖十五）──晉

案：左僖十五「家僕徒爲右」，國語晉語三韋注云：「家僕徒，晉大夫。」

1297、展玉父（襄二十九）──魯

案：左襄二十九「家臣展瑕、展玉父爲一耦」，展玉父之玉，校勘記云：「宋本、翻岳本，玉作王，與石經合。」會箋本亦作「王」。杜氏世族譜魯雜人下有展玉父、展瑕，而陳氏世族譜、春秋大事表十二上魯展氏下俱列展玉父、展瑕，以展爲其氏。

1298、展如（哀十一）──吳

案：左哀十一「展如將左軍」，杜注：「吳大夫。」

1299、展莊叔（襄二十八）──魯

案：左襄二十八「展莊叔見之」，杜注：「魯大夫。」杜氏世族譜魯雜人下有展莊叔，而陳氏世族譜及春秋大事表十二上魯展氏下列展莊叔，以展爲其氏。莊蓋其謚也。

1300、展喜（僖二十六）──魯

案：左僖二十六「公使展喜犒師」，杜氏世族譜魯展氏下列展喜，以展爲其氏，國語魯語上稱乙喜，解詁云：「魯展喜，字乙。」以喜爲其名，乙爲其字，自注云：「喜、名也，乙、字也，文十一年傳正義曰『古人連言名字者，皆先字後名』，故稱乙喜，猶晉解侯字張，而左傳稱張侯，鄭公子騑字子駟，而楚語稱駟騑也。」又謂：「乙當爲乞，說文……乞、請子之侯鳥也，乞至而得子，嘉美之也……古者乞至而喜，故名喜字乞。」謂乙當作乞。

1301、展禽（僖二十六）──魯

案：左僖二十六「使受命于展禽」，杜注：「柳下惠。」國語魯語上展禽對臧文仲曰「獲聞之」，自稱獲，則獲、其名也。韋注云：「展禽……展無駭

之後柳下惠也，字展禽也。」以展為其氏，又謂字展禽，疑展字衍，孔疏及解詁皆謂「字禽」，是也。莊子盜跖篇釋文云：「字季禽，一云字子禽。」子、季皆字上所冠男子美稱及行次字。列女傳謂柳下惠死，「門人將誄之，妻曰……夫子之謚，宜為惠兮，門人從之以為誄」，則惠、其謚也。杜氏世族譜云：「食邑柳下。」以邑配謚，故稱柳下惠。莊子盜跖篇稱「柳下季」，此年傳孔疏謂「季是五十字」，楊注云：「季則其排行，五十以伯仲者也。」

1302、展瑕（襄二十九）——魯

案：左襄二十九「家臣展瑕、展玉父為一耦」，展瑕或以展為氏，詳 1297 展玉父條。

1303、差車鮑點（哀六）——齊

案：左哀六「鮑子醉而往，其臣差車鮑點曰」，杜注：「點，鮑牧臣也。」謂鮑點為鮑牧之臣，杜注單稱點，蓋以鮑為其氏。春秋分記世譜二及陳氏世族譜、春秋大事表十二上齊鮑氏下皆列鮑點，以鮑為其氏。點為其名或字。杜注又云：「差車，主車之官。」以差車為其官名。

1304、師己（昭二十五）——魯

案：左昭二十五「師己曰」，杜注：「師己，魯大夫。」

1305、師服（桓二）——晉

案：左桓二「師服曰」，杜注：「師服，晉大夫。」會箋云：「師服，蓋樂師也，師曠、師慧之類。」以師為其職官名。

1306、師祁犁（襄二十四）——楚

案：左襄二十四楚子使「師祁犁讓之」，杜注：「楚大夫。」廣韻師字注云：「漢複姓十二氏……春秋釋例楚有師祁黎。」以師祁為其複姓。通氏志族略第五「以官名為氏」下列「師祁氏」，云：「左傳楚有師祁黎，漢有郎中師祁番。」謂師祁氏以官為氏。左通補釋十八云：「師祁犁疑師叔之後（原注：師叔，潘尪字，見宣十二年），以字為氏，祁犁是其名，如昭廿二年，宋樂祁亦稱樂祁犁。」又引上述通志氏族略之說，云：「據此，則師為樂官，番乃其後，遂以師祁為氏，不得謂師祁犁即複氏也。」則梁氏謂師祁犁氏師，名祁犁，與廣韻注及通志氏族略之說不同。

1307、師悝（襄十一）——鄭

案：左襄十一「鄭人賂晉侯以師悝、師觸、師蠲」，杜注：「悝、觸、蠲

皆樂師名。」以師爲樂師，悝、觸、蠲爲其名，左傳人物名號有以職官名冠名上者，參頁七四。

1308、師茷（襄十五）——鄭

案：左襄十五「以馬四十乘與師茷、師慧」，稱師茷者，師、樂師也，茷蓋其名，參 1310 師慧條。

1309、師曹（襄十四）——衛

案：左襄十四「師曹請爲之……公使歌之」，杜注：「師曹，樂人。」師爲樂師，曹蓋其名或字，左傳人物有以職官名冠名字上者，詳頁七四。

1310、師慧（襄十五）、慧（襄十五）——鄭

案：左襄十五鄭「納賂于宋，以馬四十乘與師茷、師慧」，杜注：「樂師也，茷、慧其名。」謂師者，樂師也，茷、慧爲其名。傳下文稱「慧曰」，則慧蓋其名。左傳人物有以職官名冠名上者，左昭元之醫和是也。

1311、師縉（僖二十二）——楚

案：左僖二十二「楚子使師縉示之俘馘」，杜注：「師縉，楚樂師也。」孔疏云：「書傳所言師曠、師曹……師觸之類皆是樂師，知此師縉亦樂師也。」左傳人物有以職官名冠名字上者，詳頁七四。

1312、師曠（襄十四）、子野（昭八）——晉

案：左襄十四「師曠侍于晉侯」，杜注：「師曠，晉樂大師子野。」因其爲樂師，故稱師。左昭八「晉侯問於師曠……叔向曰：『子野之言，君子哉……』」叔向稱師曠爲子野，杜注云：「子野、師曠字。」解詁云：「晉師曠、字子野。」以曠爲其名、子野爲其字。左昭九荀盈卒，晉平公飲酒樂，屠蒯趨入「遂酌以飲工」，杜注：「工、樂師，師曠也。」孔疏：「禮記檀弓說此事云：知悼子卒，未葬，平公飲酒，師曠、李調侍，知工即師曠也。」然楊注則云：「工乃樂工，未必師曠，傳例，若是師曠，必舉其名。」以爲不得援禮記，強謂左傳之工即禮記之師曠也。

1313、師觸（襄十一）——鄭

案：左襄十一「鄭人賂晉侯以師悝、師觸、師蠲」，師爲樂師，觸爲其名，詳 1307 師悝條。

1314、師蠲（襄十一）——鄭

案：左襄十一「鄭人賂晉侯以師悝、師觸、師蠲」，師即樂師，蠲蓋其名，

詳 1307 師悝條。

1315、庭堅（文五）

案：左文十八謂高陽氏有才子八人，庭堅爲其一，杜注謂「庭堅即皐陶字」，疑非，參 1548 皐陶條。

1316、弱（昭二十二）——周

案：左昭二十二「單子殺還、姑、發、弱……」，弱蓋其名，爲周王之子，參 0477 王子還條。

1317、徐子章羽（昭三十經）、徐子章禹（昭三十）、徐子（昭四經）——徐

案：左昭三十經「吳滅徐，徐子章羽奔楚」，杜注：「徐子稱名，以名告也。」謂章羽爲徐君之名。穀梁經同左氏經，亦作「章羽」，同年左氏傳則作「章禹」，會箋云：「章羽、公羊作章禹，古今人表、五行志、韓愈徐偃王廟碑同。」又云：「古本當作禹，羽、禹以同音而字變耳。」以作章禹爲是。春秋異文箋則謂「公羊作章禹，假音字。」以作章羽爲正。左昭四經及左昭十六有徐子，不知與此同一人否，今暫歸爲一條。

1318、徐吾犯（昭元）、犯（昭元）——鄭

案：左昭元「鄭徐吾犯之妹美……犯請於二子」，杜注：「犯，鄭大夫。」傳稱犯，則徐吾蓋其氏。左成元劉康公「敗績於徐吾氏」，廣韻吾字注：「鄭公子有食采於徐吾之鄉，後以爲氏。」則徐吾犯蓋氏徐吾，犯爲其名或字。

1319、徐承（哀十）——吳

案：左哀十「徐承帥舟師」，杜注：「承，吳大夫。」杜注稱承，蓋以徐爲其氏歟？

1320、徐鉏（昭二十三）、鉏（昭二十三）——邾

案：左昭二十三「徐鉏、丘弱、茅地曰」，杜注：「三子，邾大夫。」謂徐鉏爲邾之大夫，傳又稱「鉏」，鉏爲其名或字。左通補釋二十六引張彝曰：「下云獲鉏、弱、地，據哀七年邾茅夷鴻以茅叛，知徐與丘亦必其食邑。」謂徐鉏以地爲氏也。

1321、徐儀楚（昭六）——徐

案：左昭六「徐儀楚聘于楚，楚子執之，逃歸，懼其叛也，使薳洩伐徐」，杜注：「儀楚，徐大夫。」說文鄦字下云：「臨淮徐地……春秋傳曰『徐鄦楚』。」

段注云：「左傳昭六年，徐儀楚聘于楚，楚子執之，杜云：儀是徐大夫。按許所據左作鄦，以邑爲氏，古本古說也。」謂儀楚爲徐大夫，儀，古本作鄦，爲其邑，儀楚以邑爲氏。然楊注云：「清光緒十四年四月江西高安縣出土有鄦王義楚鍴，見羅振玉貞松堂吉金圖。銘云：『佳（唯）正月吉日丁酉，鄦王義楚擇（擇）余吉金自酢（作）祭鍴。』鄦王義楚即此徐儀楚。聘楚時或尚爲太子，其後始繼承王位。杜注：『儀楚，徐大夫。』臆說不足信……又有儴兒鐘，銘云：『余義鄦之良臣』，義鄦即此儀楚。」則據金文，以儀楚爲徐君之名。

1322、徐嬴（僖十七）——齊

案：左僖十七齊桓公之夫人「王姬、徐嬴、蔡姬皆無子」，徐爲嬴姓之國，見史記齊世家索隱引世本，故以母家國配母家姓，稱徐嬴。

1323、徒人費（莊八）、費（莊八）——齊

案：左莊八「誅屢于徒人費……費曰」，經義述聞云：「徒當爲侍字之誤也，侍人即寺人……漢書古今人表作寺人費，是其明證……徧考書傳，豈有徒人之官乎……廣韻人字注曰『亦複姓，齊有徒人費』，元和姓纂同，皆據誤本左傳也。」謂徒人爲侍人之誤，其官名也。費，或其名也。徒人費，史記齊大公世家作「主履者茀」，楊注云：「茀、費通假。」

1324、息侯（隱十一）——息

案：左隱十一「息侯伐鄭」，杜注：「息國，汝南新息縣。」息侯爲息國之君，左莊十亦有息侯，不知同一人否，今暫歸爲一條。

1325、息桓（襄二十五）——楚

案：左襄二十五楚「子彊、息桓……帥左師以退」，則息桓爲楚人。

1326、息嬀（莊十）、文夫人（莊二十八）——息→楚

案：左莊十「蔡哀侯娶于陳，息侯亦娶焉，息嬀將歸，過蔡」，則息嬀者，息侯之夫人，陳國之女，故以夫家國冠於母家姓上，稱「息嬀」。左莊十四載楚文王「滅息，以息嬀歸，生堵敖及成王焉」，則息嬀爲楚文王擄至楚。左莊二十八「楚令尹子元欲蠱文夫人」，杜注：「文王夫人，息嬀也。」此時爲楚成王六年，息嬀爲時君之母，故以夫諡殿「夫人」二字，稱「文夫人」，或息嬀原被立爲夫人，故其二字堵敖及成王得嗣楚文王爲君也。

1327、拳彌（哀二十五）、彌（哀二十五）——衛

案：左哀二十五「公使優狡盟拳彌」，杜注：「拳彌，衛大夫。」傳又稱

其曰「彌」，彌爲其名歟？

1328、挾（隱九經）——魯

案：左隱九經「挾卒」，杜注：「挾，魯大夫。」經多書名，挾蓋其名也。

1329、晉（哀二十七）——齊

案：左哀二十七齊陳文子「召顏涿聚之子晉曰」，則晉爲齊人。

1330、晉小子侯（桓七）——晉

案：左桓七「曲沃伯誘晉小子侯殺之」，杜注：「小子侯，哀侯子。」會箋云：「云小子侯者，蓋幼冲爲君，見殺之後，不得備禮稱諡，故有此稱耳。」

1331、晉午（哀二）、晉侯（昭三十一）、晉定公（哀十三）——晉

案：左哀二晉趙鞅帥師及鄭罕達戰于鐵，衛大子禱曰：「曾孫蒯聵敢昭告皇祖文王、烈祖康叔、文祖襄公，鄭勝亂從，晉午在難……」於神前稱晉定公爲「晉午」、則午、晉定公之名也。其稱晉定公者，定蓋其諡也。

1332、晉武公（莊十六）、曲沃武公（桓三）、曲沃伯（桓七）、晉侯（莊十六）——晉

案：左桓三「曲沃武公伐翼」，杜注：「武公，曲沃莊伯子也。」據左桓二杜注及史記，曲沃莊伯爲桓叔之子，桓叔即晉穆侯之子，大子仇之弟成師也，則此爲晉穆侯之曾孫，左桓二謂晉封其祖桓叔於曲沃，故冠以曲沃，稱曲沃武公、曲沃伯。其稱晉武公、晉侯者，左莊十六「王使虢公命曲沃伯以一軍爲晉侯」，至是，武公以晉之別封代晉爲諸侯，故冠以國名晉。稱「晉武公」者，武蓋其諡也。

1333、晉侯去疾（昭三十經）、晉侯（昭十七）、晉頃公（昭三十經）——晉

案：左昭三十經「晉侯去疾卒」，則去疾，其名也，詳 0857 宋公固條。其稱晉頃公者，頃蓋其諡也。

1334、晉侯夷（昭十六經）、晉侯（昭十二）、晉昭公（昭十六經）——晉

案：左昭十六經「晉侯夷卒」，則夷、其名也，詳 0857 宋公固條，稱晉昭公者，昭蓋其諡也。

1335、晉侯夷吾（僖二十四經）、夷吾（莊二十八）、晉惠公（僖九）、晉侯（僖十）、惠公（僖十五）、惠（僖二十四）——晉

案：左僖二十四經「晉侯夷吾卒」，則夷吾、其名也，詳 0857 宋公固條。

左僖九郤芮對秦穆公曰：「夷吾弱不好弄」，於他國國君前當稱己主之名，亦可證夷吾爲其名。左僖二十四「惠、懷無親」，惠即惠公，其稱惠公、晉惠公者，惠蓋其謚也。

1336、晉侯佹諸（僖九經）、晉侯（莊十八）、獻公（莊二十三）、晉獻公（莊二十八）、獻（成十三）——晉

案：左僖九經「晉侯佹諸卒」，佹諸、其名也，詳 0857 宋公固條。佹諸，公羊、穀梁、晉世家皆作詭諸，校勘記云：「纂圖本、監本、閩本、毛本佹作詭，案穀梁釋文云『左氏作佹諸』，則作佹爲是。」春秋異文箋云：「佹、詭音義同。」楊注謂：「佹、詭字通。」其稱獻、獻公、晉獻公者，獻蓋其謚也。

1337、晉侯周（襄十五經）、孫周（成十七）、晉侯（成十八經）、周子（成十八）、晉侯悼公〔晉悼公〕（成十八）、悼公（襄二十二）——晉

案：左襄十五經「晉侯周卒」，則周爲其名，詳 0857 宋公固條。其稱周子者，以名配「子」字，左傳人物名號中有此例；其稱孫周者，以「孫」字配名，左傳人物名號中亦有其例，皆詳上篇第二章。又史記晉世家云「悼公周者，其大父捷，晉襄公少子也……生惠伯談，談生悼公周」，則周爲晉襄公之曾孫，而十二諸侯年表則云：「立襄公孫爲悼公。」則又以周爲晉襄公之孫，晉世家正義引世本亦云：「襄公生桓伯捷，捷生悼公周也。」亦以周爲襄公之孫。據國語周語下「晉孫談之子周適周」，則周之父爲惠伯談，桓伯捷乃其王父也，周實爲晉襄公之曾孫，故周語下稱其父曰孫談，晉語六亦稱周曰孫周，以談爲晉襄公之孫，周爲晉襄公之曾孫，春秋以前自孫而下皆得謂之孫，如詩魯頌閟宮「周公之孫」，謂魯僖公也，故父子二人皆得以「孫」配名曰孫談、孫周也。或以周爲晉襄公之孫，此蓋誤解周語下「襄公曰驩，此其孫也」之語，以周爲襄公之孫，實則周語下之孫，可指曾孫。其稱悼公者，悼蓋其謚也。左成十八稱「晉侯悼公」，楊注云：「阮刻本作『晉侯悼公』，『侯』字衍，今據各本刪。」其說是。

1338、晉侯重耳（僖三十二經）、重耳（莊二十八）、文公（僖九）、公子重耳（僖二十三）、晉公子（僖二十三）、晉侯（僖二十四）、晉文公（僖三十二）、晉文（昭四）、晉重（定四）——晉

案：此晉文公也。左僖二十八周天子策命晉文公爲侯伯，文公曰「重耳敢再拜稽首」，自稱「重耳」，則重耳爲其名，然左定四祝鮀述踐土之盟謂：「其載書云：『王若曰：晉重、魯申、衛武、蔡甲午、鄭捷、齊潘、宋王臣、莒期。』」

稱重耳爲晉重，兩字名止稱其一，是以日知錄卷二十四云：「豈古人二名可但稱其一歟？昭二年（琛案：當作元年），莒展輿出奔吳，傳曰『莒展之不立』，晉語，曹僖負羈稱叔振鐸爲先君叔振，亦二名而稱其一也。」楊樹達古書疑義舉例續補亦云：「左傳『杞平公郁釐』，穀梁傳同，譙周古史考作『鬱來』，公羊傳作『鬱釐』，史記陳杞世家則只作『鬱』（原註：鬱、郁同音字），蓋古人記述二名，本有省稱一字之例。」此年傳會箋云：「若夫趙嬰齊曰趙嬰，申公巫臣曰屈巫，樂祁犁曰樂祁，樂王鮒曰鮒也，蓬富獵曰獵也，則省而稱其一也。」亦謂左傳於兩字名有省稱其一之例，然於此重耳稱晉重者，則別有說焉，云：「解者或以爲省文，或以爲文公又名重，皆非也。文公之命名，必其生有異表，非獨駢脅，其耳亦異於常人，如耴爲耳下垂，故鄭公孫輒字子耳，文公之爲重耳，既因耳異而命名，必無去耳而單稱重之理，如以爲省文，則首冠王若曰，何等鄭重，豈得從省？況二名如甲午、王臣，皆不省去一字，何於晉文獨變其例？蓋此時合諸侯于召陵，晉爲盟主，祝鮀之言，雖告萇宏（琛案：宜作弘），而晉定公實在會，故爲盟主諱，單舉重字，正二名不偏諱之意，此亦見鮀之敏博而佞，不觸忌諱，其實盟府所載仍是書晉重耳也。」論載書原作「晉重耳」，是也。然今所見左傳作「晉重」，會箋以爲祝鮀諱之，或是闕文之故，猶如左定六經書仲孫何忌爲「仲孫忌」，杜注以爲闕文，是也。其稱晉文公、文公者，文、其諡也，稱晉文者，省稱也。因其爲晉獻公之子，未爲君前，傳多稱之爲「晉公子」「公子重耳」。

1339、晉侯彪（昭十經）、晉侯（襄十六）、平公（襄十六）、彪（襄十八）、晉平公（襄二十九）——晉

案：左昭十經「晉侯彪卒」，則彪、其名也，詳 0857 宋公固條。左襄十八晉平公伐齊，荀偃禱於河曰：「曾臣彪將率諸侯以討焉」，杜注：「彪、晉平公名。」荀偃於神前稱其君曰「彪」，亦可證彪爲其名。稱平公者，平當是其諡也。

1340、晉侯黑臀（宣九經）、公子黑臀（宣二）、成公（宣二）、晉侯（宣三）——晉

案：左宣九經「晉侯黑臀卒于扈」，經多書名，則黑臀，其名也。又國語周語下「且吾聞成公之生也，其母夢神規其臀以墨，曰：使有晉國……故名之曰黑臀」，亦謂晉成公名黑臀。稱成公者，成蓋其諡也。

1341、晉侯獳（成十經）、晉侯（宣十一經）、晉景公（宣十五）、景公（成
　　　十三）──晉

　　案：左成十經「晉侯獳卒」，則獳、其名也，詳 0857 宋公固條。其稱景
公，晉景公者，景蓋其諡也。

1342、晉侯驩（文六經）、晉侯（僖三十三）、襄公（僖三十三）、晉襄公（文
　　　元）、襄（文十七）──晉

　　案：左文六經「晉侯驩卒」，驩、其名也，詳 0857 宋公固條。又國語晉
語四，文公問於胥臣曰：「吾欲使陽處父傅讙也而教誨之。」讙即驩也，父必
稱子名，亦可證驩爲其名。驩，國語周語下、穀梁、史記十二諸侯年表作驩，
與左傳同；公羊作讙，晉語四同，史記晉世家作歡，諸字蓋皆可通假。其稱
襄、襄公、晉襄公者，襄蓋其諡也。

1343、晉哀侯（桓八）、哀侯（隱五）、翼侯（桓三）──晉

　　案：左桓二「鄂侯生哀侯」，則此爲晉鄂侯之子。傳續云：「哀侯侵陘庭
之田，陘庭南鄙啓曲沃伐翼。」左桓三接云：「春，曲沃武公伐翼……逐翼侯
於汾隰……」以上左桓二之文爲其年傳末之文，左桓三之文爲其年傳首之文，
二事相接，故翼侯者，即哀侯也，哀侯所以稱翼侯者，以翼爲晉舊都，哀侯
都之，左隱五載周天子「立哀侯于翼」是也，上引傳亦謂曲沃武公伐翼，因
哀侯居翼，故傳謂之翼侯，猶乃父鄂侯居翼，亦謂之翼侯，居鄂、謂之鄂侯，
詳 1766 鄂侯條。

1344、晉姬（文十四）──邾

　　案：左文十四邾文公「二妃晉姬，生捷菑」，晉爲姬姓之國，以母家國名
配母家姓，故稱晉姬。

1345、晉悼夫人（襄二十三）──晉

　　案：左襄二十三「晉悼夫人喪之」，此晉悼公之夫人，故以夫諡稱。

1346、晉陳（昭二十七）──楚

　　案：左昭二十七楚令尹子常殺「晉陳」，杜注：「晉陳，楚大夫。」

1347、晉穆侯（桓二）──晉

　　案：左桓二「晉穆侯之夫人姜氏以條之役生太子，命之曰仇」，則晉穆侯
爲晉文侯仇之父也。

1348、晏父戎（襄二十三）──齊

案：左襄二十三齊「晏父戎為右」，晏父戎為齊人。春秋大事表十二上齊晏氏下列晏父戎，以晏為其氏，然則其名父戎歟？疑晏父戎或名戎、字晏，字名相連為稱，如孔父嘉、華父督之類也。不然則晏父為其氏，戎為其名，如富父槐之類也。

1349、晏弱（宣十七）、晏桓子（宣十四）、桓子（宣十四）、晏子（宣十七）──齊

案：左宣十四「公孫歸父……見晏桓子……桓子告高宣子」，杜注：「桓子，晏嬰父。」則晏、其氏也，桓蓋其諡。左宣十七稱「晏弱」，弱或其名。同傳苗賁皇告晉侯曰「夫晏子何罪」，稱晏子，氏下殿以子字，此春秋時卿大夫稱謂之通例。

1350、晏圉（哀六）──齊

案：左哀六「遂及高張、晏圉、弦施來奔」，杜注：「晏圉，嬰之子。」謂晏嬰之子，則晏、其氏也。

1351、晏氂（襄二十三）──齊

案：左襄二十三「齊侯遂伐晉，取朝歌……趙勝帥東陽之師以追之，獲晏氂」，杜注：「晏氂、齊大夫。」國語魯語下子服惠伯述此事云：「與邯鄲勝擊齊之左，掎止晏萊焉。」邯鄲勝即趙勝，故其子稱邯鄲午，而晏萊即晏氂也。左通補釋十八云：「氂、萊古音同，如爾雅釐蔓華，說文引作萊，鄭氏大射儀注云：貍之言不來也，陸氏毛詩音義上云：來，古協思韻，多音黎，周頌貽我來牟，漢書劉向傳作飴我釐麰，皆是。」謂左傳作晏氂、國語作晏萊，音同字異耳。春秋分記世譜六謂晏嬰「生二子，曰氂、曰圉」，以晏氂為晏嬰子，不知何據；然陳氏世族譜、春秋大事表十二上於齊晏氏下皆列晏氂，以晏為其氏。

1352、晏嬰（襄十七）、晏平仲（襄二十二）、晏子（襄二十二）、嬰（襄二十五）、平仲（襄二十八）──齊

案：左襄十七「齊晏桓子卒，晏嬰麤縗斬……」，晏桓子即晏弱，杜注：「晏嬰父。」則晏嬰之晏、其氏也。左襄二十五晏子嘆曰「嬰所不唯忠於君，利社稷者是與……」，自稱嬰，則嬰、其名也。左襄二十二稱「晏子」，氏下殿以子字，此春秋時卿大夫稱謂之常例。其稱晏平仲者，史記管晏列傳索隱云「平、諡，仲、字。」謂平為其諡，仲為其字，仲當是其行次也。

1353、桃子（僖二十四）——周

　　案：左僖二十四「使頹叔桃子出狄師」，杜注：「二子，周大夫。」陳氏世族譜云：「按上下文疑即一人也。」會箋云：「必是一人也，頹、族或邑，叔、行，周有仍叔、榮叔，桃子名若字，周有王札子、老陽子，可以證矣。」以頹叔桃子爲一人，楊伯峻春秋左傳注則仍以爲是二人。參 2213 頹叔條。

1354、桑掩胥（哀十一）——齊

　　案：左哀十一齊「桑掩胥御國子」，則桑掩胥爲齊人。

1355、桓公（莊十四）、桓（宣十二）——鄭

　　案：左莊十四鄭原繁曰「先君桓公命我先人典司宗祐」，杜注：「桓公，鄭始受封君也。」左宣十二「徼福於厲、宣、桓、武」，桓亦指鄭桓公。史記鄭世家：「鄭桓公友者，周厲王少子」，十二諸侯年表云：「周宣王母弟。」史記稱友，友蓋鄭桓公之名也。

1356、桓公（隱元）、桓（哀三）——魯

　　案：左隱元「生桓公而惠公薨」，桓公即魯桓公，桓蓋其諡也。

1357、桓王（隱六）、桓（襄二十五）——周

　　案：左隱六「鄭伯如周，始朝桓王也」，桓王即周桓王；左襄二十五鄭子產曰「我先君武、莊，爲平、桓卿士」，桓亦指周桓王，桓蓋其諡也。史記周本紀云：「平王崩，太子洩父蚤死，立其子林，是爲桓王，桓王、平王孫也。」

1358、桓跳（襄二十三）——齊

　　案：左襄二十三齊「桓跳爲右」，則桓跳爲齊人。

1359、涉佗（昭二十二）——晉

　　案：左昭二十二「使涉佗守之」，杜注：「涉佗，晉大夫。」左定十三晉有涉賓，杜注謂邯鄲午之家臣，疑涉佗、涉賓之涉爲氏，佗爲其名或字。

1360、涉賓（定十三）——晉

　　案：左定十三「涉賓不可」，杜注：「午家臣。」謂晉邯鄲午之家臣。左昭二十二晉有涉佗，疑涉爲氏，賓爲其名或字。參 1359 涉佗條。

1361、烏存（昭二十三）——莒

　　案：左昭二十三「烏存帥國人以逐之」，杜注：「烏存，莒大夫。」通志氏族略第四及楊注以烏存氏烏，詳 1363 烏餘條。

1362、烏枝鳴（昭二十一）──齊

　　案：左昭二十一「齊烏枝鳴戍宋」，杜注：「烏枝鳴，齊大夫。」廣韻烏字注引左傳烏枝鳴，謂烏爲姓，通志氏族略及楊注亦以烏爲氏，見1363烏餘條。

1363、烏餘（襄二十六）──齊

　　案：左襄二十六「齊烏餘以廩丘奔晉」，杜注：「烏餘，齊大夫。」新唐書宰相世系表云：「烏氏出自姬姓，黃帝之後，少昊氏以烏鳥名官，以世功命氏，齊有烏之餘。」通志氏族略第四同，並云：「齊有烏餘、烏枝鳴，莒有烏存。」以烏餘、烏枝鳴、烏存之烏爲氏。左通補釋十九云：「烏鳥名官，恐是譜諜家附會。」會箋云：「烏氏、餘名。」以烏爲氏，餘爲名。楊注亦云：「烏蓋氏，餘爲名，昭二十一年齊有烏枝鳴、二十三年莒有烏存，皆氏烏也。」

1364、特宮（僖十）──晉

　　案：左僖十晉「遂殺……特宮……皆里、丕之黨也」，則特宮爲晉人。

1365、狼瞫（文二）、瞫（文二）──晉

　　案：左文二晉「狼瞫取戈以斬囚」，狼瞫爲晉人，傳又稱其曰「瞫」，瞫蓋其名也。

1366、狼蘧疏（襄二十三）──齊

　　案：左襄二十三齊「狼蘧疏爲右」，狼蘧疏爲齊人。

1367、祝史揮（哀二十五）、揮（哀二十五）──衛

　　案：左哀二十五「因祝史揮以侵衛」，杜注：「揮，衛祝史。」會箋云：「祝應、宗區、史嚚出莊三十二年，祝固、史嚚出昭二十年，各有分職，揮蓋兼二事。」楊注亦云：「蓋揮兼二事，故稱祝史揮。」祝、史雖云各有分職，然性質頗近，左昭二十梁丘據等以齊「事鬼神豐，於先君有加」，而齊君疾病，以爲「是祝、史之罪」，而欲誅祝固、史嚚。同年傳，晏子引趙武稱士會之德云：「其祝、史祭祀，陳信不愧；其家無猜，其祝、史不祈」，晏子又云：「若有德之君……其祝、史薦信，無愧心矣，是以鬼神用饗……其適遇淫君……其祝、史薦信，是言罪也……是以鬼神不饗其國以禍之。」以祝史並稱，而與祭祀鬼神聯言，然則祝、史之職，蓋掌祭祀時之陳言，祈福於鬼神者也，祝史揮之職，當猶是類也。同傳凡三言「揮」，則揮蓋其名也。左傳人物有以官名冠名上者，如祝固、史嚚、醫和、師慧等是也，參頁七四，則祝史揮蓋兼二事，故名上冠以祝史也。

又或祝史揮之先人兼掌祝史二事，因以爲氏，亦有可能。

1368、祝佗（定四）、子魚（定四）——衛

　　案：左定四衛子行敬子言於衛靈公「其使祝佗從」，祝佗之佗當作鮀，論
語雍也邢疏、詩曹風下泉孔疏、尚書舜典孔疏引此傳皆作鮀。傳又稱祝佗爲
子魚，子魚之魚當是其字，爾雅釋魚「鯊鮀」，郭注云：「今吹沙小魚，體員
而有點文。」疏云：「鯊一名鮀。」則鮀爲一種小魚，古人名字相應，以魚爲
字，則名當作鮀。論語憲問載衛靈公臣「祝鮀治宗廟」，雍也篇亦稱「祝鮀之
佞」，與左傳祝佗之爲衛靈公臣，善言而職司社稷鬼神合，而亦稱祝鮀，然則
祝佗名鮀，字魚也。杜注「祝佗」云：「大祝子魚。」同傳又載「子魚辭曰……
夫祝，社稷之常隸也」，自稱爲祝，則稱祝佗者，祝爲其官名。左傳人物有以
職官名冠名上者，詳頁七四，此亦一例也。

1369、祝佗父（襄二十五）——齊

　　案：左襄二十五「祝佗父祭於高唐」，杜注：「高唐有齊別廟也。」則佗
父之官爲祝，故稱祝佗父。

1370、祝固（昭二十）——齊

　　案：左昭二十梁丘據告齊侯曰「今君疾病爲諸侯憂，是祝、史之罪也……
君盍誅於祝固、史嚚以辭賓」，杜注：「欲殺嚚、固，以辭謝來問疾之賓。」
孔疏引服虔云：「祝固、齊大祝，史嚚、大史也，謂祝史之固陋嚚闇不能盡禮
薦美，至於鬼神怒也。」孔疏續云：「其意以爲請誅祝、史之嚚闇固陋者，嚚、
固非人名也。案莊三十二年，神降於莘，虢公使祝應、宗區、史嚚享焉，彼
是人名，則此亦名也，世族譜齊雜人內有祝固、史嚚，此云：欲殺嚚、固，
是杜必以爲人名也。」孔說是也。祝者，其官也，傳載梁丘據於齊侯前稱「祝
固」，君前臣名，固當是名。左傳人物名號有於名上冠職官名者，詳頁七四。

1371、祝聃（隱九）——鄭

　　案：左隱九「北戎侵鄭……祝聃逐之」，杜注：「祝聃、鄭大夫。」據傳，
祝聃參與鄭禦北戎之戰役，左桓五亦載祝聃參與鄭與周師之戰事，且「祝聃
射王中肩」，則祝聃似非一僅任宗廟鬼神之祝職者，或其先人爲祝，而因以爲
氏歟？

1372、祝款（昭十六）——鄭

　　案：左昭十六「鄭大旱，使屠擊、祝款、豎柎有事於桑山」，杜注：「三

子，鄭大夫，有事，祭也。」鄭使祝欵祭於桑山，則祝欵之祝，或其官名歟？

1373、祝融（僖二十六）

案：左僖二十六「夔子不祀祝融與鬻熊……楚……滅夔」，杜注：「祝融，高辛氏之火正，楚之遠祖也。」史記楚世家謂楚之遠祖「重黎爲帝嚳高辛居火正，甚有功，能光融天下，帝嚳命曰祝融……帝……誅重黎，而以其弟吳回爲重黎後，復居火正，爲祝融。吳回生陸終，陸終生子六人……六曰季連，芊姓，楚其後也。」據史記，重黎、吳回兄弟二人皆稱祝融，祝融似是號。

1374、祝應（莊三十二）——虢

案：左莊三十二「虢公使祝應、宗區、史嚚享焉」，杜注：「祝、大祝，宗、宗人，史、大史，應、區、嚚皆名。」謂祝乃其官，應爲其名。

1375、祝襄（哀二十六）——宋

案：左哀二十六大尹「使祝爲載書……祝襄以載書告皇非我」，杜注：「襄，祝名。」謂祝襄之襄爲名，然則稱祝襄者，名上冠其官名「祝」也。

1376、祝鼃（昭二十）——衛

案：左昭二十「公孟有事於蓋獲之門外，齊子氏……使祝鼃寘戈於車薪以當門」，杜注：「有事，祭也。」故會箋釋「祝鼃」云：「祝是祭事之人。」然則祝鼃之祝，當是其官名，鼃或其名也。

1377、秦子（莊九）——魯

案：左莊九魯「秦子、梁子以公旗辟于下道」，則秦子爲魯人。古有以氏或名配子爲稱，秦蓋其氏，不然則或其名。

1378、秦丕茲（襄十）——魯

案：左襄十魯秦堇父「生秦丕茲、事仲尼」，則秦、其氏也。釋文云：「秦丕茲，一本作秦不茲。」校勘記云：「丕、不經典中每多互用。」孔子家語七十二弟子解謂「秦商、魯人，字丕茲」，史記仲尼弟子列傳索隱引家語同，解詁引家語作「不慈」，皆指左傳秦丕茲也。而史記仲尼弟子列傳則謂「秦商，字子丕」，與左傳不同，未知其故。

1379、秦伯任好（文六）、秦伯（僖九）、穆公（僖三十二）、秦穆公（文三）、　　　秦穆（文三）、穆（成十三）——秦

案：左文六「秦伯任好卒」，杜注：「任好，秦穆公名。」又稱穆公者，穆蓋其諡也。

1380、秦伯稻（宣四經）——秦

案：左宣四經「秦伯稻卒」，則稻，其名也，參 0857 宋公固條。

1381、秦伯罃（文十八經）、大子罃（僖十五）、秦康公（文七）、秦伯（文十）、康（成十三）、康公（成十三）——秦

案：左文十八經「秦伯罃卒」，則罃、則名也，參 0857 宋公固條。又左僖十五秦穆姬「以大子罃、弘、與女簡璧登臺而履薪焉」，杜注亦云：「罃、秦康公名。」其稱大子者，以其爲秦穆公之大子也。左成十三呂相絕秦，稱之曰康公、康，康蓋其謚也。

1382、秦周（襄十八）——魯

案：左襄十八「及秦周，伐雍門之萩」，杜注：「秦周，魯大夫。」惠棟春秋左傳補註云：「子惠子曰：呂覽慎大篇曰『齊達子帥其餘卒以軍于秦周』，高誘曰：『秦周，齊城門名也。』案：秦周當是齊地名，杜氏以爲魯大夫失之。」其說或是，唯所引呂氏春秋之文出自慎大覽權勳篇，權勳此年傳楊注引作權動。

1383、秦哀公（定四）、秦伯（定四）——秦

案：左定四「秦哀公爲之賦無衣」，哀蓋其謚也。

1384、秦姬（昭二十五）——魯

案：左昭二十五季姒「以示秦遄之妻……秦姬以告公之」，杜注謂秦姬即魯大夫秦遄之妻，又謂秦姬爲魯季公鳥之妹，則稱秦姬者，以夫氏冠母家姓上也。

1385、秦桓公（宣十五）、秦伯（成十）、桓（昭元）——秦

案：左宣十五「秦桓公伐晉」，桓蓋其謚也。

1386、秦堇父（襄十）、堇父（襄十）——魯

案：左襄十「孟氏之臣秦堇父輦重如役」，杜注：「堇父、孟獻子家臣。」傳又稱其曰「堇父」，載其子曰秦丕茲，則秦蓋其氏也。

1387、秦惠公（哀四經）、秦伯（哀三經）——秦

案：左哀四經「葬秦惠公」，惠蓋其謚也。

1388、秦景公（襄九）、秦伯（襄十四）、景（昭元）、景公（昭五）——秦

案：左襄九「秦景公使士雃乞師于楚」，景蓋其謚也。

1389、秦遄（昭二十五）——魯

案：左昭二十五「以示秦遄之妻也」，杜注：「秦遄，魯大夫。」傳載其妻曰秦姬，以夫氏冠於母家姓上，則秦、其氏也。

1390、秦嬴（襄十二）——楚

案：左襄十二「秦嬴歸于楚」，杜注：「秦景公妹，爲楚共王夫人。」稱秦嬴者，以母家國名冠母家姓上也，此春秋時婦女稱謂之常例。

1391、秦穆姬（僖五）、穆姬（僖十五）、秦穆夫人（莊二十八）、伯姬（僖十五）——秦

案：左莊二十八「晉獻公……生秦穆夫人及大子申生」，秦穆夫人爲晉獻公之女，左僖十五所謂「晉獻公筮嫁伯姬於秦」之伯姬也。晉爲姬姓之國，伯爲其行次，故稱伯姬；因嫁與秦穆公，故稱秦穆夫人；左僖十五又稱秦穆姬、穆姬，穆蓋其夫諡，以夫諡配母家姓，故稱穆姬，復冠以夫家國名，故曰秦穆姬。

1392、耿之不比（莊二十八）——楚

案：左莊二十八楚「子元、鬭御彊、鬭梧、耿之不比爲旆」，則耿之不比爲楚人，之字爲氏與名間之語助，詳頁七一。

1393、茲無還（定十）——魯

案：左定十「孔丘使茲無還揖對曰」，杜注：「无還，魯大夫。」稱無還，蓋以茲爲氏，廣韻茲字注云：「姓，左傳魯大夫茲無還。」以茲爲姓，而毋字注又云：「複姓……左傳魯大夫茲毋還。」前後說異。通志氏族略第五，以茲毋還爲複氏茲毋，並謂「漢有侍御史茲毋常。」左通補釋三十亦謂複氏爲是。

1394、荀吳（襄二十六經）、鄭甥（襄十九）、吳（襄十九）、中行穆子（襄二十六）、中行吳（昭五）、中行伯（昭五）、穆子（昭十二）——晉

案：左襄二十六經「晉侯使荀吳來聘」，杜注：「吳、荀偃子。」則荀、其氏也，經多稱名，則吳、其名也。其稱穆子者，穆蓋其諡也。又其曾祖荀林父將中行，因以爲氏，故又稱中行吳，中行穆子……左襄十九荀偃病、士匄請後，荀偃曰：「鄭甥可。」杜注：「鄭甥、荀吳，其母鄭女。」因其爲鄭國之外甥，故曰鄭甥，猶左哀十謂邾隱公爲「齊甥」，左宣三謂鄭公子蘭爲「姞甥」。

1395、荀庚（成三經）、庚（成二）、仲行伯〔中行伯〕（成三）──晉

案：左成三「晉侯使荀庚來聘」，杜注：「荀庚、林父之子。」謂荀林父之子，則荀、其氏也，史記晉世家索隱引世本，稱荀林父之子曰庚宿，與左傳略異。此年經亦稱「荀庚」，經多書名，庚蓋其名也。左成二范文子對晉侯曰「庚所命也」，稱荀庚曰庚，君前臣名，亦可証庚爲其名，左成二臧宣叔稱荀庚曰「仲行伯」，仲當是中之譌，其父稱中行伯，蓋以官爲氏，見 1396 荀林父條。其子荀偃亦稱中行伯，則作中行伯是。

1396、荀林父（僖二十七）、荀伯（文七）、中行桓子（文十三）、桓子（宣十二）、林父（宣十二）、伯氏（宣十五）、中行伯（宣十五）──晉

案：左僖二十七「荀林父御戎」，杜注：「荀林父，中行桓子。」左文七稱荀林父爲荀伯，史記趙世家索隱引世本，謂荀林父與荀首爲兄弟，可證荀爲其氏也。左宣十二荀林父請死，晉侯欲許之，士貞子諫晉侯曰：「林父之事君也……」於君前稱林父，則林父、其名也。同傳稱桓子，桓蓋其謚也。左宣十五晉侯稱荀林父曰「伯氏」，楊注云：「字伯。」謂伯爲其行次。左成二載申公巫臣稱荀首爲「中行伯之季弟」，中行伯即荀林父，其弟荀首又稱知季，則傳稱荀林父曰荀伯、中行伯、伯氏，伯皆其行次也。其稱中行伯者，史記趙世家索隱云：「系本云：晉大夫逝遨生桓伯林父，林父生宣伯庚宿，庚宿生獻伯偃，偃生穆伯吳，吳生寅，本姓荀，自荀偃將中軍，晉改中軍爲中行，因氏焉。」謂荀林父爲逝遨之子，本姓荀，自其孫荀偃將中軍後氏中行；然左僖二十八載「晉侯作三行以禦狄，荀林父將中行」，則將中行始自荀林父，稱中行者，亦始自荀林父，是以左文十三即稱荀林父爲中行桓子，左宣十五、左成二亦載羊舌職及申公巫臣稱荀林父爲「中行伯」，時人稱荀林父爲中行伯，則中行之稱始自荀林父。通志氏族略第四「荀林父將中行，故曰中行氏」是也，故左傳稱其子荀庚、其孫荀偃爲中行伯，止襲父祖之稱耳。

1397、荀侯（桓九）──荀

案：左桓九「虢仲、芮伯、梁伯、荀侯、賈伯伐曲沃」，春秋大事表五謂荀爲姬姓之國，爲晉所滅，以賜大夫原氏黯。漢書地理志右扶風枸邑注引臣瓚曰：「汲郡古文：晉武公滅荀，以賜大夫原氏黯，是爲荀叔。」是顧氏所本。荀侯爲荀國之君。

1398、荀盈（襄二十七）、盈（襄十四）、知悼子（襄二十三）、伯夙（襄二十七）、知伯（襄二十九）、知盈（昭五）──晉

案：左襄二十七「於是荀盈從趙武至」，據史記趙世家索隱引世本，荀盈為荀罃之孫，見1399荀首條，而左襄十四杜注則謂荀罃之子，蓋杜注誤，參1099知朔條，然則荀、其氏也，荀罃又稱知罃，以知為氏，故荀盈亦稱知盈。左襄二十九經「仲孫羯會晉荀盈……」經多書名，盈、蓋其名也。稱知悼子者，悼、蓋其諡也。左襄二十七「伯夙謂趙孟」，杜注：「伯夙，荀盈。」解詁云：「晉荀盈，字伯夙。」以伯夙為其字。

1399、荀首（宣十二）、知莊子（宣十二）、知季（宣十二）、首（成三）——晉

案：左宣十二「荀首、趙同為下軍大夫」，杜注：「荀首，林父弟。」則荀、其氏也。左成五經「叔孫僑如會晉荀首于穀」，經多書名，則首蓋其名也。又左成三載其子知罃對楚王稱荀首曰首，即稱其父之名也。左宣十二稱其曰「知莊子」，通志氏族略第三云：「智氏……荀首別食智邑，又為智氏。」謂其食采於智，因以為氏，莊蓋其諡也。史記趙世家索隱引世本云：「晉大夫逝遨生桓伯林父……」，又云：「逝遨生莊子首、首生武子罃、罃生莊子朔、朔生悼子盈、盈生文子櫟、櫟生宣子申、申生智伯瑤。」以荀林父與荀首為兄弟，左成二申公巫臣曰：「知罃之父……中行伯之季弟也。」謂荀首為荀林父之弟，則荀首為弟，故左宣三謂之知季，季、其行次也。

1400、荀家（成十八）——晉

案：左成十八「荀家、荀會、欒黶、韓無忌為公族大夫」，陳氏世族譜及春秋大事表十二上於晉荀氏下列荀家、荀會、荀賓、荀騅，以荀為其氏。

1401、荀息（僖二）、荀叔（僖九）——晉

案：左僖二「晉荀息請以屈產之乘……」，杜注：「荀息、荀叔也。」左僖九即稱其曰荀叔，漢書地理志右扶風枸邑顏注引臣瓚曰：「汲郡古文『晉武公滅荀，以賜大夫原氏黯，是為荀叔』」，會箋謂「蓋黯名、息字，以邑為氏」，謂荀息名黯字息，因受荀邑，故氏荀。楊注云：「叔則是其行次，所謂五十以伯仲者也。」

1402、荀偃（成十六）、中行偃（成十七）、中行獻子（襄九）、獻子（襄九）、伯游（襄十三）、中行伯（襄十四）、偃（襄十六）——晉

案：左成十六「荀偃佐之」，杜注：「偃，荀庚子。」則荀、其氏也。左襄十六荀偃曰「偃知罪矣」，自稱偃，則偃、其名也。左襄十三士匄稱其曰「伯

游」，古人名偃多字游，游爲其字，伯蓋其行次，故稱伯游。左成十七稱「中行偃」，其祖荀林父將中行，因以中行爲氏。其稱獻子者，獻蓋其諡也。

1403、荀寅（昭二十九）、中行寅（昭二十九）、中行文子（定八）、寅（哀二十七）、文子（哀二十七）——晉

　　案：左昭二十九「晉趙鞅、荀寅帥師……」杜注：「荀寅，中行荀吳之子。」則荀、其氏也，中行亦其氏也。左哀二十七荀寅告陳成子「有自晉師告寅者」，自稱寅，則寅、其名也。其稱文子者，文蓋其諡也。

1404、荀會（成十八）——晉

　　案：左成十八「荀家、荀會、欒黶、韓無忌爲公族大夫」，荀蓋其氏也，參1400荀家條。

1405、荀瑤（哀二十三）、知伯（哀二十三）、瑤（哀二十三）——晉

　　案：左哀二十三「晉荀瑤伐齊」，杜注：「荀瑤、荀爍之孫知伯襄子。」荀爍，會箋本作荀躒，荀瑤爲其孫，故亦氏荀。荀躒又稱知躒，以知爲氏，故荀瑤亦以知爲氏，故曰知伯。傳載荀瑤曰「君命瑤」，自稱瑤，則瑤、其名也。

1406、荀賓（成十八）——晉

　　案：左成十八「荀賓爲右」，荀蓋其氏也，參1400荀家條。

1407、荀罃（成三）、知罃（宣十二）、知武子（成十六）、知伯（成十八）、罃（襄二）——晉

　　案：左成三「荀罃之在楚也」，據世本，荀罃爲荀首之子，參1399荀首條，則荀、其氏也。荀首又稱知莊子、知季，故荀盈亦稱知罃，知亦其氏也。左襄二荀罃曰「罃將復於寡君」，自稱罃，則罃、其名也。稱知武子者，武蓋其諡也。

1408、荀騅（成三）——晉

　　案：左成三「韓厥、趙括、鞏朔、韓穿、荀騅……皆爲卿」，荀蓋其氏也，參1400荀家條。

1409、荀躒（昭九）、文伯（昭十五）、伯氏（昭十五）、知躒（昭二十六）、知伯（昭三十一）、躒（昭三十一）、知文子（定十三）、文子（定十三）——晉

　　案：左昭九「使荀躒佐下軍以說焉」，杜注：「躒、荀盈之子知文子也。」

世本同，則荀、其氏也。荀盈又稱知盈，以知爲氏，故荀躒亦稱知躒。左昭三十一經「季孫意如會晉荀躒于適歷」，經多書名，躒蓋其名也。躒，公、穀作櫟，春秋異文箋云：「公、穀作櫟，通假字。」定十三稱知文子、文子，文蓋其諡也。左昭十五周天子稱其曰伯氏，伯當是其行次，故同傳即以諡配行次，稱其曰文伯。參 2348 籍談條。

1410、蚡冒（文十六）──楚

案：左文十六「先君蚡冒所以服陘隰也」，杜注：「蚡冒，楚武王父。」據史記楚世家則蚡冒爲楚武王之兄。史記志疑卷二十二云：「韓子和氏篇謂厲王薨，武王即位，外儲說左上亦稱楚厲王，楚辭東方朔七諫云『遇厲、武之不察，羌兩足以畢斮』，是蚡冒諡厲王矣。」謂厲爲蚡冒之諡。

1411、袁克（昭八）──陳

案：左昭八陳「輿嬖袁克殺馬毀玉以葬」，陳氏世族譜及春秋大事表十二下陳轅氏下皆列袁克，以袁爲其氏，轅、袁字通，見 2250 轅濤塗條。

1412、袁僑（襄三經）──陳

案：左襄三「陳成公使袁僑如會求成」，杜注：「袁僑、濤塗四世孫。」謂袁僑爲轅濤塗之四世孫，左傳一作袁、一作轅者，以袁、轅字通也，見 2250 轅濤塗條，故袁、其氏也。左襄三經稱「袁僑」，經多書名，則僑蓋其名也。杜氏世族譜稱轅僑爲「桓子」，桓蓋其諡。

1413、豹（襄三十）──鄋瞞

案：左襄三十叔孫莊叔「獲長狄僑如及虺也，豹也」，豹爲狄人，其國曰鄋瞞，見 1225 虺條。

1414、追喜（襄十八）──晉

案：左襄十八「范鞅門于雍門，其御追喜以戈殺犬于門中」，則追喜爲晉人。

1415、郕伯（文十二）──郕

案：左文十一傳末云：「郕大子朱儒自安於夫鍾，國人弗徇」，左文十二傳首接云「郕伯卒，郕人立君，大子以夫鍾與郕邦來奔」，則郕伯者，郕大子朱儒之父也，爲郕國之君。

1416、郜子（僖二十經）──郜

案：左僖二十經「夏，郜子來朝」，杜注：「郜，姬姓國。」孔疏云：「二

十四年傳富辰所云郜之初封，文王之子、聃季之弟，以後更無所聞，唯此年
一見而已，無時君諡號。」郜子爲郜國之君也。

1417、郜延（哀十三）──宋

案：左哀十三「獲成讙、郜延」，杜注：「二子，宋大夫。」謂郜延爲宋
國之大夫。左通補釋三十一引周氏附論云：「南郜爲宋邑，北郜爲宋所并，郜
延當以邑爲氏，或即郜之子孫，以國爲氏。」左隱十經「公敗宋師于菅……
取郜」，則宋有郜邑，左桓二宋「以郜大鼎賂公」，杜注：「郜國所造器也，故
繫名於郜。」則宋與郜固有不可分之關係，周氏之推論是也。

1418、郟張（哀九）──鄭

案：左哀九宋「以郟張與鄭羅歸」，據傳郟張爲鄭人，通志氏族略第三謂
「鄭大夫郟張，其先封郟鄉，因氏焉」，以郟爲其氏。

1419、郤乞（僖十五）──晉

案：左僖十五「晉侯使郤乞告瑕呂飴甥」，杜注：「郤乞、晉大夫也。」
陳氏世族譜及春秋大事表十二上於晉郤氏下皆列郤稱、郤乞、郤縠、郤溱，
以郤爲其氏。

1420、郤至（成二）、至（成十二）、溫季（成十六）、季子（成十七）── 晉

案：左成二「而因郤至」，杜注：「至、郤克族子。」孔疏云：「世本：郤
豹生冀芮、芮生缺、缺生克。又云：豹生義、義生步楊、楊生蒲城鵲居、居
生至。如世本，克是豹之曾孫，至是豹之玄孫，於克爲二從兄弟子。」則依
世本，郤至亦是郤克族子，二人皆郤豹之後。國語晉語一有「郤叔虎」，韋注
云：「晉大夫，郤芮之父郤豹也。」謂郤叔虎即郤豹，說文郤字下云：「郤，
晉大夫叔虎邑也。」據此，則郤原是郤豹之采邑，因以爲氏，故後人氏郤，
郤至之郤，即其氏也。左成十二郤至告子反曰「至敢不從」，自稱至，則至爲
其名也。左成十七晉厲公曰「季子欺余」，稱季子，季蓋其行次，故吳公子札、
魯公子友皆稱季子。其稱溫季者，左成十二郤至曰「溫、吾故也」，杜注：「言
溫，郤氏舊邑。」因其先食邑溫，故曰溫季。

1421、郤克（宣十二）、郤獻子（宣十二）、郤子（宣十七）、獻子（宣十七）、克（成二）、郤伯（成二）──晉

案：左宣十二「郤克佐之」，杜注：「郤缺之子。」孔疏引世本同，見1420

郤至條，則郤、其氏也。左成二郤克告晉君「克於先大夫無能為役」，自稱克，則克、其名也。其稱獻子、郤獻子者，獻蓋其諡也。左成二「郤伯見」，杜注：「郤伯，郤克。」楊注：「伯、字。」以左桓十七「高伯」，楊注謂「伯蓋渠彌之字，所謂五十以伯仲也」推之，楊氏謂伯為郤克之行次也。

1422、郤芮（僖六）、冀芮（僖十）、郤（僖二十四）──晉

案：左僖六、僖九載晉郤芮為夷吾籌劃出奔及入晉之事，至佐僖十于鄭則稱之為「冀芮」，其稱郤芮者，左成二孔疏引世本云：「郤豹生冀芮，芮生缺……」郤豹以采邑郤為氏，見 1420 郤至條，因郤芮為郤豹子，從父氏，故左僖六稱郤芮；其稱冀芮者，冀本國名，左僖二荀息所謂「冀為不道」是也。春秋大事表七云：「冀本國名，地并于虞，虞亡歸晉……惠公與郤芮為食邑，謂之冀芮。」則稱冀芮者，蓋亦以地為氏。後冀芮謀殺文公被誅，至左僖三十三載其子郤缺有功，晉文公「復與之冀」，是以又稱冀缺，然則稱冀、稱郤，皆以邑為氏也。芮蓋其名也。國語周語上謂周襄王使內史過等賜晉惠公命，呂甥、郤芮相晉侯不敬，內史過曰「呂、郤將不免」，此節末即云「秦人殺子金、子公」，以終內史過之預言，韋注：「子公、郤芮之字也。」謂郤芮字子公，解詁云：「晉郤芮、字子公。」亦謂芮為其名，子公為其字。

1423、郤缺（僖三十三）、冀缺（僖三十三）、郤成子（文十三）──晉

案：左僖三十三晉文公謂冀缺「其父有罪」，杜注：「缺父冀芮。」謂冀缺為冀芮之子，左成二孔疏引世本同。冀芮又稱郤芮，冀也、郤也，皆其氏，故其子缺因之，亦有二氏，左僖三十郤缺，冀缺並稱，是也，參 1422 郤芮條。缺蓋其名也。左文十三稱郤成子，成蓋其諡也。

1424、郤溱（僖二十七）──晉

案：左僖二十七「郤溱佐之」，國語晉語四韋注云：「郤溱，晉大夫，郤至之先。」郤為其氏，參 1419 郤乞、1420 郤至條。

1425、郤稱（僖十）──晉

案：左僖十「呂甥、郤稱、冀芮實為不從」，杜注：「三子，晉大夫。」郤蓋其氏，參 1419 郤乞條。

1426、郤毅（成十三）、步毅（成十六）──晉

案：左成十三「郤毅御戎」，杜注：「郤毅，郤至弟。」則郤、其氏也，毅或其名也。左成十六「步毅御晉厲公」，杜注：「步毅即郤毅。」以為一人。

左成二孔疏引世本「郤豹……生義，義生步楊，楊生蒲城鵲居，居生至」，至即郤至，杜注謂郤縠爲郤至弟，則郤縠之祖父稱步楊，步楊，左傳作「步揚」，左成十一經孔疏引世本亦作「步揚」，當作「步揚」爲是。步爲晉邑，步揚原氏郤，而又以采邑步爲氏，稱步揚，見 0916 步揚條，故其孫郤縠襲之，亦稱步縠也。

1427、郤縠（僖二十七）——晉

　　案：左僖二十七「郤縠可」，郤蓋其氏也，參 1419 郤乞條。

1428、郤錡（成十三經）、駒伯（宣十二）、郤子（成十三）——晉

　　案：左成十三經「晉侯使郤錡來乞師」，杜注傳云：「郤錡、郤克子。」則郤、其氏也。經多稱名，錡蓋其名也。左成十七「矯以戈殺駒伯」，杜注：「駒伯，郤錡。」左宣十二「駒伯曰：『待諸乎？』隨季曰……」，杜注：「駒伯，郤克。」然郤克爲郤錡父，豈父子同稱駒伯耶？此恐不然。杜氏以左宣十二之駒伯爲郤克，蓋因是時郤克佐上軍，故與上軍帥隨季問答者必是郤克，然惠棟春秋左傳補註駁云：「大夫門子得從父于軍，鄢陵之戰，范匄從文子於軍。」以爲父子同在軍中，春秋有其例，並謂駒伯當是郤克子郤錡之字，洪亮吉春秋左傳詁亦云：「即此傳，知罃、知莊子之子，從其父在軍，爲楚所獲，又逢大夫與其二子乘，皆是顯證。」更援同年傳、同次戰役，父子同在軍之例，以證駒伯亦可爲上軍佐郤克之子郤錡，此說是也。左宣十二會箋云：「郤錡，字駒伯。」

1429、郤犨（成十一經）、苦成叔（成十四）、苦成（成十四）——晉

　　案：左成十一經「晉侯使郤犨來聘……」，孔疏引服虔謂郤犨與郤克爲從祖昆弟，又引世本謂郤犨與郤克俱是郤豹之曾孫，則郤、其氏也。經多書名，則犨蓋其名也。犨、公羊作州，左成十一經孔疏引世本「郤豹……生義，義生步揚，揚生州，州即犨也。」則世本亦作「州」，春秋異文箋云：「犨、州音相近，公羊作州，亦假音字。」左閔元「畢萬爲右」，杜注：「畢萬，魏犨祖父。」正義曰：「世本，畢萬生芒季，季生武仲州，州即犨也。」則左傳魏犨之犨，世本作州，其例與此同。其稱苦成叔者，廣韻成字注云：「國語晉郤犨食采苦成，後因以爲氏。」謂苦成爲郤犨之采邑，此一說也。潛夫論志氏姓云：「郤犨食采於苦，號苦成叔。」謂郤犨食采於苦。通志氏族略第五「郤犨別封於苦……成，諡也。」謂苦爲其采邑，成爲其諡，此又一說

也。左通補釋十四以後說爲是，云：「成是犨之諡……廣韻成字注引國語晉
郤犨食采苦成，豈因晉語稱苦成叔子，亦稱叔子，遂誤以苦成爲采地耶？傳
中以邑加諡，如隨武子、范文子之類，不可勝舉，如謂犨以罪誅，不應易名，
則郤至亦諡昭子矣。」會箋襲其說，然左成十四「甯子曰：『苦成家其亡乎？』」
國語魯語上子叔聲伯於郤犨亦生稱「苦成叔」、「苦成氏」，生稱苦成，則成
非其諡，苦成或其邑歟？苦成配叔字稱苦成叔者，楊注云：「叔爲其字。」
左成二孔疏引世本謂步楊生蒲城鵲居，左成十一經孔疏又引世本謂步揚生郤
犨，郤犨有兄弟甚明，叔蓋其行次。左成十四「苦成家其亡乎」，校勘記云：
「石經家字上旁增叔字，與初學記所引合。」楊注謂藝文類聚三十六所引亦
有叔字，會箋本亦有叔字，則「苦成家」或本應作「苦成叔家」。

1430、高止（襄二十九經）、高子容（襄二十九）、子容（襄二十九）——齊

　　案：左襄二十九經「齊高止出奔北燕」，杜注：「止，高厚之子。」同年
傳孔疏引世本亦云：「敬仲生莊子，莊子生傾子，傾子生宣子，宣子生厚，厚
生止。」敬仲即高傒，見 1441 高傒條，則厚即高厚、止即高止，亦以高止爲
高厚之子，故高、其氏也。同傳「高子容與宋司徒見知伯」，杜注：「子容、
高止也。」解詁：「齊高止，字子容。」謂高止名止、字子容。

1431、高克（閔二）——鄭

　　案：左閔二「鄭人惡高克」，杜注：「高克，鄭大夫也。」

1432、高辛氏（文十八）

　　案：左文十八「高辛氏有才子八人」，杜注：「高辛，帝嚳之號。」史記
五帝本紀謂「高辛立，是爲帝嚳，帝嚳高辛者，黃帝之曾孫也。」索隱云：
「宋衷曰：高辛、地名，因以爲號，嚳、名也。」則高辛爲帝嚳之徽幟，參
頁三。

1433、高固（宣五經）、高宣子（宣十四）、高子（宣十七）——齊

　　案：左宣五經「齊高固來逆叔姬」，杜注：「高固，齊大夫。」經多書名，
則固蓋其名也。左宣十四「桓子告高宣子」，杜注：「宣子，高固。」高固稱宣
子，宣蓋其諡也。左襄二十九孔疏引世本謂「敬仲生莊子、莊子生傾子、傾子
生宣子」，敬仲即高傒，宣子即高固，則高固爲高傒之曾孫，故高、其氏也。左
宣十七苗賁皇稱其爲「高子」，氏下配子字，此春秋時大夫稱謂方式之一。

1434、高厚（襄六）、高子（襄十）——齊

　　案：左襄六「高厚、崔杼定其田」，杜注：「高厚，高固子。」則高、其
氏也。左襄十七經「高厚帥師伐我北鄙」，經多書名，則厚蓋其名也。左襄十
士莊子稱其爲「高子」，氏配子字，此春秋時大夫稱謂方式之一。

1435、高哀（文十四）、子哀（文十四經）——宋

　　案：左文十四經「宋子哀來奔」，傳云：「宋高哀爲蕭封人，以爲卿，不
義宋公而出，遂來奔，書曰『宋子哀來奔』，貴之也。」經稱子哀，傳以爲即
高哀，杜注經云：「大夫奔，例書名氏，貴之，故書字。」以爲子哀是其字，
或是。楊注云：「據傳，其人氏高、名哀，則子哀是其字。」亦以爲子哀爲其
字，又謂高爲其氏，哀爲其名。然以子哀爲其字，則高哀之哀疑亦字也，左
傳人物名號有字上冠氏之例，見上篇第二章，稱子哀，以子配字；稱高哀，
以氏配字也。不然則哀爲其名，春秋經有以子配名稱子某者，如魯莊公名同，
經稱子同，齊公子糾經亦稱子糾是也。而蓋未嘗見名某，以子配名曰子某爲
其字者也。

1436、高柴（哀十七）、子羔（哀十五）、柴（哀十五）、季羔（哀十七）
　　　　——衛或齊

　　案：左哀十五子路「遇子羔將出」，杜注：「子羔，衛大夫高柴，孔子弟
子。」傳續載孔子曰「柴也其來」，稱其爲柴，師當呼弟子之名，則柴，其名
也。左哀十七即稱其爲「高柴」，高蓋其氏也。史記仲尼弟子列傳「高柴字子
羔」，解詁亦云：「衛高柴、字子羔。」皆謂名柴、字子羔，實則子羔字羔，
子爲字上所冠男子美稱之詞，故左哀十七謂之季羔，蓋即以行次配字也。杜
注謂高柴爲衛大夫，史記仲尼弟子列傳集解引鄭玄之說，亦以爲衛人，而孔
子家語則謂「齊人，高氏之別族」，通志氏族略第四亦以高柴爲齊高傒「十代
孫」，未知孰是。

1437、高弱（成十七）——齊

　　案：左成十七「高弱以盧叛」，杜注：「弱，無咎子。」謂即同傳高無咎
之子，則高、其氏也。

1438、高偃（昭十二經）、鄨（襄二十九）——齊

　　案：左昭十二經「齊高偃帥師納北燕伯于陽」，杜注：「高偃、高傒玄孫，
齊大夫。」則高、其氏也，經多書名，偃蓋其名也。偃或作鄨，左襄二十九

「齊人立敬仲之曾孫酀」，敬仲即高傒，見1441高傒條，酀即高酀，孔疏云：「此酀即後所云高偃是也，世族譜以高武子爲酀、偃爲一人；蓋酀、偃聲相近而字爲二耳，董邁注此亦作偃。」謂高酀即高偃，酀、偃以聲相近而左傳作二字耳，此說是也，左傳即有此例，如楚蒍掩、蒍子馮，傳又作蓮掩、蓮子馮，又自左襄二十九「齊人立敬仲之曾孫酀」，至左昭十二經「齊高偃帥師納北燕伯于陽」止，傳未見其他高氏同族人物，酀當即高偃也。左昭十二孔疏曰：「劉炫云：『杜譜以偃與酀爲一，亦云高傒玄孫，案襄二十九傳云：敬仲曾孫酀，非玄孫也。』今知非者，按世本『敬仲生莊子，莊子生傾子，傾子之孫酀』，是偃爲敬仲玄孫也。」此謂杜預以高偃爲高傒玄孫，而左傳謂「曾孫」，故劉炫據左傳傳文駁杜預，而孔疏則引世本，以證杜氏之說。詩周頌維天之命「曾孫篤之」，鄭箋云：「自孫之子而下，事先祖，皆稱曾孫。」孔疏云：「曾猶重也。」謂曾孫猶數代之孫。左哀二衛大子蒯聵禱曰「曾孫蒯聵敢昭告皇祖文王、烈祖康叔、文祖襄公……」襄公爲蒯聵之祖，文王、康叔則爲蒯聵遠祖，蒯聵非此三人之曾孫，然亦自稱曾孫者，會箋釋云：「曾孫、曾祖之曾，當讀爲層，古人用層字，只書作曾字，曾孫者，言重疊層層爲孫也。」由左傳本書之例證，可知左襄二十九稱高酀爲高傒「曾孫」，未必指酀爲高傒孫之子也，劉炫據傳駁杜注，其說非。

1439、高圉（昭七）

案：左昭七「余敢忘高圉、亞圉」，杜注：「二圉，周之先也。」據史記周本紀，高圉是公劉玄孫之孫，高圉生亞圉，亞圉孫曰古公亶父，故高圉爲周之先也。

1440、高張（昭二十九經）、高子（定元）、高昭子（哀五）、昭子（哀六）——齊

案：左昭二十九經「齊侯使高張來唁公」，杜注：「高張，高偃子。」則高、其氏也，經多書名，則張蓋其名也。左哀六經「高張」，杜注：「書名，罪之也。」亦以張爲其名。左哀五稱「高昭子」，杜注：「昭子，高張。」左哀六亦稱其爲「昭子」，昭蓋其諡也。

1441、高傒（莊九）、高子（閔二經）、敬仲（襄二十九）——齊

案：左莊九「管夷吾治於高傒」，杜注：「高傒，齊卿高敬仲也。」新唐書宰相世系表云：「高氏，出自姜姓，齊太公六世孫文公赤生公子高，孫傒爲

齊上卿，與管仲合諸侯有功，桓公命傒以王父字爲氏……諡曰敬仲。」謂高
傒以王父字爲氏。左莊二十二經「及齊高傒盟于防」，經多書名，則傒蓋其名
也。左閔二經「齊高子來盟」，杜注：「蓋高傒也。」孔疏：「莊二十二年及齊
高傒盟于防，自爾以來，不見經傳，故云蓋高傒也。」稱「高子」者，杜注
云：「齊侯使來平魯亂，僖公新立，因遂結盟……魯人貴之，故不書名，子、
男子之美稱。」謂魯人貴之，故不書其名，書其氏，殿以男子美稱「子」字。
左襄二十九「齊人立敬仲之曾孫酀」，杜注：「敬仲，高傒。」前引新唐書宰
相世系表以敬仲爲高傒之諡，敬爲其諡，仲或其行次，曰敬仲，蓋與襄仲同
例。

1442、高渠彌（桓五）、高伯（桓十七）——鄭

案：左桓五「原繁、高渠彌以中軍奉公」，左桓十七謂高渠彌弒昭公，史
記秦本紀「鄭高渠眯殺其君昭公」，彌作眯，而鄭世家仍作彌，與左傳同，渠
彌蓋其名也，高則其氏也，故左桓十七公子達稱其爲「高伯」，楊注：「高伯，
伯蓋渠彌之字，所謂五十以伯仲也。」

1443、高無丕（哀十一）、高子（哀十一）——齊

案：左哀十五經「齊高無丕出奔北燕」，春秋分記世譜六謂高無丕爲高張
子，陳氏世族譜及春秋大事表十二上皆列高無丕於高張下，以高爲其氏。經多
書名，無丕爲其名也。稱高子者，氏下配子字，此春秋時卿大夫稱謂之常例。

1444、高無咎（成十五經）、無咎（成十七）——齊

案：左成十五經「叔孫僑如會晉士燮、齊高無咎……于鍾離」，陳厚耀春
秋世族譜以高無咎爲高固子，則高、其氏也。經多書名，無咎爲其名也。

1445、高發（昭十九經）——齊

案：左昭十九經「齊高發帥師伐莒」，陳氏世族譜及春秋大事表十二上皆
於齊高氏下列高發，以高爲其氏，經多書名，發蓋其名也。

1446、高豎（襄二十九）——齊

案：左襄二十九「高豎以盧叛」，杜注：「豎，高止子。」則高、其氏也。

1447、高彊（昭十）、彊（昭二）、子良氏（昭八）、彊氏（昭八）、子良（昭十）——齊

案：左昭二韓起至齊「見子尾，子尾見彊」，杜注：「彊，子尾之子。」
子尾即公孫蠆，見0400公孫蠆條，呂氏春秋慎行篇高注謂公孫蠆爲齊「惠公

之孫，公子高祁之子」，通志氏族略第四謂齊「惠公之子公子祁，字子高，之後亦為高氏」，則彊為公子祁之孫，以其王父字「高」為氏，故左昭十謂之高彊也。同傳又稱其曰「子良」，解詁云：「齊高彊、字子良。」以彊為其名，子良為其字，因其以王父字高為氏，又為齊惠公之曾孫，故左昭十以高彊與齊惠公之曾孫欒施，並稱齊惠欒高氏，參 2380 欒施條。左昭八子旗「立子良氏之宰」，杜注：「子旗為子良立宰。」稱子良氏者，字下殿以氏字，同傳又載陳桓子對子旗曰「聞彊氏授甲將攻子」，稱彊氏者，名下殿以氏字，於名、字下配氏字，以稱其人之家也，參頁十五。

1448、高齮（昭二十六）、齮（昭二十六）──齊

案：左昭二十六魯人謂「高齮：『能貨子猶，為高氏後……』」則高齮氏高也，傳又云：「齮曰……」，齮蓋其名也。陳氏世族譜及春秋大事表十二上皆以高齮為齊高侯之後，氏高。

十一畫

1449、乾（定四）──蔡

案：左定四「蔡侯因之，以其子乾與其大夫之子為質於吳」，則乾為蔡昭侯之子。

1450、偃州員（昭二十一）──吳

案：左昭二十一「宋敗吳師……獲……偃州員」，杜注：「吳大夫。」

1451、偪姞（文六）──晉

案：左文六杜祁「讓偪姞而上之」，據傳偪姞為晉文公妃、晉襄公之母，杜注：「偪姞，姞姓之女。」孔疏云：「譜以偪為國名。」則稱偪姞者，以母家國名冠母家姓上也。左傳有偪陽，據左襄十及國語鄭語，為妘姓之國，與此偪姞之偪為姞姓者不同。

1452、偪陽子（襄十）──偪陽

案：左襄十「以偪陽子歸」，同年經書晉魯等「滅偪陽」，杜注：「偪陽，妘姓國。」傳亦云：「偪陽、妘姓也。」國語鄭語亦云：「妘姓……偪陽。」傳之偪陽子即其君也。

1453、商子車（襄二十三）──齊

案：左襄二十三「秋，齊侯伐衛……商子車御侯朝」，傳下文續載「商子游御夏之御寇」，則商子車與商子游同為齊人，同時出現，商或其氏也。

1454、商子游（襄二十三）——齊

　　案：左襄二十三齊「商子游御夏之御寇」，則商子游爲齊人，疑商爲其氏，詳 1453 商子車條。

1455、商成公（昭十八）——鄭

　　案：左昭十八鄭「商成公儆司宮」，杜注：「商成公，鄭大夫。」會箋云：「商成公與齊棠公似。」謂皆以大夫而稱公也。

1456、商紂（宣三）、紂（莊十一）

　　案：此商代亡國之君。史記殷本紀「帝乙崩，子辛立，是爲帝辛，天下謂之紂」，尚書西伯戡黎書序則稱之爲「受」，釋文引馬云「受讀曰紂」，僞孔傳云「受、紂也，音相亂」，孔疏云：「受即紂也，音相亂，故字改易耳。」史記志疑卷二云：「紂有二名，曰辛者，殷以生日名子也，曰受者，別立嘉名也，猶天乙又名履，上甲又名微也，史不書名受，偶不及也（原註：竹書云：名辛受），而紂受音近，故天下共稱之，蓋即以爲號矣，先儒謂紂爲諡，非。」

1457、商湯（昭四）、湯（莊十一）

　　案：左莊十一「禹、湯罪己」，稱湯，史記殷本紀「是爲成湯」，集解引張晏云：「禹、湯皆字也。」謂湯爲字，索隱云：「湯名履，書曰：予小子履，是也。」會注考證云：「崔述曰：尚書酒誥、多方、立政等篇，皆稱爲成湯，無但稱湯者。蓋履、名也，成湯、號也，古多以一字名，未聞以一字號者，然則成湯乃其本號，湯則後世之省文也。」謂履爲其名，成湯爲其本號，稱湯者，則省文也。史記志疑卷二云：「湯非名也（原註：有謂湯是字及諡者，並非），以地爲號，故稱成湯，武湯。路史發揮注云：湯特商國中一邑名，今相之湯陰。成湯者，猶成周……堯典疏及白虎通姓名章謂湯爲王後改名，恐非。」是謂湯者，以地爲號。左昭四謂之「商湯」，以其爲商君，故冠以國號曰「商湯」。

1458、啓（昭二十）——宋

　　案：左昭二十「華定之子啓」，則啓爲華定之子，宋人。

1459、啓（哀二十六）——宋

　　案：左哀二十六「宋景公無子，取公孫周之子得與啓，畜諸公宮」，杜注云：「周、元公孫子高也，得、昭公也，啓、得弟。」則啓爲宋元公之曾孫。

1460、圉人犖（莊三十二）、犖（莊三十二）——魯

　　案：左莊三十二「圉人犖自牆外與之戲……犖有力焉」，杜注：「圉人，

掌養馬者。」傳稱圉人犖、又稱犖，犖蓋其名也，春秋大事表十以圉人爲官名。

1461、圉公陽（哀十六）——楚

案：左哀十六「圉公陽穴宮」，杜注：「公陽，楚大夫。」稱公陽，似以圉爲其氏，廣韻圉字注引此圉公陽，以圉爲「姓」。

1462、國子（僖二十五）——邢

案：左僖二十五「衛人伐邢，二禮從國子巡城」，左僖二十四禮至曰「不得其守，國不可得」，杜注：「守謂邢正卿國子。」則國子爲邢大夫。左傳人物名號有以氏、名、字配子爲稱，詳上篇第二章，此稱國子，疑國爲其氏，以氏配子爲稱乃春秋卿大夫稱謂之常例。

1463、國佐（宣十經）、國武子（宣十）、賓媚人（成二）、武子（成十七）、
**　　　國子（成十七）——齊**

案：左宣十經「齊侯使國佐來聘」，國語周語下韋注：「國佐、齊卿，國歸父之子國武子也。」以國佐爲國歸父之子，則國、其氏也，經多書名，則佐當是其名也。楊注：「傳世器有國差𦉢，方濬益綴遺齋彝器考釋卷二十八謂『國差即齊國武子』。」若然，則佐或作差，左成二楊注：「差、佐古通用。」同年傳「國武子來報聘」，稱國武子，武蓋其諡也。左成十七又稱國子，氏下殿子字，此春秋時大夫稱謂之常例。左成二經「齊侯使國佐如師」，傳釋云「齊侯使賓媚人賂以紀甗，玉磬與地」，杜注：「媚人，國佐也。」孔疏：「經書齊侯使國佐如師，故知賓媚人即國佐也。」以傳載賓媚人辭以蕭同叔子爲質等語，公、穀以爲國佐之言，亦可證賓媚人即國佐，孔疏續云：「杜譜云：國佐、賓媚人、武子三事互見於經傳，不知賓媚人是何等名號也。」說文通訓定聲左字下云：「左傳齊國佐、字賓媚人。」以賓媚人爲國佐字，未知是否。或賓媚爲齊地名，國佐爲其大夫，因稱賓媚人，與甘大夫襄稱甘人同例？參 0627 甘大夫襄條。

1464、國姜（昭四）、北婦人（昭四）——魯

案：左昭四「初穆子去叔孫氏……適齊，娶於國氏，生孟丙、仲壬……歸，未逆國姜」，杜注：「國氏、齊正卿，姜姓。」又云：「國姜，孟、仲母。」則國姜，齊卿國氏之女子，以母家氏冠於母家姓上，故稱國姜。傳又載豎牛謂穆子曰「孟有北婦人之客」，杜注：「北婦人，國姜也。」以國姜爲穆子在

齊之妻，齊居魯北，故稱國姜爲北婦人歟？

1465、國夏（定四經）、國惠子（哀五）、惠子（哀六）──齊

案：左定七經「齊國夏帥師伐我西鄙」，杜注：「夏，國佐孫。」謂國夏爲國佐孫，則國、其氏也。經多書名，則夏蓋其名也。左哀五齊景公疾，「使國惠子、高昭子立荼」，杜注：「惠子，國夏。」國夏稱國惠子，惠蓋其謚也。

1466、國弱（成十八）、國景子（襄二十六）、國子（襄二十六）──齊

案：左成十八「齊侯使士華免以戈殺國佐于內宮之朝……使清人殺國勝，國弱來奔……既齊侯反國弱，使嗣國氏，禮也」，杜注：「勝、國佐子。」「弱、勝之弟。」則國弱亦國佐之子，國、其氏也。左昭元經「叔孫豹會……齊國弱……于虢」，經多書名，則弱蓋其名也。「弱」，公羊作「酌」，趙坦春秋異文箋：「酌、弱音相近，公羊作國酌，聲之誤。」楊注：「弱、酌古音同韻，可相通。」左襄二十六「國景子相齊侯」，杜注：「景、國弱」，景蓋其謚也。傳又稱其爲「國子」，氏下殿子字，此春秋卿大夫稱謂之常例。

1467、國書（哀十一經）、國子（哀十一）──齊

案：左哀十一經「齊國書帥師伐我」，元和姓纂卷十謂國夏生國書，春秋分記世譜六齊國氏下云：「夏生書。」亦謂國書爲國夏之子，若然，則國、其氏也，經多書名，則書蓋其名也。同傳又稱國子，氏下殿子字，此春秋時卿大夫稱謂之常例。

1468、國參（昭三十二經）、子思（哀五）、桓子思（哀七）──鄭

案：左昭三十二經「仲孫何忌會……鄭國參……城成周」，杜注：「國參、子產之子。」子產父曰公子發，字國，見 0248 公子發條，國參即以王父字國爲氏，經多書名，參蓋其名也。左哀五「子思曰」，杜注：「子思，子產子國參也。」解詁：「鄭國參、字子思。」以參爲其名，子思爲其字。左哀七「鄭桓子思曰」，杜注：「桓、謚。」杜氏世族譜云：「國參，子思，桓子。」以爲一人，則桓當爲國參之謚。稱桓子思者，以謚配子配字，與左哀九鄭罕達之稱武子臏一例也。

1469、國勝（成十七）──齊

案：左成十七「使國勝告難于晉」，杜注：「勝、國佐子。」則國、其氏也。

1470、國歸父（僖二十八）、國莊子（僖三十三）、國子（僖三十三）——
　　齊

　　案：左僖三十三經「齊侯使國歸父來聘」，左僖十二管仲曰：「有天子之二守國、高在。」杜注：「國子、高子，天子所命為齊守臣，皆上卿也……僖二十八年國歸父乃見傳，歸父之父曰懿仲。」通志氏族略第三云：「齊有國氏，姜姓，其先共伯，齊之公族也……世為齊上卿。」齊何人始以國為氏，今不得而知，唯國歸父又稱國莊子、國子，則已以國為氏矣！經多書名，左僖三十三經既稱國歸父，則歸父蓋其名也。同年傳謂之「國莊子」，莊蓋其謚也。同傳臧文仲言於魯僖公，稱其為「國子」，氏下殿子字，此春秋時卿大夫稱謂之常例。

1471、國觀（哀十七）、國子（哀十七）——齊

　　案：左哀十七「齊國觀、陳瓘救衛」，杜注：「國觀，國書之子。」則國、其氏也，觀為其名或字。同傳陳瓘稱其曰「國子」，氏下殿子字，此春秋時卿大夫稱謂之常例。

1472、嫣姶（昭七）——衛

　　案：左昭七衛襄公「嬖人嫣姶生孟縶」，會箋云：「嫣姶二字非姓氏，字皆从女，字書『嫣、好貌，姶、美好也』，蓋以美好之稱名之。」顧棟高謂春秋百二十四國，凡二十一姓，見春秋大事表十一敘，亦未見有姶姓者。說文女部於嬿至姶十四字皆注曰「女字」，其中有嫣姶二字，云：「嫣、女字也，从女周聲，姶、女字也，从女合聲，春秋傳曰『嬖人嫣姶』。」蓋以嫣姶為字，其說若是，則左傳有書婦女之字者矣。

1473、宿男（隱八經）——宿

　　案：左隱八經「宿男卒」，宿為國名，左僖二十一「任、宿……風姓」是也，宿男，其君也，宿蓋男爵，故稱宿男。

1474、密州（襄三十一經）、莒子（襄三）、莒犂比公（襄十六）、犂比公（襄
　　三十一）、買朱鉏（襄三十一）——莒

　　案：左襄十六「執邾宣公、莒犂比公」，杜注：「犂比，莒子號也。」莒君多以地名為號，犂比蓋亦地名，詳頁五八。左襄三十一經「莒人弒其君密州」，經多書名，則密州蓋其名也。傳釋云：「莒犂比公……虐……展輿因國人以攻莒子，弒之……書曰『莒人弒其君買朱鉏』，言罪之存也。」則密州即

犂比公，傳引經作「買朱鉏」者，杜注云：「買朱鉏，密州之字。」以買朱鉏
爲字，此非也，段玉裁經韻樓集密州說駁云：「未有聖經書其名，傳易之以字
而冠以書日者。」又云：「昭元年左經日大鹵，左傳以大原釋之……中國日大
原，夷狄日大鹵……」，「左經日密州，左傳以買朱鉏釋之，豈非通夷夏之語
互訓之歟？」段氏又謂密州爲華語，買朱鉏爲莒語也。會箋則云：「買爲密聲
之轉，如潧水即洧水，朱鉏爲州之緩聲。」以爲買朱鉏即密州。楊注亦云：「買、
密音近，朱鉏急讀近於州，州緩讀音近朱鉏。」與會箋之說略同，蓋是也。
今本左氏經作密州，傳引經作買朱鉏者，會箋云：「凡傳言書日者，直舉經文，
無所改竄……則此經本必作買朱鉏矣，疑後人以公、穀之經易此也。」

1475、密姬（僖十七）——齊

案：左僖十七齊「密姬生懿公」，密爲姬姓之國，漢書地理志河南郡密下
顏注引臣瓚日：「密、姬姓之國，見世本。」稱密姬者，以母家國名冠母家姓
上也。

1476、將鉏（成十六）——宋

案：左成十六「宋將鉏、樂懼敗諸汋陂」，杜注：「將鉏、樂氏族。」孔
疏云：「杜譜於樂氏之下，樂鉏、將鉏爲一人。」則杜謂將鉏亦氏樂。

1477、尉止（襄十）——鄭

案：左襄十「子駟與尉止有爭」，惠棟春秋左傳補註云：「尉止、尉翩，
以尉爲氏，謂之尉氏，圈稱陳留風俗傳日：尉氏、鄭國之東鄙弊獄官名，鄭
大夫尉氏之邑。故欒盈日：臣將歸死于尉氏，是也。」楊注據此云：「可證尉
氏爲法官。」又云：「則尉氏乃以官名爲氏。」尉、其氏也，止蓋其名。

1478、尉翩（襄十）——鄭

案：左襄十「堵女父、司臣、尉翩、司齊奔宋」，杜注：「尉翩、尉止子。」
則尉、其氏也。

1479、崔夭（僖二十八）——齊

案：左僖二十八「晉侯、宋公、齊國歸父、崔夭……次于城濮」，杜注：
「崔夭，齊大夫也。」新唐書宰相世系表云：「崔氏，出自姜姓，齊丁公伋嫡
子季子讓國叔乙，食采於崔，遂爲崔氏……季子生穆伯，穆伯生沃，沃生野，
八世孫夭生杼，爲齊正卿。」謂崔夭爲崔杼之父，齊丁公之後，通志氏族略
第三亦同，則崔、其氏也。

1480、崔如（襄二十三）──齊

　　案：左襄二十三「齊侯伐衛……崔如爲右」，則崔如爲齊人也。陳氏世族譜及春秋大事表十二上於齊崔氏下皆列崔如，以崔爲其氏。

1481、崔成（襄二十七）、成（襄二十七）──齊

　　案：左襄二十七「齊崔杼生成及彊而寡……崔成有病而廢之」，則崔成爲崔杼之子，崔、其氏也，成蓋其名也。

1482、崔明（襄二十七）、明（襄二十七）──齊

　　案：左襄二十七「齊崔杼……娶東郭姜，生明……崔明來奔」，則崔明爲崔杼之子，崔、其氏也，明、蓋其名也。

1483、崔杼（宣十）、崔子（襄二）、崔武子（襄二）、武子（襄二十三）、
　　　杼（襄二十五）、崔氏（襄二十五）──齊

　　案：左襄二十五經「齊崔杼弒其君光」，據新唐書宰相世系表崔杼爲崔夭之子，出自齊丁公之後，以崔爲氏，詳1479崔夭條。經多書名，杼蓋其名也。左襄二十三陳文子曰「崔子將死乎」，氏下繫子，此春秋時卿大夫稱謂之常例。同傳稱崔武子，武蓋其諡也。左襄二十五「崔氏殺鬷蔑于平陰」，崔氏指崔杼，參頁十五。

1484、崔彊（襄二十七）、彊（襄二十七）──齊

　　案：左襄二十七「齊崔杼生成及彊而寡……崔成、崔彊殺東郭偃」，據此，崔彊爲崔杼之子，則崔、其氏也，彊、蓋其名也。

1485、巢牛臣（襄二十五）、牛臣（襄二十五）──楚

　　案：左襄二十五「吳子諸樊伐楚……門于巢，巢牛臣曰……牛臣隱於短牆以射之……」據此，則巢牛臣爲楚人，蓋以巢爲氏，牛臣爲其名也。

1486、常壽過（昭五）──越

　　案：左昭五「越大夫常壽過帥師會楚子于瑣」，通志氏族略第四云：「常壽氏：姬姓，吳仲雍之後，左傳越大夫常壽過。」以常壽爲其氏。

1487、庶其（文十八經）、莒紀公（文十八）、紀公（文十八）──莒

　　案：左文十八經「莒弒其君庶其」，經多書名，庶其當是其名也。傳稱「莒紀公」、「紀公」，杜注：「紀、號也，莒夷，無諡，故有別號。」俞樾群經平議云：「紀乃莒邑名……紀公蓋以邑爲號。」左昭十九齊伐莒「齊師入紀」，紀爲莒地名，莒君庶其以此爲號，亦猶莒子朱以渠丘爲號，稱渠丘公也，參頁五八。

1488、庶長武（襄十一）、武（襄十一）——秦

　　案：左襄十一「秦庶長鮑、庶長武帥師伐晉以救鄭」，杜注：「庶長，秦爵也。」左通補釋十六載續漢書百官志注引劉劭爵制，謂商鞅作秦爵二十等，其中庶長有四，左庶長爲第十爵，右庶長爲第十一爵，駟車庶長爲第十七爵，大庶長爲第十八爵。史記秦本紀有「大庶長弗忌」，爲秦寧公時人，當春秋初期，秦本紀又載「庶長量」，爲秦懷公時人，在春秋之後，而皆於商鞅立法前，則庶長之名，由來甚久，商鞅沿用之耳。史記會注考證引岡白駒曰：「大庶長……官名。」春秋大事表十亦以庶長爲秦官名，傳稱庶長武，又稱武，武蓋其名也。

1489、庶長無地（襄十二）——秦

　　案：左襄十二「楚子囊、秦庶長無地伐宋」，庶長爲秦官名或爵名，詳1488庶長武條。無地或其名也。

1490、庶長鮑（襄十一）、鮑（襄十一）——秦

　　案：左襄十一「秦庶長鮑、庶長武帥師伐晉以救鄭」，庶長爲秦爵名或官名，詳1488庶長武條。傳稱庶長鮑，又稱鮑，鮑或其名也。

1491、康王（昭十二）、康（昭四）——周

　　案：左昭十二楚靈王告子革曰「昔我先王熊繹與呂級、王孫牟、燮父、禽父並事康王」，杜注：「康王、成王子。」左昭四椒舉言於楚子曰：「周武有孟津之誓，成有岐陽之蒐，康有豐宮之朝，穆有塗山之會。」康亦指周康王，康爲其生號，非死謚，參頁四四。尚書顧命成王稱其子康王曰「元子釗」、「釗」，父當稱其子名，則釗爲康王之名，康王亦云「惟予一人釗報誥」，自稱釗，亦可證康王名釗。

1492、張匄（昭二十一）——宋

　　案：左昭二十一「張匄尤之」，杜注：「張匄，華貙臣。」則張匄爲宋人。

1493、張老（成十八）——晉

　　案：左成十八晉使「張老爲侯奄」，國語晉語八「張老曰：『老也……』」自稱老，則老爲其名也。下文載籍偃曰：「偃也以斧鉞從於張孟……」，韋注云：「孟，張老字。」則孟爲張老之行次也。又新唐書宰相世系表謂張老爲張侯之子，張侯字張，見1843解張條。則張老蓋以父字爲氏也。

1494、張君臣（襄十六）——晉

　　案：左襄十六「張君臣爲中軍司馬」，杜注：「張老子，代其父。」則張、

其氏也。君臣當是其名。

1495、張柳朔（哀五）──晉

案：左哀五「范氏之臣王生惡張柳朔」，春秋分記世譜六於晉張氏下列張柳朔，以張爲其氏。惠棟春秋左傳補註云：「墨子所染篇云『范吉射染於長柳朔、王胜』，王胜即王生也，古張字省作長，見楚相孫叔敖碑，此古文也。」孔廣森經學卮言云：「長柳即張柳，古複姓，漢藝文志有長柳占夢。」則以張柳爲複姓。

1496、張骼（襄二十四）──晉

案：左襄二十四「晉侯使張骼、輔躒致楚師」，張骼蓋氏張，詳 1843 解張條。

1497、張趯（昭三）、孟（昭三）──晉

案：左昭三「梁丙與張趯見之」，杜注：「二子，晉大夫。」張蓋張趯之氏，詳 1843 解張條。趯爲其名或字。同傳游吉告張趯云「且孟曰」，杜注：「孟、張趯。」游吉稱張趯曰孟，孟當是張趯之行次。

1498、強鉏（莊十六）──鄭

案：左莊十六「殺公子閼，刖強鉏」，杜注：「二子，祭仲黨。」則強鉏爲鄭人。

1499、彪傒（昭三十二）──衛

案：左昭三十二「衛彪傒曰」，杜注：「彪傒，衛大夫。」

1500、得（哀二十六）──宋

案：左哀二十六「宋景公無子，取公孫周之子得與啓畜諸公宮」，杜注：「得、昭公也。」史記宋微子世家作「公子特」，索隱云：「左傳作德。」然今本左傳實作「得」，得蓋其名也。

1501、御叔（成二）──陳

案：左成二申公巫臣謂夏姬「殺御叔」，杜注：「御叔，夏姬之夫。」御叔爲陳公子夏之子，夏徵舒之父，見 1272 夏徵舒條。

1502、御叔（襄二十二）──魯

案：左襄二十二「臧武仲如晉，雨，過御叔，御叔在其邑，將飲酒」，杜注：「御叔，魯御邑大夫。」會箋云：「邑，私邑，故下文云『倍其賦』，若是御邑大夫，在邑乃其常，傳不當言在其邑，又與『令倍其賦』不相涉。」其

說是也。楊注云：「據清一統志，御邑在今山東鄆城縣東十二里，今名御屯。」左莊二十四魯有御孫，以魯仲孫、叔孫、季孫、臧孫、郈孫例之，疑御爲其氏，御叔或其後也。

1503、御孫（莊二十四）——魯

案：左莊二十四魯丹桓公楹刻其桷，「御孫諫曰」，杜注：「御孫，魯大夫。」以魯仲孫、叔孫、季孫、臧孫、郈孫例之，則御孫蓋御氏之宗子，左襄二十一魯有御叔，或其後也。參 1502 御叔條。

1504、悼（哀二十七）——魯

案：左哀二十七「悼之四年」，杜注：「悼公，哀公子之寧也。」則悼即魯悼公，悼蓋其謚也。

1505、悼公（哀二十六）——衛

案：左哀二十六衛「立悼公」，杜注：「悼公，蒯瞶庶弟，公子黔也。」悼蓋其謚。

1506、捷（莊十二經）、宋公（莊十一）、閔公（莊十二）——宋

案：左莊十二經「宋萬弑其君捷」，經多書名，捷當是其名也。捷，公羊作接，趙坦春秋異文箋云：「捷、接，音同義通。」其稱閔公者，閔蓋其謚也。

1507、捷菑（文十四經）——邾

案：左文十四經「晉入納捷菑于邾」，傳云：「邾文公……二妃晉姬生捷菑」，則捷菑爲邾文公之子。捷菑公羊作「接菑」，左僖三十二經「鄭伯捷卒」，公羊「捷」作「接」，左莊十二經「宋萬弑其君捷」，「捷」公羊亦作「接」，趙坦春秋異文箋云「捷、接音同義通」，則捷菑公羊作接菑，與上所舉者一例。經多書名，捷菑當是其名也。唯元和姓纂卷十有捷姓，並引風俗通云：「邾公子捷菑之後，以王父字爲氏。」解詁亦謂「邾公子菑，字捷」，謂其名菑字捷，朱駿聲、俞樾之說同，見說文通訓定聲捷字下及春秋名字解詁補義。然春秋經似未見以人之名字連稱者，經多書人名，故捷菑似仍以當人名爲宜。

1508、曹伯（定四經）——曹

案：左定四經「三月，公會劉子、晉侯……曹伯……于召陵」，依史記十二諸侯年表，此年爲曹隱公四年，明年即曹靖公元年，則此經曹伯爲曹隱公乎？抑曹靖公耶？依春秋之例，其書會盟諸侯，若舊君死，新君立，於新立之君，當年稱子，踰年稱爵，詳頁六一，然則若謂此曹伯爲曹靖公，則曹隱

公卒於是年三月前，曹靖公宜書「曹子」，不宜稱其爵曰「曹伯」，故知此曹伯為曹隱公。

1509、曹伯午（昭二十七經）、曹悼公（昭二十八經）──曹

案：左昭二十七經「曹伯午卒」，則午、其名也，詳 0857 宋公固條。左昭二十八經「葬曹悼公」，悼蓋其謚也。

1510、曹伯負芻（襄十八經）、公子負芻（成十三）、負芻（成十三）、成公（成十三）、曹伯（成十五經）、曹成公（成十五）──曹

案：左襄十八經「曹伯負芻卒于師」，經多書名，負芻蓋其名也。左襄十九經「葬曹成公」，成蓋其謚。

1511、曹伯射姑（莊二十三經）、世子射姑（桓九經）、曹大子（桓九）、曹莊公（莊二十四經）──曹

案：左莊二十三經「曹伯射姑卒」，則射姑、其名也，詳0857 宋公固條。左莊二十四經「葬曹莊公」，莊蓋其謚也。

1512、曹伯班（僖七經）、曹伯（僖元經）、曹昭公（僖七經）──曹

案：左僖七經「曹伯班卒」，則班、其名也，詳 0857 宋公固條。班，公羊作「般」，春秋異文箋云：「班、般通假字。」經續云「葬曹昭公」，昭蓋其謚也。

1513、曹伯終生（桓十經）、曹伯（桓九經）、曹桓公（桓十經）──曹

案：左桓十經「曹伯終生卒」，則終生，其名也，詳 0857 宋公固條。經續云「葬曹桓公」，桓蓋其謚也。

1514、曹伯陽（哀七）、曹伯（哀七）──曹

案：左哀八經「宋公入曹，以曹伯陽歸」，經多書名，稱曹伯陽猶同年經「郳子益」、「杞伯過」，蓋皆以國名配爵配名，故伯者，曹伯也；陽者，其名也，左哀七既稱曹伯陽、又稱曹伯可證。而史記十二諸侯年表「宋滅曹、虜伯陽」，稱曹伯陽為伯陽，史記志疑卷八云：「案伯者，曹伯，陽者，其名，曹本伯爵……年表、世家皆謂之伯陽，蓋史公誤認伯亦是名，故連陽字呼之。」以史公稱伯陽為誤，是也。

1515、曹伯須（昭十八經）、曹平公（昭十八經）──曹

案：左昭十八經「曹伯須卒」，則須、其名也，詳 0857 宋公固條。經續稱「葬曹平公」，平蓋其謚也。

1516、曹伯壽（宣十四經）、曹伯（文十一經）、曹文公（文十一）──曹

　　案：左宣十四經「曹伯壽卒」，則壽、其名也，詳 0857 宋公固條。經續云「葬曹文公」，文蓋其諡也。

1517、曹伯滕（昭十四經）、曹伯（襄二十經）、曹武公（襄二十一）──曹

　　案：左昭十四經「曹伯滕卒」，則滕、其名也，詳 0857 宋公固條。經續云「葬曹武公」，武蓋其諡也。

1518、曹伯盧（成十三經）、曹伯（宣十七經）、曹宣公（成七）、宣公（成十六）──曹

　　案：左成十三經「曹伯盧卒于師」，經多書名，則盧蓋其名也。盧，公羊、穀梁作「廬」，春秋異文箋云：「盧、廬音相近，體亦相似，古多假用。」經續云「葬曹宣公」，宣蓋其諡也。史記管蔡世家謂「宣公彊」，與春秋不同，史記志疑卷十九云：「三傳春秋及漢書人表，宣公名盧，即年表亦作盧，不聞名彊也，況宣公之先有幽伯彊，何容宣又名彊，其誤審矣。」謂史記以宣公名彊爲誤。

1519、曹伯襄（僖二十八經）、曹伯（僖八經）、曹共公（僖二十三）──曹

　　案：左文九經「曹伯襄卒」，則襄、其名也，詳 0857 宋公固條。經續云「葬曹共公」，共蓋其諡也。

1520、曹伯露（定八經）、曹靖公（定八經）──曹

　　案：左定八經「曹伯露卒」，則露、其名也，詳 0857 宋公固條。經續云「葬曹靖公」，靖蓋其諡也，孔疏引諡法釋靖字，亦以靖爲其諡。

1521、曹叔振鐸（僖二十八）──曹

　　案：左僖二十八「曹叔振鐸，文之昭也」，杜注：「叔振鐸，曹始封君，文王之子。」此與史記管蔡世家之說同。曹，其國名，叔、其行次，振鐸爲其名。

1522、曹開（襄二十三）──齊

　　案：左襄二十三「齊侯伐衛……曹開御戎」，則曹開乃齊人也。

1523、曹劌（莊十）、劌（莊十）──魯

　　案：左莊十「齊師伐我，公將戰，曹劌請見……劌曰……」，杜注：「曹

劌，魯人。」傳稱「劌曰」，劌或其名。曹蓋其氏也。孔疏「史記作曹沫」，
楊注：「史記刺客列傳『曹沫者，魯人也』，沫、劌音近。」

1524、曹羈（莊二十四經）——曹

案：左莊二十四經「曹羈出奔陳」，杜注：「羈，蓋曹世子也……曹人以
名赴。」謂羈為其名。

1525、梁子（莊九）——魯

案：左莊九魯「秦子、梁子以公旗辟于下道」，杜注：「二子，公御及戎
右也。」左莊三十二魯有「梁氏」，則梁子或氏梁，以氏配子字為稱，乃春秋
時卿大夫稱謂之常例。

1526、梁五（莊二十八）、五（莊二十八）——晉

案：左莊二十八「驪姬嬖，欲立其子，賂外嬖梁五與東關嬖五」，杜注梁
五云：「姓梁，名五。」注東關嬖五云：「別在關塞者，亦名五。」謂二人皆
名五。傳下文稱此二人曰「二五」，會箋云：「二五疑非名，第隨行呼之，遂
為名耳。」以五為其行次。疑五非行次，參1069東關嬖五條。

1527、梁氏（莊三十二）——魯

案：左莊三十二魯「講于梁氏」，杜注：「梁氏，魯大夫。」

1528、梁丘據（昭二十）、據（昭二十）、子猶（昭二十）——齊

案：左昭二十「梁丘據與……」，杜注：「齊嬖大夫。」左昭二十六梁丘
據言於齊景公曰「然據有異焉」，自稱據，則據、其名也。通志氏族略第三云
「梁丘氏：齊大夫，食采梁丘，景公時有梁丘據」，謂梁丘為其氏。同傳稱其
曰「子猶」，杜注：「子猶、梁丘據。」解詁：「齊梁丘據、字子猶。」以子猶
為其字。

1529、梁丙（昭三）——晉

案：左昭三「梁丙及張趯見之」，杜注：「二子，晉大夫。」王引之謂梁
丙氏梁，見1536梁餘子養條。

1530、梁弘（桓三）——晉

案：左桓三「曲沃武公伐翼……梁弘為右」，左僖三十三晉亦有梁弘，云
「梁弘御戎」，兩者相距八十二年，自非一人。

1531、梁弘（僖三十三）——晉

案：左僖三十三晉「梁弘御戎」，在桓三曲沃亦有梁弘，兩者相距八十二

年，自非同一人。

1532、梁由靡（僖八）──晉

案：左僖八晉「梁由靡御」，廣韻梁字注引梁由靡，以「梁由」爲複姓，通志氏族略第五同，而王引之則以梁由靡氏梁，見 1536 梁餘子養條。

1533、梁伯（桓九）──梁

案：左桓九「虢仲、芮伯、梁伯、荀侯、賈伯伐曲沃」，梁爲嬴姓之國，見 1537 梁嬴條，梁伯即梁國之君也。

1534、梁其踁（昭九）──魯

案：左昭元「梁其踁曰」，杜注：「踁，叔孫家臣。」單稱踁，其以梁其爲氏乎？廣韻梁字注云：「複姓……左傳有梁其踁，魯伯禽庶子梁其之後。」以梁其爲複姓。通志氏族略第四云：「梁其氏：姬姓……英賢傳云：魯伯禽庶子梁其之後。」

1535、梁益耳（文八）──晉

案：左文八晉侯「使士穀、梁益耳將中軍」，後漢書梁統傳云：「梁統，字仲寧，安定烏氏人，晉大夫梁益耳，即其先也。」注引東觀記曰：「其先與秦同祖，出於伯益，別封於梁。」則以梁爲其氏。左傳晉有梁氏，然世系不詳，如左桓三梁弘、左莊二十八梁五、左閔二梁餘子養、左僖三十三梁弘、左昭三梁丙，左定十三梁嬰父等皆是也。

1536、梁餘子養（閔二）──晉

案：左閔二「梁餘子養御罕夷」，解詁云：「晉梁養，字餘子。」自注云：「餘子猶言子餘也，冉求字有，而哀十一年傳謂之有子，有子猶言子有也。晉有梁五、梁由靡、梁丙、梁益耳，俱以梁爲姓，梁餘子亦是也。文十一年左傳正義曰，古人連言名字者，皆先字後名，案傳中有姓名與字並稱者，若百里孟明視、苑羊牧之、梁餘子養之類，皆先字後名，廣韻及元和姓纂以梁餘爲複姓，非也。」其說可從。解詁又謂：「大戴禮記夏小正『時有養日』，傳曰『養、長也』，字或作羕，爾雅曰『羕、長也』，餘亦長也，廣雅『餘、長久也』……養與餘皆有長久之意，故名養，字餘子。」而周秦名字解詁彙釋引于省吾春秋名字解詁商誼云：「餘子乃古人成語……書大傳『餘子皆入學』、注『餘子猶眾子也』，漢書食貨志上『餘子亦在于序室』，注引蘇林『餘子、庶子也，或曰未任役爲餘子』……禮記月令『養幼少』，禮運『幼有所長』，長謂養也，餘子非嫡長，則年較幼，

名養字餘子，此之謂乎？」王引之謂梁餘子養名養字餘子，餘子猶言子餘，養與餘者有長久之意，二字相應，于省吾則以梁餘子養名養字餘子，餘子爲古人成語，眾多庶子之意，年較幼、待長養，故名養字餘子。二說相較，于說稍嫌牽強，以待長養者，不限眾庶子，年幼嫡子亦是，而眾庶子亦非皆年幼也，此蓋以餘子爲字較罕見，而以古人成語「餘子」釋之也。然則稱餘子者何？餘實爲梁餘子養之字，子爲男子美稱之詞，古人之名號有以名殿「子」爲稱，作某子者，如周子、壽子、急子皆是也，詳頁二八；而以字殿「子」爲稱亦有其例，如史記仲尼弟子列傳謂冉求字子有，而左傳則作有子，詳 0528 冉求條。此字下殿「子」之形式，實與名下殿「子」同義，傳稱梁餘子養，以字配「子」後，復冠以氏，殿以名，與左僖三十二百里孟明視之以行次配字成一通行名號後，復冠以氏，殿以名者同也。

1537、梁嬴（僖十七）──晉

案：左僖十七「惠公之在梁也，梁伯妻之，梁嬴孕過期」，惠公即晉惠公，梁嬴爲其妃。或謂梁國爲秦仲之後，見路史後紀七，或謂伯翳之後，見漢書地理志河南郡「梁」顏注引應劭，然秦仲亦伯翳之後，見史記秦本紀。路史後紀七謂伯翳爲嬴氏，秦本紀同，國語鄭語亦謂伯翳之後爲嬴姓；梁爲伯翳之後，則梁爲嬴姓之國。傳稱梁嬴者，以母家國名冠母家姓上爲稱也。

1538、梁嬰（昭八）──齊

案：左昭八齊子旗「殺梁嬰」，杜注：「梁嬰，子尾家宰。」則梁嬰爲齊人。

1539、梁嬰父（定十三）──晉

案：左定十三「梁嬰父嬖於知文子」，會箋云：「梁嬰父，晉大夫。」晉有梁氏，梁嬰父蓋氏梁，參 1535 梁益耳條。

1540、梓慎（襄二十八）──魯

案：左襄二十八「梓慎曰」，杜注：「梓慎，魯大夫。」

1541、清尹弗忌（成七）、清尹（成七）──楚

案：左成七「子重、子反殺巫臣之族子閻、子蕩及清尹弗忌」，杜注：「皆巫臣之族。」春秋大事表十謂清尹爲楚官名。又弗忌蓋其名也，左成十八晉有韓無忌，以無忌爲名，「弗忌」蓋亦「無忌」之意。傳續云：「子反取黑要與清尹之室」，「清尹」者，稱其官名也。

1542、清沸魋（成十七）——晉

　　案：左成十七晉厲公「使清沸魋助之」，杜注：「沸魋、亦嬖人。」稱沸魋，以清爲其氏歟？

1543、爽鳩氏（昭十七）

　　案：左昭二十「昔爽鳩氏始居此地」，杜注：「爽鳩氏，少皥氏之司寇也。」

1544、猛獲（莊十二）——宋

　　案：左莊十二「南宮牛、猛獲帥師圍亳」，杜注：「牛，長萬之子，猛獲、其黨。」

1545、畢萬（閔元）——晉

　　案：左閔元「畢萬爲右」，杜注：「畢萬，魏犨祖父。」孔疏云：「魏世家，畢萬生武子。世本，畢萬生芒季，季生武仲州，州即犨也，杜以萬爲犨之祖父，依世本也。」同傳晉獻公「賜畢萬魏」，故畢萬之後以魏爲氏，世本所謂畢萬之孫州，左傳即稱魏犨，魏氏後與趙、韓共分晉。其稱畢萬者，史記魏世家云：「魏之先，畢公高之後也，畢公高與周同姓，武王之伐紂，而高封於畢，於是爲畢姓，其後絕封爲庶人……其苗裔曰畢萬。」謂畢萬爲畢公高之後，武王封畢公高於畢，故後以國名爲族氏。左僖二十四富辰謂周公封建親戚，而畢爲「文之昭也」，以畢之先爲文王之子，通志氏族略第二亦謂畢公高爲「周文王第十五子」，據上所述，畢萬爲姬姓，氏畢，畢氏以國名爲族氏也。

1546、皋比（襄十七）——宋

　　案：左襄十七「宋華閱卒，華臣弱皋比之室」，杜注：「臣、閱之弟，皋比、閱之子。」謂皋比爲華閱之子，則皋比氏華，皋比當是其名。

1547、皋如（哀二十六）——越

　　案：左哀二十六「叔孫舒帥師會越皋如、后庸……」，杜注：「皋如、后庸，越大夫。」后庸之后當作舌，見0735后庸條，重澤俊郎以皋如、舌庸爲一人，見左傳人名地名索引。然國語吳語載「越王句踐乃召五大夫……大夫舌庸……大夫皋如……」五大夫中，皋如、舌庸居其二，則皋如、舌庸實二人也。通志氏族略第四：「皋氏、皋陶之後，左傳越大夫皋如。」以皋爲其氏。

1548、皋陶（莊八）

　　案：左文五楚滅六、蓼，臧文仲曰「皋陶庭堅不祀忽諸」，左文十八高陽氏有才子八人，其一爲庭堅，杜注：「庭堅即皋陶字。」以皋陶庭堅爲一人，

孔疏引鄭玄論語注云：「皋陶爲士師，號曰庭堅。」亦以皋陶庭堅爲一人。漢書古今人表列左傳高陽氏才子八人，以咎繇代庭堅，以爲一人，此蓋杜注所本歟？然崔述、竹添光鴻、楊伯峻皆以爲二人，見崔述夏考信錄卷一及左傳會箋、春秋左傳注左文五下，今暫分爲二人。

1549、眾仲（隱四）——魯

　　案：左隱四「公問於眾仲曰」，杜注：「眾仲，魯大夫。」潛夫論志氏姓云：「魯之公族有……眾氏。」通志氏族略第三云：「眾氏、姬姓，魯公子益師，字眾仲，亦曰眾父，以字爲氏。」謂魯眾氏爲公子益師之後，以益師字爲氏，左隱元經「公子益師卒」，傳云：「眾父卒。」杜注云：「眾父，公子益師字。」眾爲字，以公子益師字眾，後人以字爲氏，故左隱四魯有眾仲，通志氏族略謂公子益師又字眾仲，蓋非。左隱元經楊注謂眾父爲「眾仲之祖先」，左隱四會箋則更謂「眾仲、眾父子也。」蓋以眾父卒於隱元年，而眾仲即見於隱四年，當是其子，其說可從。左傳人物名號中有以父字爲氏者，如鄭然丹、游楚、晉苗賁皇皆以父字爲氏，詳頁二十，稱眾仲，以氏配行次爲稱也。

1550、祭公（桓八經）——周

　　案：左桓八經「祭公來」，杜注：「祭公，諸侯爲天子三公者。」孔疏曰：「隱元年云祭伯，今而稱公，知其爲天子三公。」

1551、祭公謀父（昭十二）——周

　　案：左昭十二「祭公謀父作祈招之詩以止王心」，杜注：「謀父，周卿士。」國語周語上有祭公謀父諫穆王事，韋注：「祭、畿內之國，周公之後也，爲王卿士，謀父、字也，傳曰『凡、蔣、邢、茅、胙、祭，周公之胤矣』。」祭本國名，周公之後，左傳之文可證，韋注以祭爲畿內之國，謀父爲字。左通補釋二十四引尚靜齋經說云：「逸周書有祭公解，穆王稱爲祖祭公，孔晁云：於穆王在祖列。謀父、祭公名，韋昭注爲字，疑謁，攷竹書紀年穆王十一年王命卿士祭公謀父，其逸周書載祭公對王稱謀父，則爲名無疑。紀年又云，穆王二十一年，祭文公薨，文其諡也。」以謀父爲其名，諡文，是又一說。

1552、祭伯（隱元經）——周

　　案：左隱元經「祭伯來」，杜注：「祭伯，諸侯爲王卿士者，祭、國。」祭蓋周公之後，原爲諸侯，左僖二十四富辰所謂「祭、周公之胤」也，左昭十二有祭公謀父，此蓋其後，食采王畿，爲王臣，左桓八經有祭公、左莊二

十三經有祭叔，則又其後也。

1553、祭叔（莊二十三經）——周

案：左莊二十三經「祭叔來聘」，會箋云：「祭叔以前有祭伯、祭公觀之，其為祭君之弟自見，蓋祭公之弟次當承立者，與蔡叔、許叔同。」謂祭叔乃祭公之弟，叔為其行次。

1554、祭封人仲足（桓十一）、祭仲（隱元）、祭足（隱三）、祭仲足（桓五）、仲足（桓十一）、仲（桓十八）——鄭

案：左桓十一「祭封人仲足有寵於莊公……」，杜注：「祭，鄭地，封人，守封疆者，因以所守為氏。」謂以祭為其氏，是也，左桓五即連稱「祭仲足」。左桓十一經「宋人執鄭祭仲」，杜注：「仲、名。」以仲為其名。左桓五「鄭伯使祭足勞王」，杜注：「祭足，即祭仲之字，蓋名仲，字仲足也。」孔疏引釋例云：「傳又曰祭仲足，或偏稱仲，或偏稱足，蓋名仲字足也。」謂其人名仲字足，或字仲足，此一說也。左桓五孔疏謂「公羊以仲為字，左氏先儒亦以為字」，解詁：「鄭祭足，字仲。」自注云：「足，名也，仲、字也。」謂足為其名，仲為其字，此二說也。左隱元會箋：「仲、其行也。」左桓十一楊注：「仲是行第，足是名。」謂足為其名，仲為其行次，此三說也。杜謂仲為名，足為字者，古人名字連言，皆先字後名，而傳稱仲足，依杜說，則先名後字矣，其說蓋非是。杜氏所以以仲為名者，蓋牽就其所謂春秋之例也，左桓十一經孔疏云：「莊二十五年陳侯使女叔來聘，傳曰嘉之故不名，是諸侯之卿嘉之乃不名，祭仲行無可嘉，知仲非其字，故云祭、氏，仲、名也。」然傳稱女叔嘉之故不名，並非謂不名者皆嘉之，經不書名者猶可有其他原因，經於桓莊之間以氏或國名配行次為稱者極多，除桓十一之祭仲外，尚有同年之蔡叔、十五年之許叔、十七年之蔡季、莊三年之紀季、二十三年之蕭叔、二十五年之女叔、二十七年之原仲，自此以後未嘗有見，此蓋春秋經所記之事，互兩百餘年，前後書法不盡相同，如左隱四經孔疏引釋例曰：「推尋經文，自莊公以上，諸弒君者皆不書氏，閔公以下皆書氏。」即其一例。若執例以說春秋，必扞格難通。杜注經，以書名為「罪之」，故於左桓十一經書祭仲時，以祭仲「聽迫脅以逐君」，不得不謂仲為名，然杜執書名罪之之例以說春秋，常導致違禮害義，顧棟高即嘗云：「杜乃以稱名為貶，至以洩冶之直諫而死，與里克、甯喜之弒逆同科……至以公子慭之為國除惡與欒盈、良霄之叛臣同罪。」見春秋大事表

四十八。然則杜執例以判斷祭仲之仲爲名實非也。杜又謂祭仲字仲足，則恐春秋時未有重名爲字者，故杜氏之說非矣。解詁謂足爲其名，是也，又從先儒之說，以仲爲其字；古人多稱行次爲字，實則行次與字原不相混淆，仲實爲行次；詳頁四十，故會箋、楊注則逕以仲爲其行次。據上所述，祭仲當氏祭、名足、仲爲其行次，其稱仲足者，以行次配名，猶公子友曰季友。左桓十八稱祭仲曰仲，單稱其行次也。

1555、章（哀六）、惠王（哀十六）、楚子（哀十七）——楚

案：左哀六載楚昭王卒後，楚大夫「逆越女之子章立之」，杜注：「章、惠王。」章蓋其名。列女傳卷五則稱「熊章」，此因楚君名上或冠熊字爲稱，如楚平王名居，傳亦稱熊居，熊或其氏，詳 1801 楚子居條。左哀十六稱「惠王」，惠蓋其謚也。

1556、聃伯（僖二）——鄭

案：左僖二「虢章囚鄭聃伯」，則聃伯爲鄭人。

1557、聃季（定四）——聃

案：左定四「聃季授土」，杜注：「聃季，周公弟。」聃，史記作冉，史記管蔡世家謂武王同母兄弟十人，「冉季載」最幼，則季、其行次也，載蓋其名，又謂「封叔鮮於管，封叔度於蔡……封叔振鐸於曹……封季載於冉」，管、蔡、曹皆國名，則冉亦國名也。傳稱聃季者，以國名配行次，猶管叔、蔡叔之稱也。

1558、聃啓（文十四）——周

案：左文十四「而使尹氏與聃啓訟周公于晉」，杜注：「聃啓，周大夫。」周武王季弟封於聃，見 1557 聃季條，聃啓爲周人，或聃季之後，因以聃爲氏也。

1559、聃甥（桓九）——鄧

案：左莊六鄧「騅甥、聃甥、養甥請殺楚子」，杜注：「皆鄧甥仕於舅氏也。」若杜說是，則稱聃甥與狐偃之稱舅犯同，名號中有親屬之稱謂也。參 2317 騅甥條。

1560、脩（昭二十九）

案：左昭二十九「少皞氏有四叔，曰重、曰該、曰脩、曰熙」，孔疏云：「四叔是少皞氏之子孫，非一時也。」楊注則以爲少皞氏之弟，參 1845 該條。

1561、荼（哀五）、孺子（哀六）、安孺子（哀六）——齊

案：左哀六經「齊陳乞弒其君荼」，據左哀五，荼爲齊景公之子。經多書名，荼蓋其名也。左哀六鮑子曰「女忘君之爲孺子牛而折其齒乎」，杜注：「孺子，荼也。」春秋時國君或卿大夫之子已被立爲嗣位者，或已嗣立而父死不久者，皆得稱孺子，詳頁七三。荼之父齊景公卒於哀五，是年荼即立，然爲時不久，故時人得呼曰孺子。同傳又稱之爲「安孺子」，云「使胡姬以安孺子如賴」，杜注：「安、號也。」楊注：「安孺子即荼，在位不及一年，且幼小即被殺，無謚，號之爲安孺子。」

1562、莊王（桓十八）——周

案：左桓十八「周公欲弒莊王而立王子克」，莊王即周莊王，桓王之子，莊當是其謚也。

1563、莊姜（隱三）——衛

案：左隱三「衛莊公娶于齊東宮得臣之妹，曰莊姜」，則姜，其母家姓，莊蓋其夫謚，以夫謚配母家姓爲稱，曰莊姜。

1564、莊堇（昭二十一）——宋

案：左昭二十一「子祿御公子城，莊堇爲右」，子祿、公子城皆宋人，則莊堇蓋亦宋人。左襄十七宋有莊朝，此或其後也。

1565、莊朝（襄十七）——宋

案：左襄十七「宋莊朝伐陳」，左昭二十一有莊堇，蓋亦宋人，或皆氏莊歟？

1566、莒子去疾（昭十四經）、去疾（襄三十一）、莒去疾（昭元經）、莒子（昭十三經）、莒著丘公（昭十四）——莒

案：左昭十四經「莒子去疾卒」，則去疾其名也，詳 0857 宋公固條。傳云「莒著丘公卒」，則著丘公即莒子去疾，其稱著丘公者，莒君無謚，多以地爲號，詳頁五八。此著丘蓋亦莒地名，因以爲號也。

1567、莒子朱（成十四經）、莒子（成七）、渠丘公（成八）——莒

案：左成十四經「莒子朱卒」，則朱、其名也，詳 0857 宋公固條。左成八「申公巫臣如吳，假道于莒，與渠丘公立於池上」，杜注：「渠丘公，莒子朱也。」莒子朱又稱渠丘公者，孔疏云：「渠丘、莒之邑名，夷不當有謚，或作別號，此朱以邑名爲號，不知其故何也。」會箋云：「莒無謚，渠丘以邑名

為號……昭十九年齊師入紀，其時爲莒共公，疑共公非謚，亦以邑名爲號也。此外昭十四年莒郊公、襄三十一年黎比公，定四年茲平公，昭四年著丘公，皆以地號公也。」莒君以地名爲號，詳頁五八；又渠丘爲莒邑，左成九「楚子重自陳伐莒，圍渠丘，渠丘城惡……楚入渠丘……」可證。

1568、莒子狂（哀十四經）──莒

案：左哀十四經「莒子狂卒」，則狂、其名也，詳 0857 宋公固條。狂、釋文云「其廷反」，楊注：「音情，則從壬得聲，非狂字，他書無此字。」

1569、莒子庚輿（昭二十三經）、庚與〔輿〕（昭十四）、莒子（昭十九）、莒共公（昭十九）、庚輿（昭二十三）──莒

案：左昭十四「欲立著丘公之弟庚與」，校勘記引諸本及漢書古今人表，以爲當作輿，會箋本亦作輿，則左昭十四庚與實即庚輿。左昭二十三經「莒子庚輿來奔」，經多書名，庚輿當是其名也。左昭十九謂之莒共公者，左成八「渠丘公」下會箋云：「疑共公非謚，亦以邑名爲號也。」同傳楊注則進謂「共亦非謚，而是地名」，肯定共爲地名，非謚，然楊注復於左昭二十三「庚輿……遂來奔」下注云：「庚輿在位九年，奔魯，謚曰共。」又以共爲其謚，前後說異。莒君除此外未見謚者，莒君多以地名爲號，詳頁五八。春秋時地名有曰共者，雖非莒邑，然莒或亦有共邑，而庚輿以爲號歟？

1570、莒牟夷（昭五經）、牟夷（昭五）──莒

案：左昭五經「莒牟夷以牟婁及防茲來奔」，傳云：「牟夷非卿而書，尊地也。」楊注云：「書，書其名。」謂牟夷爲其名。

1571、莒恆（襄二十三）──齊

案：左襄二十三「齊侯伐衛……成秩御莒恆」，則莒恆爲齊人，莒爲近齊之國，疑莒恆或莒人在齊以國名爲族氏。

1572、莒展輿（昭元經）、展輿（襄三十一）、莒展（昭元）──莒

案：左襄三十一「莒犂比公生去疾及展輿」，則展輿爲莒君犂比公之子，傳稱其弒父自立。左昭元經「莒展輿出奔吳」，釋文「一本莒展出奔吳」，謂有作「莒展」而無輿字者，公、穀俱作「莒展」，春秋異文箋云：「公、穀脫輿字。」以左傳作「展輿」爲是。又經多書名，展輿當是其名也。左昭元「君子曰：『莒展之不立』。」謂之莒展，稱其兩字名之一，左傳人物名號中有其例，參頁三十。

1573、莒挐〔挈〕（僖元經）、挈（僖元）——莒

案：左僖元經「公子友獲莒挐」，傳云「獲莒子之弟挈」，經作「挐」、傳作「挈」，校勘記云：「石經、宋本、淳熙本、岳本、足利本，挐作挈，是也，釋文亦作挈，傳同。」又會箋本亦作「挈」，公、穀同，則作「挈」是，經「莒挐」宜作「莒挈」，經多書名，則挈蓋其名也。挈為莒君之弟，莒為其氏，故曰莒挐。

1574、莒期（定四）、莒子（僖二十六經）、莒茲丕公（僖二十六）——莒

案：左定四祝佗述踐土之盟載書云「王若曰：晉重、魯申、衛武、蔡甲午、鄭捷、齊潘、宋王臣、莒期」，左隱七杜注：「盟以名告神」，故盟書書諸侯之名，又此盟書首云「王若曰」，以王呼諸侯，亦當稱名，故自晉文公重耳以下皆稱名。莒期，莒國之君，期為其名，杜注莒期云：「茲丕公也。」釋文：「丕，普悲反。」左僖二十六經「公會莒子……」，傳云「公會莒茲丕公……」，釋文「丕，普悲反。」則茲丕之丕音丕，非太平之平字。左定四之莒期即此傳之茲丕公也，杜注茲丕公云「茲丕，時君之號，莒夷無謚，以號為稱」，左昭五經「莒牟夷以牟婁及防、茲來奔」，則莒有茲地，茲丕公之茲不知與此有關否？

1575、莒慶（莊二十七經）——莒

案：左莊二十七經「莒慶來逆叔姬」，杜注：「慶，莒大夫。」

1576、莠尹然（昭二十七）——楚

案：左昭二十七「楚莠尹然、工尹麋帥師救潛」，杜注：「二尹，楚官，然、麋其名。」春秋大事表十亦以莠尹為楚官名。然蓋其名也。

1577、莫敖屈重（莊四）——楚

案：左莊四「莫敖屈重除道梁溠」，莫敖為楚官名，屈則為其氏，詳1578莫敖屈瑕條。

1578、莫敖屈瑕（桓十二）、屈瑕（桓十一）、莫敖（桓十一）——楚

案：左桓十一「楚屈瑕將盟貳軫……莫敖患之」，杜注：「莫敖，楚官名，即屈瑕。」釋文：「屈……楚大夫氏。」元和姓纂卷十云：「屈，楚公族，芊姓之後，楚武王子瑕食采於屈，因氏焉，屈重、屈建、屈到、三閭大夫屈平……並其後也。」通志氏族略第三亦云：「屈氏、芊姓，楚之公族也，莫敖屈瑕食邑於屈，因以為氏。」皆謂屈瑕食邑於屈，因以屈為氏。然則屈瑕之屈，其

氏也，瑕爲名或字。陳氏世族譜、春秋大事表十二下於楚屈氏下皆列屈瑕、屈重、屈完、屈禦寇、屈巫、屈狐庸、屈申、屈罷等人，以屈爲其氏。

1579、許公爲（哀十六）、許爲（哀十六）——衛

案：左哀十六「許公爲反祐……皆遠許爲，許爲射之」，傳稱許公爲，又稱之爲許爲，而杜注於此傳二稱「公爲」，蓋以許爲其氏，釋文亦云「許公爲……人姓名」，蓋以許爲其氏，公爲爲其名，然則公爲又稱爲者，左傳人物名號、諸侯之子或與公室有關者，得於名字上冠公字，如季孫宿子名彌，傳稱公彌，衛公南楚，傳又稱南楚，或冠公字，或否，詳頁六五。又左定六經鄭滅許，左哀元經又見許男，杜注謂「蓋楚封之」，疑許公爲爲許公子或公族，名爲，或國滅奔衛，因以國名爲族氏，又因與公室有關，故得於名上冠公字也。不然則許公爲爲衛公族，許爲其氏，因與公室有關，故於名上冠公字爲稱，復冠以其氏，如魯季公亥者，即其一例也，參 1016 季公亥條。

1580、許伯（宣十二）——楚

案：左宣十二「楚許伯御樂伯……許伯曰」，據傳，許伯爲楚人。

1581、許男成（哀十三經）、許元公（哀十三經）——許

案：左哀十三經「許男成卒」，則成爲其名，詳 0857 宋公固條。成，公羊作「戌」，釋文云：「本亦作成。」春秋異文箋云：「公羊作戌，或字形相似而譌。」同經「葬許元公」，元蓋其謚也。

1582、許男斯（定六經）、許男（定四經）——許

案：左定六經「以許男斯歸」，經多書名，斯蓋其名也。左定四經有許男，今歸爲一人。

1583、許男新臣（僖四經）、許男（僖四）、許穆公（僖四經）——許

案：左僖四經「許男新臣卒」，則新臣、其名也，詳 0857 宋公固條。經又云「葬許穆公」，穆當是其謚也。

1584、許男業（文五經）、許男（僖五經）、許僖公（僖六）——許

案：左文五經「許男業卒」，則業、其名也，詳 0857 宋公固條。左僖六稱「許僖公」，僖當是其謚也。

1585、許男甯（襄二十六經）、許靈公（成二）、許男（成二）——許

案：左襄二十六經「許男甯卒於楚」，經多書名，則「甯」當是其名。經又云「葬許靈公」，靈當是其謚也。

1586、許男錫我（宣十七經）、許男（文七）、許昭公（宣十七經）──許

　　案：左宣十七經「許男錫我卒」，則錫我、其名也，詳 0857 宋公固條。
經又云「葬許昭公」，昭當是其謚也。

1587、許叔（隱十一）──許

　　案：左隱十一「鄭伯使許大夫百里奉許叔以居許東偏」，杜注：「許叔，
許莊公之弟。」左桓十五經「許叔入于許」，杜注：「許人嘉之，以字告。」
叔蓋其行次也。杜氏世族譜許莊公下列「桓公鄭」，謂「莊公弟」，又云「世
本無許叔，疑鄭即是」。謂許叔蓋即桓公鄭。而姚彥渠春秋會要則以爲許叔即
許穆公名新臣者，與杜不同，今依杜注，以許叔爲一條。

1588、許偃（宣十二）──楚

　　案：左宣十二楚「許偃御右廣」，同傳楚有許伯，疑許爲其氏。

1589、許莊公（隱十一）──許

　　案：左隱十一「許莊公奔衛」，莊蓋其謚也。

1590、許圍（昭十三）──許→楚

　　案：左昭十三楚靈王「遷許而質許圍……許圍……王所不禮也」，杜注：
「圍、許大夫。」楚遷許在昭九年，許圍或許君子孫，蓋名圍，在許當不稱
許圍，以在楚，故稱許圍，許爲其國名，亦即其氏也。

1591、許瑕（哀九）──鄭

　　案：左哀九「鄭武子賸之嬖許瑕求邑」，杜注：「瑕，武子之屬。」杜稱
瑕，蓋以許爲氏也。

1592、許穆夫人（閔二）──許

　　案：左閔二衛宣姜「生齊子……許穆夫人」，許穆夫人即許穆公之夫人也，
左僖四經載許穆公卒。

1593、逢大夫（宣十二）──晉

　　案：左宣十二晉「逢大夫與其二子乘」，杜注：「逢，氏。」

1594、逢丑父（成二）、丑父（成二）──齊

　　案：左成二齊晉戰于鞌「邴夏御齊侯，逢丑父爲右……丑父使公下……」，
則逢丑父爲齊人。傳稱逢丑父，又稱丑父，則逢蓋其氏，丑父爲其名或字。
通志氏族略第二：「逢氏……商諸侯，封於齊土……其地在今臨淄……齊大夫
有逢丑父。」是亦以逢爲其氏，其說蓋據左傳，左昭二十晏嬰告齊景公曰「昔

爽鳩氏始居此地……有逢伯陵因之……而後大公因之」，伯陵爲逢國之君，見0777有逢伯陵條，則鄭樵謂逢丑父氏逢，逢氏爲以國名爲族氏者。

1595、逢公（昭十）

案：左昭十「逢公以登」，杜注：「逢公，殷諸侯居齊地者」，左昭二十晏嬰告齊景公，謂有逢伯陵居齊地，蒲姑氏因之，而後大公因之。有逢伯陵者，逢爲國名，伯陵爲其君名號，參0777有逢伯陵條。逢公則伯陵之後，逢國之君也，以國名配諸侯通稱「公」，故曰逢公。國語周語下「則我皇姒大姜之姪，伯陵之後，逢公之所憑神也」，韋注亦云：「逢公，伯陵之後。」

1596、逢伯（僖六）──楚

案：左僖六「楚子問諸逢伯」，杜注：「逢伯，楚大夫。」

1597、逢孫（僖三十）──秦

案：左僖三十「使杞子、逢孫、楊孫戍之」，杜注：「三子、秦大夫。」廣韻孫字注云：「複姓……左傳秦大夫逢孫氏……秦下大夫楊孫氏」，以逢孫、楊孫爲複姓。楊注云：「列子周穆王篇云『秦人逢氏有子，少而惠，及壯而有迷罔之疾，楊氏告其父』云云，列子固僞書，然云秦有逢氏、楊氏，或有所本，則逢孫、楊孫以逢、楊爲氏，亦通。」左傳人物名號中，有以氏配孫爲稱者，如孟孫、叔孫、季孫、郈孫、臧孫、司馬華孫、仲孫等皆是，逢孫、楊孫或與此相類歟？

1598、逢滑（哀元）──陳

案：左哀元陳「逢滑當公而進，曰『臣……』」，則逢滑爲陳大夫。

1599、連尹襄老（宣十二）、襄老（成二）──楚

案：左宣十二「射連尹襄老」，國語晉語七「連尹襄老」，韋注：「連尹，楚官名。」是也，由左襄十五「公子追舒爲箴尹、屈蕩爲連尹，養由基爲公廐尹」文，亦可證連尹爲楚官名。左成二「王以予連尹襄老，襄老死於邲」，襄老蓋其名也。

1600、連稱（莊八）──齊

案：左莊八「齊侯使連稱、管至父戍葵丘」，杜注：「連稱……齊大夫。」

1601、郭公（莊二十四經）

案：左莊二十四經「赤歸于曹。郭公」，公羊云：「赤者何？曹無赤者，蓋郭公也，郭公者何？失地之君也。」穀梁亦云：「赤，蓋郭公也。」公羊以

曹無赤，因以赤爲郭公，其說非，參 0941 赤條。穀梁亦以赤爲郭公，杜預不
用其說，而云：「蓋經闕誤也。」

1602、郭重（哀二十五）、重（哀二十五）──魯

案：左哀二十五「公宴於五梧，武伯爲祝，惡郭重，曰：『何肥也？』季
孫曰：『請飲彘也……又謂重也肥！』」，彘爲孟武伯之名，詳 1788 孟孺子洩
條，季康子於魯公前稱孟武伯之名，此君前臣名也。又稱郭重爲重，則重當
亦是郭重之名，重既爲郭重之名，則郭當爲其氏矣。左襄十八齊有郭榮、郭
最，不知與此魯人郭重有關否？

1603、郭最（襄十八）──齊

案：左襄十八齊「殖綽、郭最曰」，同年傳齊有郭榮，蓋郭最亦氏郭，參
1604 郭榮條。

1604、郭榮（襄十八）──齊

案：左襄十八「大子與郭榮扣馬曰」，杜注：「榮，齊大夫。」杜注稱榮，
蓋以郭爲氏，同年傳齊有郭最，蓋亦氏郭。

1605、郯子（襄七經）──郯

案：左襄七經「郯子來朝」，楊注：「郯國、己姓，或云嬴姓，故城在今
山東郯城縣境。」左宣四經「公及齊侯平莒及郯」，則郯爲國名，郯子，其君
也。左昭十七及左哀十亦有郯子，或爲一人，或非一人，今暫歸於此。

1606、鄫伯姬（宣十六經）──鄫

案：左宣十六經「鄫伯姬來歸」，此魯女嫁與鄫者，與左襄三十經書「宋
伯姬」同，皆以夫家國名配行次、配母家姓爲稱。

1607、郰叔紇（襄十七）、郰人紇（襄十）──魯

案：左襄十「郰人紇抉之」，杜注：「紇、郰邑大夫，仲尼父叔梁紇也。」
孔疏：「紇爲郰邑大夫，公邑大夫，皆以邑名冠之，呼爲某人，孔子之父名紇，
字叔梁，古人名字並言者，皆先字而後名，故史記孔子世家稱爲叔梁紇也。」
謂史記孔子世家稱叔梁紇，古人名字連言，皆先字而後名，故以爲紇爲其名，
叔梁爲其字，解詁亦云：「魯孔紇，字叔梁。」然左襄十七又稱之爲「郰叔紇」，
不以叔與梁合稱，而以叔配名爲稱，足見叔爲其行次，梁乃其字，以行次配字，
曰叔梁，以行次配字配名，曰叔梁紇，而以所守邑名配行次配名，則曰郰叔紇
也。以其爲郰邑大夫，故曰郰人（如甘大夫襄稱甘人），復配名則曰郰人紇。

1608、郳甲（昭二十）——小邾→宋

案：左昭二十「公子城、公孫忌、樂舍、司馬彊、向宜、向鄭、楚建、郳甲出奔鄭」，杜注：「八子，宋大夫。」又云：「郳甲，小邾穆公子。」小邾國於郳，初止稱郳，以其爲邾所分出之國，故後稱小邾，二者皆國名，詳 1609郳犁來條。傳稱「楚建、郳甲」，楚建即楚平王之子大子建，以其在宋，故以本國名配名稱之，郳甲亦以在宋之故，以本國名冠名上也。因二人皆公子，故其國名楚、郳，本皆其氏也。

1609、郳犁來（莊五經）、小邾子（僖七）——小邾

案：左莊五經「郳犁來來朝」，杜注：「附庸國也，東海昌慮縣東北有郳城。」釋文云：「郳……國名，後爲小邾。」謂郳爲國名。傳云「郳黎來來朝，名，未王命也」，謂犁來爲其名。孔疏曰：「世本云『邾顏居邾，肥徙郳』，宋仲子注云：『邾顏別封小子肥於郳，爲小邾子。』則顏是邾君，肥始封郳。」又引杜氏世族譜云：「小邾、邾俠之後也，夷父顏有功於周，其子友別封爲附庸，居郳，曾孫犁來始見春秋，附從齊桓以尊周室，命爲小邾子。」邾俠爲邾之始祖，見左隱元經孔疏引杜氏世族譜。據杜氏世族譜，其後有夷父顏，即世本所謂邾顏，邾顏之子封於郳，犁來爲其曾孫，後命爲小邾子。然郳始封君，世本言肥，杜譜言友，孔疏以爲一人，周法高並謂肥爲其名，友爲其字，見周秦名字解詁彙釋補編頁一四六，是邾君顏之子封於郳，以都邑爲國名，故其曾孫犁來，經書「郳犁來」，其後子孫有稱郳甲者，見 1608郳甲條，然以其爲邾所分出之國，故後命之曰「小邾」，以別於邾國，又春秋經除於此年稱「郳犁來來朝」，左莊十五經稱「宋人、齊人、邾人伐郳」外，其後皆以小邾稱之，而傳猶或稱郳，如左定元「滕、薛、郳，吾役也」、左襄九「杞人、郳人從趙武……」、左昭十九「邾人、郳人、徐人會宋公」，仍以郳與小邾並稱，可證小邾與郳皆國名。左僖七經「小邾子來朝」，杜注：「郳犁來始得王命而來朝也，邾之別封，故曰小邾。」則郳犁來又稱小邾子也。

1610、郵無恤（哀二）、子良（哀二）、郵良（哀二）——晉

案：左哀二「郵無恤御簡子，衛大子爲右，登鐵上，望見鄭師眾，大子懼，自投于車下，子良授大子綏而乘之，曰『婦人也』」，傳又云「郵良曰：『……我御之上也』」，既稱郵無恤，又稱郵良，則郵、其氏也，無恤蓋其名，良蓋其字，以氏配字稱郵良，以子配字稱子良也。杜注云：「郵無恤，王良也。」孔疏曰：「服虔云：王良也，孟子說王良善御之事……」，謂左傳之郵無恤即

孟子所稱之王良，路史國名紀己「郵、王良邑，爲郵氏」，謂郵爲以邑爲氏，俞正燮癸巳存稿卷七則云「其曰郵者，以官氏也」，謂郵爲以官爲氏，二說不同，未知孰是。國語晉語九敘此鐵之戰，稱簡子之御者爲「郵無正」，解詁云：「哀二左傳『無恤』，晉語作『無正』，恤通作血，血字篆文作㊀，與正相似而譌。」謂郵無正之正爲恤字之譌。國語又以郵無正與伯樂爲一人，韋注：「伯樂，無正字。」解詁云：「晉郵無恤，字伯樂，一字子良。」謂伯樂與子良皆郵無恤之字，解詁並釋無恤與伯樂名字相應云：「爾雅『恤，憂也』，無憂則樂矣，故無恤字伯樂。」春秋時人名字釋解無恤與子良名字相應云：「良與梁通，恤，憂也，無憂則彊梁矣。」郵無恤，先秦典籍多稱之爲王良，俞正燮癸巳存稿卷七疑其爲王族，故冠以王字。另古籍述王良、王梁、王於期、於期、王子期、王子於期、伯樂、孫陽、孫明等事蹟相似，雜然並舉，先儒或以爲一人，或以爲二人，莫衷一是，故今僅據左傳、國語所載分析之。

1611、野洩（昭二十六）、洩聲子（昭二十六）、聲子（昭二十六）、洩（昭二十六）——魯

　　案：左昭二十六「齊子淵捷從洩聲子」，杜注：「聲子，魯大夫。」傳又稱「洩」、「野洩」，杜注：「即聲子。」會箋云：「野、氏，洩、名，聲、謚也。」謂野爲氏，洩爲其名，聲即其謚，楊注從之，未知是否。

1612、陰不佞（昭二十四）——周

　　案：左昭二十四「陰不佞以溫人南侵」，杜注：「不佞，敬王大夫。」杜氏稱不佞，蓋以陰爲其氏，左通補釋二十七引孔廣栻曰：「昭二十二年晉師軍于陰，襄十二年有陰里，昭十二年有陰忌，蓋食采於陰者，或即其後。」以陰爲其氏，謂或陰里、陰忌之後。

1613、陰忌（昭十二）——周

　　案：左昭十二「殺……陰忌、老陽子」，杜注：「周大夫。」陰忌之陰蓋其氏也，參 1612 陰不佞條。

1614、陰忌（昭二十六）——周

　　案：左昭二十六周「陰忌奔莒以叛」，左昭十二周亦有陰忌，然是年被殺，與此當非一人。

1615、陰里（襄十二）——周

　　案：左襄十二「王使陰里……」，杜注：「陰里、周大夫。」陰或其氏，

參 1612 陰不佞條。

1616、陳乞（哀四）、陳僖子（哀六）、僖子（哀六）、陳子（哀六）——齊

　　案：左哀四「齊陳乞……救范氏」，杜注：「陳乞，僖子。」據史記田敬仲完世家，陳乞為陳無宇之子，陳無宇見左襄六，則陳、其氏也。左哀六經「齊陳乞弒其君荼」，經多書名，則乞蓋其名也。傳稱「陳僖子」、「僖子」，僖當是其諡也。

1617、陳佗（桓六經）、五父（隱六）、佗（桓五）——陳

　　案：左桓五經「陳侯鮑卒……葬陳桓公」，則陳侯鮑即陳桓公，史記陳杞世家謂其父為陳文公，左桓五「陳侯鮑卒……於是陳亂，文公子佗殺大子免而代之」，是佗為陳文公之子，陳桓公鮑之弟。左桓六經「蔡人殺陳佗」，稱陳佗，以國名冠名上，與鄭大子忽稱鄭忽同，然則陳桓公鮑卒，陳亂，其弟佗殺大子而自立。次年蔡人殺陳佗，而左襄二十五載鄭子產之言曰：陳「桓公之亂，蔡人欲立其出，我先君莊公奉五父而立之，蔡人殺之，我又與蔡人奉戴厲公」，謂桓公之亂，鄭立五父，而蔡人殺之，此與左桓五、六經傳所載相符，然一稱佗，一稱五父，則佗即五父也。左隱七載「陳五父如鄭涖盟……洩伯曰『五父必不免……』」五父即陳佗，左氏好預言，此載洩伯之言，乃為桓六經蔡殺陳佗作伏筆。解詁云：「陳公子佗，字五父。」以佗與五父，為陳佗之名與字也。而史記陳杞世家誤分佗與五父為二人，謂陳桓公鮑卒，蔡人為其弟佗殺五父及大子，佗立，是為厲公，七年後被殺，與經所載陳佗死於陳桓公鮑卒後之次年者不合，非是。

1618、陳侯午（襄四經）、陳侯（宣十一經）、陳成公（襄三）、成公（襄二十五）——陳

　　案：左襄四經「陳侯午卒」，則午、其名也，詳 0857 宋公固條。同經「葬陳成公」，成當是其諡也。

1619、陳侯吳（昭十三）、孫吳（昭八）、吳（昭十三）、陳惠公（定四經）——陳

　　案：左定四經「陳侯吳卒」，則吳、其名也，詳 0857 宋公固條。左昭十三「悼大子之子吳歸于陳」亦稱其名曰吳。然左昭八云「楚公子弃疾帥師奉孫吳圍陳」，杜注：「孫吳、悼大子偃師之子惠公」，則稱曰「孫吳」。吳之祖父為陳侯溺，卒於是年，吳之父悼大子亦於是年為公子招、公子過所殺，故

楚奉吳以伐陳，稱孫吳，蓋直承其祖陳侯溺而稱之也。楊注云：「孫吳猶言太孫吳。」左傳人物名號，為公孫或公孫之後者，得於名上冠孫字，詳頁六四。左定四經「葬陳惠公」，惠當是其諡也。

1620、陳侯杵臼（僖十二經）、陳侯（莊四經）、陳宣公（僖十三經）──陳

案：左僖十二經「陳侯杵臼卒」，則杵臼、其名也，詳 0857 宋公固條。杵臼，公羊作處臼，春秋異文箋云：「公羊杵作處，假音字。」是也，說文「臼、春臼也」、「杵、春杵也」，杵、臼為春擣粟之器，取斯二物之名以為名也。左僖十三經「葬陳宣公」，宣當是其諡也。

1621、陳侯林（莊元經）、陳莊公（莊二經）、陳侯（桓十五經）──陳

案：左莊元經「陳侯林卒」，則林、其名也，詳 0857 宋公固條。左莊二經「葬陳莊公」，莊當是其諡也。

1622、陳侯柳（定八經）、陳子（定四經）、陳懷公（定八經）、懷公（哀元）──陳

案：左定八經「陳侯柳卒」，則柳、其名也，詳 0857 宋公固條。其稱陳侯者，陳為侯爵。左定四經則稱之曰「陳子」，此乃其先君陳侯吳卒於是年二月，見是年經，凡先君卒未逾年，而繼立之君與他國盟會，春秋皆稱子，詳頁六一。左定八經「葬陳懷公」，懷當是其諡也。

1623、陳侯朔（文十三經）、陳子（僖二十八經）、陳共公（文元）、陳侯（文二經）──陳

案：左文十三經「陳侯朔卒」，則朔、其名也，詳 0857 宋公固條。其稱陳侯者，陳為侯爵，故左文二經亦稱陳侯。然左僖二十八經則稱「陳子」，云「冬，公會晉侯、齊侯、宋公、蔡侯、鄭伯、陳子……于溫」，陳侯而稱陳子，蓋緣其先君陳侯款卒於此年六月，見此年經，凡先君卒未逾年，而繼立之君與他國會盟，春秋皆書子，詳頁六一。左文元稱陳共公，共當是其諡也。

1624、陳侯款（僖二十八經）、世子款（僖七經）、陳侯（僖十三）、陳穆公（僖十九）──陳

案：左僖二十八經「陳侯款卒」，則款、其名也，詳0857宋公固條。左僖七經稱其為「世子款」，史記陳杞世家「宣公卒，子款立，是為穆公」，以其為陳時君陳宣公之大子，故稱世子款也。左僖十九稱「陳穆公」，穆當是其諡也。

1625、陳侯溺（昭八經）、陳侯（襄五經）、陳哀公（昭八經）、哀公（昭八）
　　──陳

　　　案：左昭八經「陳侯溺卒」，則溺、其名也，詳0857宋公固條。同經「葬
陳哀公」，哀當是其諡也。

1626、陳侯鮑（桓五經）、陳侯（隱四經）、陳桓公（隱四）、桓公（襄二十
　　五）──陳

　　　案：左桓五經「陳侯鮑卒」，則鮑、其名也，詳0857宋公固條。同經「葬
陳桓公」，桓當是其諡也。然左隱四載石碏曰「陳桓公方有寵於王」，此時陳
侯鮑尚在，而生稱其諡號者，會箋云：「桓公未死，石碏不應稱其諡，此旁注
桓公二字，奪本文侯字而代之也。」謂原文作陳侯，後人旁注桓公二字，遂
奪原文「侯」而代之；然楊注云：「此或左傳作者偶疏之筆，左傳全書只此一
例，而史記則多有之。」疑原文即作陳桓公，是作者偶失之筆也。

1627、陳侯躍（桓十二經）、陳侯（桓十一）、陳厲公（莊二十二）、厲公（襄
　　二十五）──陳

　　　案：左桓十二經「陳侯躍卒」，則躍為其名，詳0857宋公固條。杜注謂
陳侯躍即陳厲公，左莊二十二即稱「陳厲公」，厲當是其諡也。史記陳杞世家
誤分佗與五父為二人，以佗為陳厲公，以躍為陳利公，則非也。參1617陳佗
條。

1628、陳恒（哀十四經）、成子（莊二十二）、陳成子（哀十四）、恆（哀十
　　五）、大夫陳子（哀二十七）──齊

　　　案：左莊二十二述陳公子完之後在齊云「及陳之初亡也，陳桓子始大
於齊，其後亡也，成子得政」，杜注：「成子，陳常也。敬仲八世孫。」陳
常即陳恆，陳公子完奔齊，後以國名為族氏，陳恆為其子孫，故陳、其氏
也。陳氏、史記稱田氏，田敬仲完世家云：「敬仲之如齊，以陳字為田氏。」
索隱云：「據如此云，敬仲奔齊，以陳、田二字聲相近，遂以為田氏。」然
左傳敬仲之後皆稱陳，是以國為氏，未嘗稱田也。集解引徐廣曰：「應劭云：
始食采地於田，由是改姓田氏。」是田為地名，陳氏後以地為氏，然其地
未見，且若其說是，亦當在春秋之後矣。索隱謂陳、田聲相近，而稱田氏，
其說近是。杜注稱陳成子曰陳常，從史記也，左傳作陳恆，左哀十五「陳
成子館客，曰『寡君使恆告』」，自稱恆，則恆、其名也，左哀十四經亦書
陳恆；成蓋其諡也。陳恆又稱陳常者，恆、常同義，字可通歟？抑恆為名，

常爲字？史記仲尼弟子列傳「施之常、字子恆」，常、恆義相應，因以爲名字，是其例。

1629、陳書（哀十一）、孫書（昭十九）、子占（昭十九）、書（哀十一）
　　　——齊

　　案：左哀十一「陳僖子謂其弟書曰」，同傳稱陳書，則陳書爲陳僖子之弟，陳無宇之子，陳、其氏也，書蓋其名。左昭十九齊「使孫書伐之」，杜注謂孫書即陳無宇之子陳書，同傳又稱孫書爲子占，新唐書宰相世系表云：「無宇二子……書字子占，齊大夫，伐莒有功，景公賜姓孫氏。」占爲孫書之字，是也，至以陳書稱孫者爲賜氏，不知何據。今姑依杜注及新唐書，以陳書、孫書爲一人。

1630、陳豹（哀十四）、豹（哀十四）——齊

　　案：左哀十四「陳豹欲爲子我臣」，杜注：「豹亦陳氏族。」謂陳豹爲陳恒之族，則陳、其氏也。傳又載大陸子方曰「逆爲余請，豹與余車」，逆指陳逆，豹則指陳豹，逆爲陳逆之名，則豹當亦陳豹之名也。

1631、陳逆（哀十四）、陳子行（哀十一）、子行（哀十四）、逆（哀十四）
　　　——齊

　　案：左哀十四「陳逆殺人」，杜注：「陳逆，子行，陳氏宗也。」謂陳逆即子行，爲陳恒宗族之人，則陳、其氏也。解詁云：「齊陳逆，字子行。」謂逆爲其名，子行爲其字。

1632、陳寅（定六）——宋

　　案：左定六宋「樂祁告其宰陳寅」，則陳寅爲宋人。

1633、陳莊（哀十一）——齊

　　案：左哀十一「陳瓘、陳莊涉泗」，杜注：「二陳，齊大夫。」春秋大事表十二上曰：「十四年傳『成子兄弟四乘如公』，杜注：『成子之兄弟有昭子莊……』此陳莊即昭子莊也。」以陳莊即杜注所謂陳成子恆之兄弟昭子莊，據杜、顧二氏之說，陳莊氏陳，莊蓋其名，而昭爲其謚也。

1634、陳無宇（襄六）、陳桓子（莊二十二）、桓子（襄二十八）、無宇（襄二十八）——齊

　　案：左襄六「陳無宇獻萊宗器于襄宮」，杜注：「無宇，桓子，陳完玄孫。」陳公子完奔陳，其後以國名爲族氏，玄孫無宇，傳稱陳無宇，則陳、其氏也。

參 1628 陳恒條。左襄二十八陳無宇請於慶封曰「無宇之母疾病，請歸」，自稱無宇，則無宇，其名也。左莊二十二謂之「陳桓子」，桓當是其諡也。

1635、陳須無（襄二十七）、陳文子（襄二十二）、文子（襄二十三）——齊

案：左襄二十七「齊慶封、陳須無……至」，杜注：「須無、陳文子。」據史記田敬仲完世家，須無爲陳公子完之曾孫，陳公子完奔齊，後以國名爲族氏，陳須無爲其曾孫，則陳、其氏也，參 1628 陳恆條。左襄二十二稱「陳文子」，文當是其諡也。

1636、陳嬀（宣三）——鄭

案：左宣三「文公報鄭子之妃曰陳嬀」，楊注謂鄭子即子儀，云：「子儀娶於陳，其妃曰陳嬀。」陳，嬀姓之國，以母家國名冠母家姓上，故曰陳嬀。

1637、陳瓘（哀十一）、子玉（哀十五）、瓘（哀十七）——齊

案：左哀十五「齊陳瓘如楚」，杜注：「瓘、陳恆之兄子玉也。」則陳、其氏也。左哀十七陳瓘告晉人之致師者曰「國子……而命瓘曰……」，自稱瓘，則瓘、其名也。左哀十五又稱其「子玉」，解詁云：「齊陳瓘，字子玉。」

1638、陵尹喜（昭十二）——楚

案：左昭十二楚子「使蕩侯……陵尹喜帥師圍徐」，杜注謂陵尹喜爲楚大夫，春秋大事表十以陵尹爲楚官名，喜蓋其名也。

1639、陶叔（定四）

案：左定四「聃季授土，陶叔授民」，楊注云：「陶叔疑即曹叔振鐸，雷學淇竹書紀年義證『曹伯夷薨』下云：『叔之封近定陶，故左傳又謂之陶叔。』」此說是也，亦猶戰國時魏之稱梁，韓之稱鄭。」今則暫分二條。

1640、陸渾子（昭十七）——陸渾

案：左昭十七晉「遂滅陸渾……陸渾子奔楚」，稱陸渾子者，以其爲陸渾之君也。

1641、項〔頃〕王（文十）——周

案：左文十四「頃王崩」，此周頃王也，左文十「頃王立故也」，阮刻本頃作「項」，誤。

1642、頃父（隱六）——晉

案：左隱六「翼九宗五正頃父之子嘉父逆晉侯于隨」，則頃父爲嘉父之父。

1643、魚石（成十五經）——宋

案：左成十五經「宋魚石出奔楚」，杜注：「公子目夷之曾孫。」宋桓公子公子目夷字魚，傳稱子魚，見 0191 公子目夷條，故後人以其字「魚」爲氏，左僖九「宋襄公即位，以公子目夷爲仁，使爲左師……故魚氏世爲左師」，可證公子目夷之後爲魚氏。杜注謂魚石爲公子目夷之曾孫，則魚、其氏也，經多書名，石蓋其名也。

1644、魚府（成十五）——宋

案：左成十五宋「魚府爲少宰」；春秋分記世譜七謂「杜預云：石、府，目夷之曾孫」，謂杜預以魚石、魚府爲公子目夷之曾孫，目夷字魚，後人以其字爲氏，詳 1643 魚石條。則魚府之魚，其氏也。

1645、麻嬰（襄二十八）——齊

案：左襄二十八齊「麻嬰爲尸」，麻嬰爲齊人。

十二畫

1646、傅傁（哀二）——晉

案：左哀二晉「傅傁曰」，杜注：「傅傁、簡子屬也。」謂傅傁爲晉趙簡子之屬下，則爲晉人也。

1647、傅瑕（莊十四）——鄭

案：左莊十四「獲傅瑕」，杜注：「傅瑕，鄭大夫。」

1648、傅摯（襄二十三）——齊

案：左襄二十三「申鮮虞之傅摯爲右」，杜注：「傅摯，申鮮虞之子。」申鮮虞之子傅摯，傳稱申鮮虞之傅摯，與左成十六潘尪之子潘黨，傳稱潘尪之黨者同。申鮮虞氏申，見 0652 申鮮虞條，則傅摯亦氏申、傅摯，其名也。

1649、勝（哀十六）、白公（哀十六）——楚

案：左哀十六「楚大子建……其子曰勝」，則勝爲大子建之子，楚平王之孫。傳又載勝曰「勝以直聞」，自稱勝，則勝、其名也。同傳令尹子西召勝「使處吳竟，爲白公」，杜注：「白，楚邑也。」楚謂縣尹曰公，則勝爲白邑之縣尹，故曰白公。國語楚語上載楚靈王虐，「白公子張驟諫」，則楚別有白公，在白公勝之前。

1650、單公子愆期（襄三十）——周

案：左襄三十「單公子愆期爲靈王御士」，周有單氏，單公子愆期蓋氏單。

周卿大夫之子有稱公子者，如周原氏有公子跪尋，參 0264 公子跪尋條，愆期稱公子，與此同，愆期蓋其名也。又單公子愆期或即成愆、單旗，參 0889 成愆條。

1651、單平公（哀十三）——周

案：左哀十三「公會單平公、晉定公、吳夫差于黃池」，杜注：「平公，周卿士也。」春秋分記世譜一、陳氏世族譜及春秋大事表十二上皆列單平公於周單氏之單武公下，以單為其氏。

1652、單伯（莊元經）——周

案：左莊元經「單伯送王姬」，杜注云：「單伯，天子卿也，單、采地，伯、爵也。」通志氏族略第三云：「單氏，周室卿大夫，成王封蔑於單邑，故為單氏。」謂蔑以單邑為氏。會箋則云：「成王封少子臻於單邑，因氏焉。」未知孰是。左莊十四經、文十四經、文十五經皆有單伯，前後相距八十餘年，當非一人也。至左成元有單襄公，左成十一稱其曰單子，左成十七又稱其曰單子，其後繼立者曰單子，杜注謂單伯之伯為爵，會箋云：「文公以前稱伯，成公以後稱子。」

1653、單伯（文十四經）——周

案：左文十四經「單伯如齊」，左莊元經有單伯，與此相距八十一年，蓋非一人。

1654、單成公（昭十一）、成公（昭七）、單子（昭十一）——周

案：左昭七「單獻公弃親用羈……襄頃之族殺獻公而立成公」，杜注：「成公，獻公弟。」左昭十一稱單成公，成當是其謚也。

1655、單武公（定七）、單子（定七）——周

案：左定七「單武公、劉桓公敗尹氏于窮谷」，杜注單武公云：「穆公子。」謂單穆公之子，則單、其氏也，武、其謚也。

1656、單浮餘（哀四）——楚

案：左哀四「單浮餘圍蠻氏」，杜注：「浮餘，楚大夫。」稱浮餘，蓋以單為其氏。

1657、單頃公（襄三）、單子（襄三經）——周

案：左襄三經「公會單子……」，傳云「公會單頃公……」，杜注傳云「單頃公，王卿士」，左昭七載單氏「襄、頃之族」，杜注：「襄公，頃公之父。」

謂單頃公爲單襄公之子也。同傳杜注又謂其子曰單靖公，其孫曰單獻公，單、其氏也，頃當是其謚也。

1658、單靖公（襄十）──周

案：左襄十「單靖公爲卿士以相王室」，杜注謂其子爲單獻公，其父爲單頃公，見 1662 單獻公條。則單、其氏也。

1659、單旗（昭二十二）、單穆公（昭二十二）、單子（昭二十二經）──周

案：左昭二十二「劉獻公之庶子伯蚠事單穆公」，杜注：「穆公、單旗。」左昭二十六王子朝奔楚，使告于諸侯曰「今王室亂，單旗、劉狄剝亂天下……」杜注亦謂單旗即單穆公，國語周語下有「單穆公」，韋注云：「穆公，王卿士，單靖公之曾孫也。」則單、其氏，穆爲其謚；王子朝稱其爲單旗，旗蓋其名。又單旗或即單公子愆期、成愆，參 0889 成愆條。

1660、單蔑（襄三十）──周

案：左襄三十「尹言多、劉毅、單蔑、甘過、鞏成殺佞夫」，杜注：「五子，周大夫。」春秋分記世譜一、陳氏世族譜及春秋大事表十二上皆列單蔑於周單氏下，以單爲其氏。

1661、單襄公（成元）、單子（成十一）──周

案：左成元「單襄公如晉拜成」，杜注：「單襄公，王卿士。」國語周語中「定王使單襄公聘於宋」，韋注：「單襄公，王卿士單朝也。」周語續載單襄公告王曰「今雖朝也不才」，自稱朝，則朝，其名也，單爲其氏，襄蓋其謚也。杜注謂其子曰單頃公，見 1657 單頃公條。

1662、單獻公（昭七）、獻公（昭七）──周

案：左昭七「單獻公弃親用羈……襄、頃之族殺獻公而立成公」，杜注：「獻公，周卿士，單靖公之子，頃公之孫。」謂單獻公爲單靖公之子，單頃公之孫，則單，其氏也，獻、其謚也。

1663、堯（文十八）、陶唐氏（襄九）、陶唐（哀六）

案：左襄九「陶唐氏之火正閼伯居商丘」，杜注：「陶唐，堯有天下號。」孔疏云：「史記五帝本紀云『帝堯爲陶唐氏』，是堯有天下以陶唐爲代號也。」堯以陶唐爲代號者，左襄二十四「陶唐氏」下杜注云：「陶唐、堯所治地，大原晉陽縣也。」則堯以所治地地名爲標幟，此標幟即是氏，故得稱陶唐氏。

孔疏曰：「韋昭云『陶唐皆國名，猶湯稱殷商也』，案經傳，契居商，故湯以商爲國號，后盤庚遷殷，故殷商雙舉。」則韋昭以陶、唐爲堯前後所都地名。說文陶字下云：「陶……在濟陰……夏書曰『東至于陶丘』，陶丘有堯城，堯嘗所尻，故堯號陶唐氏。」段注云：「謂堯始居於陶丘，後爲唐侯，故曰陶唐氏也。」據此，則堯以前後所居地名陶與唐爲標幟，故稱陶唐氏也。春秋以前之國，多以地名爲其國之標幟，此標幟即是氏，亦是國名，堯之陶唐氏，其一也。其稱堯者，史記五帝本紀集解以堯爲謚，索隱同，然其時未有謚。史記又稱其爲放勳，會注考證以堯爲其名，放勳爲其徽號。

1664、堵女父（襄十）——鄭

案：左襄十「尉止、司臣、侯晉、堵女父、子師僕帥賊以入」，陳氏世族譜，鄭堵氏下列堵叔、堵女父、堵狗等，皆以堵爲其氏。

1665、堵叔（僖七）——鄭

案：左僖七「鄭有叔詹、堵叔、師叔三良爲政」，陳氏世族譜鄭有堵氏，首列堵叔，以堵爲其氏，叔蓋其行次歟？

1666、堵狗（襄十五）——鄭

案：左襄十五「鄭人奪堵狗之妻……」，杜注：「堵狗，堵女父之族。」以堵爲其氏。

1667、堵敖（莊十四）——楚

案：左莊十四楚文王「生堵敖及成王焉」，堵敖，史記楚世家作莊敖，而十二諸侯年表則仍作堵敖，與左傳合，索隱引十二諸侯年表作「杜敖」，亦謂世家作「莊敖」，並云：「堵、杜聲相近，與系家乖，不詳其由也。」疑史記或原作堵，音近而譌爲杜，以形近復譌爲壯，壯不辭，蓋後人疑當爲謚，如其父楚文王之有謚也，故改壯爲莊歟？楚辭天問正作「堵敖」是也。楚世家謂堵敖即熊囏，其稱堵敖者何？據左傳，楚君之名號稱某敖者四，除此堵敖外，左僖二十八「若敖之六族從之」，杜注：「若敖，楚武王之祖父，葬若敖者。」葬若敖之敖爲衍文，見 1216 若敖條。左昭元楚公子圍弑楚王，「葬王于郟，謂之郟敖」。杜注：「郟敖，楚子麇。」是時楚子麇已即位四年。左昭十三楚「葬子干于訾，實訾敖」，據傳子干爲王，未一年，自殺，故杜注云：「不成君，無謚號者，楚皆謂之敖。」孔疏云：「郟敖與此訾敖，皆不成君，無號謚也……以地名冠敖，未知其故。」史記楚世家，楚王之名號稱敖者有四，上引

之若敖首見，是時為東西周之交，其子熊坎，亦稱「霄敖」，左傳未見，其後即堵敖，其後即郟敖，而左傳之子干稱訾敖者，史記未載，楚君稱某敖今可見者，凡此五人。左傳於楚子麇、子干皆載其葬某地，而稱之為某敖，則楚有以其君葬某地，而稱之為某敖之例，故杜預注「若敖」，即謂其葬於若也。杜注云「不成君，無諡號者，楚皆謂之敖」，所謂不成君稱敖，蓋就子干即位未逾年卒，傳稱訾敖而言，如若敖在位二十七年，霄敖在位六年，稱敖，則非此義也。左僖二十八會箋云：「蓋敖者蠻夷酋長之稱，字本作豪，亦作獒，史記晉世家靈公飲趙盾酒，縱嗾狗，名敖，知獒敖二字古通。書序『西旅獻獒，大保作旅獒』，鄭注云：『獒讀曰豪，西戎無君長，強大有政者為酋豪，國人遣其酋豪，來獻見於周。』是也。楚本蠻夷，故其君長皆以敖稱，其後遂以名君之無諡，及貴官之亞於君者。」以敖為酋豪，如今所謂酋長，其說蓋是。楚有莫敖之官，而人名作敖者，有蒍敖，即楚令尹孫叔敖也；左莊十八楚大夫有閻敖，傳稱「楚子殺之，其族為亂」，則不知敖為人名歟，抑酋豪之稱。左昭元楊注：「顧頡剛以敖為丘陵，某敖即某陵。」其說與會箋不同。綜上所說，楚君無諡或不以諡稱，有以葬地配敖字為稱，敖蓋酋豪之意，或以為丘陵之稱。

1668、富子（莊二十三）──晉

案：左莊二十三「晉桓莊之族偪，獻公患之，士蒍曰：『去富子則群公子可謀也已。』」杜注：「富子，二族之富強者。」蓋不以富子為人名號，楊注云：「富子為桓莊之族中多智術能為謀畫者，彝器有富子登，方濬益綴遺齋彝器考釋卷二十五引此文，又引昭二十六年傳鄭之富子，謂富為氏族之稱，是也。」則謂富為其氏。富子者，以氏配男子美稱子字，猶石子、高子之稱也。

1669、富子（昭十六）──鄭

案：左昭十六「富子諫曰」，杜注：「富子，鄭大夫。」富蓋其氏，參1668富子條。

1670、富父終甥（文十一）──魯

案：左文十一魯「富父終甥駟乘」，左哀三魯有富父槐，杜注以為即富父終甥之後，則富父終甥或與同傳皇父充石同，名終甥，字富，以字配男子美稱「父」曰富父，名字連言曰富父終甥，後人因以富父為氏，不然則富父終甥已以富父為氏也。

1671、富父槐（哀三）──魯

案：左哀三魯「富父槐至日」，杜注：「槐，終生之後。」終甥即富父終甥，見 1670 富父終甥條，則富父，其氏也。

1672、富辛（昭三十二）──周

案：左昭三十二「王使富辛與石張如晉」，左僖二十二周有富辰，或皆以富爲氏。

1673、富辰（僖二十二）──周

案：左僖二十二「富辰言於王曰」，杜注：「富辰，周大夫。」左昭三十二周有富辛，或皆以富爲氏。

1674、寒浞（襄四）、浞（襄四）

案：左襄四「后羿……用寒浞，寒浞，伯明氏之讒弟子也，伯明后寒棄之」，杜注：「寒，國……伯明，其君名。」孔疏云：「后、君也，伯明君此寒國之時，而棄不收采也。」則寒、其國名也。傳下文又單稱「浞」，然則稱寒浞者，寒爲其氏，因其爲寒國國君伯明之弟子，故得以國名冠名上爲氏。

1675、屠伯（昭十三）──衛

案：左昭十三「衛人使屠伯饋叔向羹與一篋錦」，杜注：「屠伯，衛大夫。」

1676、屠蒯（昭九）──晉

案：左昭九「膳宰屠蒯趨入」，楊注引王觀國學林云：「檀弓作杜蕢，左傳作屠蒯，蓋本是杜蕢，而左傳訛其字耳。」謂檀弓作杜蕢是。又引袁文甕牖閒評云：「屠者，屠宰也，蒯爲庖人，職主屠宰，故曰屠蒯，如巫咸之巫、師曠之師也，則左傳所云屠蒯乃其本字，而檀弓訛以爲杜蕢耳。」以屠爲其職名，蒯爲其名字，如巫咸、師曠之稱。馬宗璉補注則云：「屠、杜音同。史記晉大夫有屠岸賈，左傳晉有屠黍，是屠乃晉大夫之氏。」是謂屠爲其氏。會箋云：「杜與屠，蕢與蒯，皆聲之轉，古通，蓋杜其姓，蒯其名。」是又以杜爲其氏，蒯爲其名。諸說不同，未知孰是。

1677、屠擊（僖二十八）──晉

案：左僖二十八「晉侯作三行……屠擊將右行」，則屠擊爲晉大夫。

1678、屠擊（昭十六）──鄭

案：左昭十六「鄭大旱，使屠擊、祝款、豎柎有事於桑山」，杜注：「三子，鄭大夫。」傳所載三人以屠、祝、豎冠前，疑或皆其職官名。左昭九有

「膳宰屠蒯」，疑屠亦其職名。左傳人物任卜、史、祝、醫等官者，有以此等官名冠名上之例，詳頁七四。

1679、庾公差（襄十四）、子魚（襄十四）——衛

　　案：左襄十四「庾公差學射於公孫丁……子魚曰」，杜注：「子魚，庾公差。」解詁云：「衛庾公差字子魚。」以差爲其名，子魚爲其字。又謂：「孟子離婁篇作庾公之斯，古音支歌相近，斯即差也。」復釋名字相應云：「差讀爲鮺。」以鮺爲魚名，故字子魚，然則孟子作斯，亦假借字也。孟子稱庾公之斯，有之字，之字爲助詞，詳頁七一。

1680、庾皮（昭十二）——周

　　案：左昭十二周劉獻公等「殺獻太子之傅庾皮之子過」，則庾皮爲周人。

1681、彭生（昭四）——楚

　　案：左昭四楚「彭生罷賴之師」，杜注：「彭生、楚大夫。」會箋云：「彭生蓋鬬韋龜之字，言韋龜罷兵而退也，不然不成文義。」其說未必是。傳前文云：「使鬬韋龜與公子棄疾城之而還」，蓋韋龜已先歸楚，彭生復罷留賴之楚師也。

1682、彭仲爽（哀十七）——申→楚

　　案：左哀十七楚子穀曰「彭仲爽、申俘也，文王以爲令尹，實縣申息。」則彭仲爽爲楚文王時人。

1683、彭名（宣十二）——楚

　　案：左宣十二楚「彭名御左廣」，則彭名爲楚人也。

1684、惠公（隱元經）、惠（桓二）——魯

　　案：左隱元經「天王使宰咺來歸惠公、仲子之賵」，惠公即魯惠公，惠蓋其謚也。

1685、惠王（莊十六）、惠（僖二十四）——周

　　案：左莊十九「及惠王即位」，杜注：「周惠王，莊王孫。」左僖二十四「鄭有平、惠之勳」，杜注謂惠即周惠王，惠當是其謚也。

1686、惠后（莊十八）、陳嬀（莊十八）——周

　　案：左莊十八「虢公、晉侯、鄭伯使原莊公逆王后于陳，陳嬀歸于京師，實惠后」，陳爲嬀姓之國，以母家國冠母家姓上曰陳嬀；因其爲周惠王之后，

以夫謚稱，曰惠后。

1687、惡（文十八）、子（文十八經）──魯

案：左文十八「仲殺惡及視而立宣公」，據傳及杜注，此魯文公之大子，惡蓋其名也。同年經「子卒」，稱其爲子者，以其父卒在喪，故稱子，參頁六二。

1688、提彌明（宣二）、明（宣二）──晉

案：左宣二「晉侯飲趙盾酒，伏甲將攻之，其右提彌明知之……明搏而殺之」，提彌明之提字，釋文謂「本又作衹」，公羊作「祁」，稱「祁彌明」，史記晉世家作「示」，稱「示眯明」，索隱曰：「鄒誕云：示眯爲祁彌也，即左傳之提彌明也，提音市移反，劉氏亦音祁，爲時移反，則祁、提二字同音也，而此史記作示者，示即周禮古本『地神曰衹』，皆作『示』字，鄒爲『祁』者，蓋由衹提音相近，字遂變爲『祁』也，眯音米移反，以眯爲彌，亦音相近耳。」故提彌明、祁彌明與示眯明，以音同、音近而字異，然實爲一人。提彌明傳又稱明，明蓋其名或字。

1689、揚干（襄三）──晉

案：左襄三「晉侯之弟揚干亂行於曲梁」，同傳載晉君告羊舌赤及魏絳致晉侯書，皆稱揚干，揚干蓋其名。

1690、敝無存（定九）──齊

案：左定九「敝無存之父將室之」，杜注：「無存，齊人也。」稱無存，蓋以敝爲其氏。

1691、斐豹（襄二十三）、豹（襄二十三）──晉

案：左襄二十三「斐豹隸也……豹自後擊而殺之」，稱斐豹、又稱豹，斐蓋其氏。

1692、景（昭十二）──周

案：左昭十二「甘簡公無子，立其弟過，過將去成、景之族」，杜注：「景公……過之先君。」則此爲甘景公，景蓋其謚也。

1693、景王（昭十一）、景（昭二十二）──周

案：左昭二十六「靈王、景王克終其世」，杜注：「景王，靈王子。」史記周本紀「靈王崩，子景王貴立」，索隱云：「名貴。」左昭二十六閔馬父曰「子朝干景之命」，楊注以景爲景王，景當是其謚也。

1694、曾夭（昭元）──魯

案：左昭元「曾夭御季孫以勞之……曾夭謂曾阜曰」，傳以曾夭、曾阜並稱，曾阜氏曾，參 1695 曾阜條，則曾夭蓋亦以曾爲氏也。

1695、曾阜（昭元）、阜（昭元）——魯

案：左昭元「曾夭謂曾阜曰……阜曰……」，杜注：「曾阜，叔孫家臣。」通志氏族略第二云：「曾氏……夏少康封其少子曲烈于鄫，襄六年莒滅之，鄫太子巫仕魯，去邑爲曾氏，見世本，巫生阜，阜生皙，皙至（琛按：至當爲生之誤）參，字子輿，父子並仲尼弟子。」謂曾阜爲鄫太子巫之子，曾參之祖父，曾爲其氏，則阜爲其名或字也。

1696、朝吳（昭十三）、吳（昭十五）——蔡→楚

案：左昭十三「事朝吳」，杜注：「朝吳，故蔡大夫聲子之子。」聲子即公孫歸生，公孫歸生父曰子朝，見 0398 公孫歸生條，則朝吳之祖父即子朝，由知朝吳蓋以王父子朝之字朝爲氏，吳則其名也，是以左昭十五費無極於楚平王前稱其名曰「臣豈不欲吳」，楚平王亦稱其名曰「余唯信吳」。

1697、期思公復遂（文十）——楚

案：左文十「期思公復遂爲右司馬」，杜注：「復遂，楚期思邑公。」楊注云：「期思，楚邑，荀子非相篇、呂氏春秋贊能篇，俱言孫叔敖即期思之鄙人……楚之縣尹例稱公，復遂乃當時期思縣尹之名。」

1698、棄（襄二十六）、君夫人氏（襄二十六）、君夫人（襄二十六）——宋

案：左襄二十六謂宋芮司徒生女子，赤而毛，棄諸隄下，共姬之妾取以入，「名之曰棄」，則棄、其名也。同傳「左師見夫人之步馬者，問之，對曰『君夫人氏也』……夫人……曰『君之妾棄使某獻』，左師改命曰『君夫人』」，棄稱君夫人氏，以其爲宋平公之夫人，由「君之妾」改命曰「君夫人」，知君即時君之謂也。

1699、棄疾（襄二十二）——楚

案：左襄二十二楚令尹「子南之子棄疾爲王御士」，則棄疾爲令尹子南之子也，又楚平王亦名棄疾，見 1801 楚子居條。

1700、棠公（襄二十五）——齊

案：左襄二十五「齊棠公之妻，東郭偃之姊也」，杜注：「棠公，齊棠邑大夫。」春秋時諸侯大夫有稱公者，此棠公，齊另有邢公，鄭有商成公，楚

申公、息公、白公、葉公則多矣。

1701、棠姜（襄二十五）、姜氏（襄二十五）、姜（襄二十五）、東郭姜（襄二十七）——齊

　　案：左襄二十五「齊棠公之妻，東郭偃之姊也，東郭偃臣崔武子，棠公死，偃御武子以弔焉，見棠姜而美之」，杜注：「棠公，齊棠邑大夫。」據傳，棠姜爲棠公之妻，東郭偃之姊，東郭氏爲姜姓，傳載東郭偃曰「臣出自桓」，即謂東郭氏爲齊桓公之後。棠公妻稱棠姜者，棠爲其夫家氏，故左襄二十七載其子曰棠無咎，姜則其母家姓，以夫家氏配母家姓，故曰棠姜。左襄二十七又稱之爲「東郭姜」，則以母家氏配母家姓爲稱也。

1702、棠無咎（襄二十七）——齊

　　案：左襄二十七「齊崔杼……娶東郭姜……東郭姜以孤入，曰棠無咎」，杜注：「無咎，棠公之子。」東郭姜爲齊棠公之妻，見 1701 棠姜條，棠公爲齊棠邑大夫，見 1700 棠公條，其子曰棠無咎，則以邑爲氏也，無咎當是其名。

1703、椒（哀元）

　　案：左哀元「昔有過澆……使椒求之」，杜注：「澆，寒浞子，封於過者。」又云：「椒，澆臣。」謂寒浞子澆封於過，曰有過澆，椒爲其臣也。

1704、椒鳴（襄二十六）——楚

　　案：左襄二十六「聲子使椒鳴逆之」，之指伍舉，杜注：「椒鳴、伍舉子。」國語楚語上作「乃使椒鳴召其父而復之」，以椒鳴爲伍舉子，與杜注合。伍舉氏伍，然又以椒邑爲氏，曰椒舉，詳 0708 伍舉條，故其子稱椒鳴，椒、其氏也，鳴蓋其名歟？伍舉另有子曰伍奢，奢子曰伍尚、伍員，仍氏伍，此蓋椒鳴繼承伍舉之椒邑，故稱椒鳴，而不稱伍鳴也。

1705、殖綽（襄十八）——齊

　　案：左襄十八齊「殖綽、郭最曰」，則殖綽爲齊人。

1706、渠子（昭二十）——衛

　　案：左昭二十衛「齊氏之宰渠子召北宮子」，「齊氏之宰」謂衛齊豹之家宰，則渠子爲衛人，左閔二衛有渠孔，則渠子或其後，以氏配子爲稱歟？

1707、渠孔（閔二）——衛

　　案：左閔二衛「渠孔御戎」，左昭二十衛有渠子，或渠孔、渠子之渠皆氏也。

1708、溫子（僖十經）、蘇子（莊十九）——溫

　　案：左僖十經「狄滅溫，溫子奔衛」，而傳則稱溫子爲蘇子，杜注：「蘇子，周司寇蘇公之後也，國於溫，故曰溫子。」孔疏云：「尚書立政云『司寇蘇公』，成十一年傳曰『昔周克商，蘇忿生以溫爲司寇』，以此知蘇子，司寇蘇公之後也。」此說是。又云：「國名爲蘇，所都之邑名爲溫。」此則疑非。左通補釋六謂：「成十一年蘇忿生以溫爲司寇……溫、其國名，故春秋書溫子。」此說乃確。其稱蘇子者，左通補釋疑蘇忿生出自殷之有蘇國，「以國爲氏，子孫因之」，故又稱蘇子。左莊十九楊注亦謂：「以邑言之，則曰溫子，以氏言之，則曰蘇子，一也。」陳槃則謂蘇忿生始封於蘇，後遷都於溫，雖遷於溫，「而舊號未改」，故又稱蘇子也，詳春秋大事表列國爵姓及存滅表譔異冊三。蘇當是其先之國名或邑名，此即是舊氏，後雖遷都於溫，以爲新氏，然舊氏亦可並稱，如齊大公子丁公亦稱呂伋，呂爲其舊氏也。以卿大夫爲例，魏錡食采於呂，以呂爲新氏，曰呂錡，其子曰呂相，然呂相又稱魏相，魏則其舊氏也。故稱蘇子，蘇爲其舊氏，稱溫子，溫爲其新氏，亦即其今之國名也。

1709、游吉（襄二十八）、大叔（襄二十二）、子大叔（襄二十四）、吉（襄二十八）——鄭

　　案：左襄二十四「子大叔戒之曰……大叔曰……」，杜注：「大叔，游吉。」左襄二十八「鄭伯使游吉如楚……子大叔曰：『……寡君是故使吉奉其皮幣……』」子大叔即游吉，其自稱吉，則吉、其名也，傳稱其爲子大叔，大叔者，解詁云：「鄭游吉、字子大叔。」並釋云：「取大吉之義也……論語憲問篇作世叔，世、大聲相近，大、正字也，世、借字也……」以子大叔爲其字。大叔一詞，左傳有作「大弟」使用者，如鄭莊公弟稱大叔，見 0722 共叔段條；左傳所謂成王弟唐叔者，傳亦稱大叔，另周襄王之弟王子帶亦稱大叔，參 1832 唐叔、0470 王子帶條，而衛世叔齊亦稱大叔，則其氏也，參 0524 世叔齊條。據上所考，除「大叔」爲氏外，唯天子、諸侯弟得稱大叔，此游吉之稱大叔，則其字也，唯其以大叔爲字，故大叔之上可冠以男子美稱「子」字稱子大叔，此以子配字之形式爲春秋時人物名號之通例，詳上篇第二章。又左昭十六鄭六卿餞宣子、賦詩，首子齹、次子產、次子大叔、次子游、次子旗、次子柳；子齹、子產、子游、子旗、子柳皆字上冠男子美稱「子」字，「子大叔」之稱與此五者並列，可證大叔亦字也。左襄二十二「子展廢良而立大叔」，杜注：

「良，游眅子，大叔、眅弟。」謂游吉爲游眅弟，游眅者以乃祖公子偃之字游爲氏，見 1711 游眅條，則游吉之游，亦其氏也。

1710、游孫伯（僖二十四）——周

案：左僖二十四「王使伯服、游孫伯如鄭請滑」，杜注：「二子，周大夫。」

1711、游眅（襄二十二）、子明（襄二十二）——鄭

案：左襄二十二「鄭游眅……」，杜注：「游眅，公孫蠆子。」公孫蠆父曰公子偃，字游，見 0401 公孫蠆、0226 公子偃條，游眅即以王父字「游」爲氏。傳又稱其爲「子明」，解詁云：「鄭游眅、字子明。」謂其名眅、字子明。眅，阮刻本或作眅，或作眅，皆非也，說文：「眅，多白眼也，從目反聲，春秋傳曰：鄭游眅、字子明。」則許愼所見本作眅，且許愼藉游眅名眅字明，名字相應，以證眅字之義，校勘記謂石經、宋本作眅，與說文合。又杜氏世族譜以「游眅、子明、昭子」爲一人，昭當是其謚也。

1712、游速（定六經）、子寬（昭四）、渾罕（昭四）——鄭

案：左昭四「鄭子產作丘賦，國人謗之……子寬以告，子產曰……渾罕曰……」，杜注：「子寬，鄭大夫。」又云：「渾罕，子寬。」以渾罕、子寬爲一人。解詁云：「鄭渾罕、字子寬。」並釋名字相應云：「罕讀爲衎，漸六二『飲食衎衎』，馬融注曰『饒衍』，王肅注曰『衎衎，寬饒之貌』。」蓋謂罕爲其名，子寬爲其字。左定六經「鄭游速帥師滅許」，杜注：「游速，大叔子。」大叔即游吉，則游速之游，其氏也，經多書名，速蓋其名也。又速，公羊作遬，春秋異文箋云：「速、遬字同。」左昭十八「使子寬……」，孔疏云：「子寬，游吉之子，世族譜子寬與游速、渾罕爲一人。」謂杜預以游速、子寬、渾罕爲一人。而杜氏世族譜注云：「游速、渾罕，時本作二人。」則與孔疏所見本不同，今暫依孔疏所引杜說，歸爲一條。

1713、渻竈（襄三十一）——齊

案：左襄三十一齊「工僂灑、渻竈、孔虺、賈寅出奔莒」，會箋云：「釋文『渻，徐本作省』，宋有省臧，出昭二十二年。」渻蓋其氏也。

1714、渾良夫（哀十五）、良夫（哀十五）——衛

案：左哀十五「衛……孔氏之豎渾良夫長而美……良夫與大子入」，稱渾良夫、又稱良夫，則渾蓋其氏也。左哀十七衛侯夢人登昆吾之觀，曰「余爲渾良夫」，自稱渾良夫，良夫或其名也。

1715、渾敦（文十八）

案：左文十八「昔帝鴻氏有不才子……天下之氏謂之渾敦」，史記五帝本紀作「渾沌」，集解引賈逵云：「帝鴻，黃帝也，不才子，其苗裔讙兜也。」杜注因之，楊注云：「左傳此文言『四凶』，尚書舜典有『四罪』，後之說此文者，則以此『四凶』當彼『四罪』，因以此渾敦當彼讙兜。」會箋謂渾敦為「其族之號，非一人」。未知是否。

1716、焚如（文十一）——鄋瞞

案：左文十一「獲僑如之弟焚如」，僑如為鄋瞞國之君，參 1124 長狄僑如條，此其弟。

1717、無恤（哀二十）、趙孟（哀二十）、趙襄子（哀二十七）——晉

案：左哀二十「趙孟降於喪食」，杜注：「趙孟，襄子無恤，時有父簡子之喪。」謂趙無恤為趙鞅之子，則趙、其氏也。傳又載趙無恤使楚隆告于吳王曰「無恤使陪臣隆……」，自稱無恤，則無恤、其名也。左哀二十七稱其曰「趙襄子」，襄當是其諡也。史記趙世家「伯魯者，襄子兄，故太子」，則無恤有兄曰伯魯，而傳稱趙無恤曰趙孟，此蓋趙氏自趙盾後，嗣位者皆稱趙孟，如趙盾父趙衰之行次為季，而傳稱孟子餘，此亦其例也，參 1960 趙衰條。

1718、無終子嘉父（襄四）——無終

案：左襄四「無終子嘉父使孟樂如晉」，杜注：「無終，山戎國名。」會箋云：「嘉父，名。」楊注云：「嘉父，無終國主之名，春秋于文化較落後之國，其君例稱子。」

1719、無慼（昭二十）——宋

案：左昭二十「公亦取華亥之子無慼」，則無慼乃宋華亥之子，無慼當是其名也。

1720、然丹（昭四）、子革（襄十九）、鄭丹（昭十一）、右尹子革（昭十二）——鄭→楚

案：左昭十三「右尹子革曰……然丹乃歸于楚」，杜注：「然丹，子革。」謂然丹即右尹子革，解詁云：「鄭然丹，字子革。」以丹為其名，子革為其字。稱然丹者，左襄十九有「子然」，杜注：「子然，子革父。」子然為鄭穆公子，見 0123 子然條，其子子革以父字「然」為氏，以氏配名，稱「然丹」

也。左昭十一楚申無宇稱其爲「鄭丹」，以其爲鄭穆公之孫，流亡楚國，國名本其氏，故稱鄭丹也。左襄十九「子革、子良出奔楚，子革爲右尹」，右尹爲楚官名，左襄十五楚「公子罷戎爲右尹」是也，子革任此職，故左昭十三謂之右尹子革也。

1721、然明（襄二十四）、蔑（襄二十五）、鬷蔑（昭二十八）、鬷明（昭二十八）——鄭

案：左襄二十四「歸以語然明」，杜注：「然明，鬷蔑。」左昭二十八稱鬷蔑，又稱鬷明，春秋分記世譜七鄭然氏下云：「子然……生丹，丹生鬷明。」謂鬷明爲子然之孫，然丹之子，然爲其氏，陳氏世族譜亦列然明於子然、然丹之下，以然爲其氏。左襄二十四會箋云：「成十年有子然，子然生丹，丹見襄十九年，丹生鬷蔑，昭二十八年稱鬷明，意丹雖奔楚，蔑尚留鄭也。」凡此三氏，皆謂然明氏然，爲鄭穆公之子子然之後。左襄三十一載「然明曰『蔑也……』」，自稱蔑，則蔑爲其名。解詁云：「鄭鬷蔑，字明。」以蔑爲其名，明爲其字。說文通訓定聲然字下則云：「鬷蔑字然明。」以然明爲其字、然傳又稱鬷明，則以字明爲是。傳以鬷配名、配字，曰鬷蔑、鬷明，則鬷蓋亦其氏也。綜上所述，然與鬷皆其氏也，蔑爲其名，明爲其字。

1722、犂（昭二十九）

案：左昭二十九「顓頊氏有子曰犂」，則犂爲顓頊氏之子。

1723、犂彌（定九）、彌（定九）、王猛（定九）、猛（定九）——齊

案：左定九齊伐晉夷儀「東郭書讓登，犂彌從之……書左、彌先下，書與王猛息，猛曰：我先登……」，據傳，則犂彌即王猛，會箋云：「王氏，猛名，犂彌蓋其字也。」以王爲其氏，猛爲其名，犂彌爲其字。左定十犂彌勸齊侯以兵劫魯侯，史記齊太公世家載此事稱「犂鉏」，鉏、索隱引作且，云：「即犂彌也。」解詁云：「齊犂彌字且。」並舉「魯季公彌字鉏」以相印證，又釋名字相應云：「且即鉏之假借也，彌讀爲釁，玉篇：『釁，青州人呼鎌也。』說文：『鉏，立薅斫也』，釁、鉏皆所以芟夷者，故名釁字鉏。」以犂爲其氏，彌爲其名，鉏爲其字，其說有理，唯不知犂彌又稱王猛者何也。

1724、琴張（昭二十）

案：左昭二十「琴張聞宗魯死，將往弔之，仲尼曰……」，杜注：「琴張，

孔子弟子，字子開，名牢。」此據論語及孔子家語立說。論語子罕篇「牢曰『子云……吾不試，故藝』」，家語七十二弟子解云：「琴牢，衛人，字子開，一字張，與宗魯友，聞宗魯死，欲往弔焉，孔子弗許，曰：非義也。」則家語以論語子罕篇之「牢」，與左傳之琴張爲一人。解詁謂論語鄭注不以牢爲琴張，牢與琴張本非一人，王肅「又於家語序中表箸之，其爲臆撰之說，顯然可見，杜注乃用其說以注左傳，誤矣。」謂左傳琴張與論語牢爲二人，杜注採王肅家語之僞說，故誤。論語又有子張，史記仲尼弟子列傳以子張爲孔子弟子顓孫師之字，云：「顓孫師，陳人，字子張，少孔子四十八歲。」左昭二十孔疏謂賈逵、鄭眾皆以左傳琴張即顓孫師，然據史記，顓孫師少孔子四十八歲，孔子此時三十一歲，明左傳琴張亦非孔子弟子顓孫師也。孟子盡心篇「孟子曰：孔子不得中道而與之，必也狂獧乎……如琴張、曾皙、牧皮者，孔子之所謂狂矣。」此琴張則與左傳之琴張當爲一人。莊子大宗師有子琴張，與孔子同時。楊注疑左傳琴張爲孔子之「友朋」，非孔子弟子。宗魯事衛靈公之兄公孟縶，琴張爲何國人，則待考。

1725、發（昭二十二）——周

案：左昭二十二「單子殺還、姑、發、弱、鬷、延、定、稠」，楊注謂發爲其名，周之王子，參 0477 王子還條。

1726、禽鄭（成二）——魯

案：左成二「禽鄭自師逆公」，杜注：「禽鄭，魯大夫。」

1727、程滑（成十八）——晉

案：左成十八「晉欒書、中行偃使程滑弒厲公」，杜注：「程滑，晉大夫。」

1728、程鄭（成十八）——晉

案：左成十八晉使「程鄭爲乘馬御」，杜注：「程鄭，荀氏別族。」孔疏云：「荀氏別族，世本有文。」國語晉語七韋注：「程鄭，晉大夫，荀驩之曾孫，程季之子。」左通補釋十四引路史後紀注：「逝敖曾孫歡（原注：通驩），食邑於程，爲荀程氏。」然則程鄭氏程，程氏蓋以邑爲氏。

1729、絲（昭十九）——鄭

案：左昭十九「鄭駟偃……生絲」，則絲爲鄭人，絲蓋其名也。

1730、舒子平（文十二）——舒

案：左文十二「群舒叛楚……子孔執舒子平……」，杜注：「平、舒君名。」

則舒子平爲舒國之君名平者也。

1731、舒鳩子（襄二十四）──舒鳩

案：左襄二十四「舒鳩人叛楚……舒鳩子敬逆二子」，杜注：「舒鳩，楚屬國。」舒鳩子爲舒鳩國之君也。

1732、舜（僖三十三）、帝舜（昭二十九）、帝舜氏（昭二十九）

案：尚書堯典「曰虞舜」，僞孔傳云：「虞、氏，舜、名。」孔疏謂馬融以舜爲諡，而鄭玄以下之說與僞孔傳同。孔疏並謂彼等所謂名者，實指號諡之名，孔疏云：「諡者，累也，累其行而號也，隨其行以名之，則死諡猶生號，因上世之生號，陳之爲死諡，明上代生死同稱，上世質，非至善至惡無號，故與周異，以此堯、舜或云號、或云諡也。」（頁十九），其結論謂：「舜爲生號之名。」（頁二九）。史記五帝本紀云「虞舜者，名曰重華」，史記志疑卷一：「史公本五帝德，以放勳、重華、文命爲名，此所謂名者，號也，因尚書篇首有此二字，後世遂以爲號，非名字之名也，孔穎達有云：人有號諡之名，是已，以號爲名者，如史記名曰軒轅，名曰重華、名曰文命之類，以諡爲名者，如孟子『名之曰幽、厲』之類，皆得謂之名。」以重華之稱爲號。然又云：「有以堯、舜、禹是諡，非名者，妄也……戰國魏策宋人有學者名其母曰：吾所賢者無過堯、舜，堯、舜名；亦名之一證。」則以舜爲名也，與孔疏之說不同。

1733、華元（文十六）、元（宣十五）──宋

案：左文十六「於是華元爲右師」，杜注：「華元，督曾孫。」孔疏：「世本云：華督生世子家，家生華孫御事，事生華元右師，是也。」則世本謂華元爲華御事之子，華父督之曾孫，華御事見左文七，已以乃祖華父督之字華爲氏，則其子華元之華字，亦氏也。左宣十五華元告子反曰：「寡君使元以病告……」，自稱元，則元，其名也。

1734、華父督（桓元）、宋督（桓二經）、督（桓二）、大宰督（莊十二）
　　　　──宋

案：左桓元「宋華父督見孔父之妻于路」，孔疏：「案世本云：華父督，宋戴公之孫，好父說之子。」謂其父爲好父說，其祖即宋戴公，其稱「華父督」者，古人名字連言，皆先字後名，華爲其字，督爲其名，以字配男子美稱父字，復配名，故曰華父督。傳又云「督爲大宰」，大宰爲官名，故左莊十三稱「大宰督」，以官名冠名上也。左桓二謂華父督弒君，而諸侯「爲賂

故，立華氏也」，故此後宋有華氏，華御事、華元、華耦皆是，即以華父督之字「華」爲氏也。

1735、華亥（昭六）——宋

案：左昭六「於是華亥欲代右師」，杜注：「亥，合比弟。」謂華亥爲華合比之弟，則華爲其氏。

1736、華仲（僖二十八）——衛

案：左僖二十八「公子歂犬、華仲前驅」，杜注：「二子，衛大夫。」左昭二十衛有華齊、華寅，或華仲與此二人皆氏華也。

1737、華合比（昭六經）、合比（昭六）——宋

案：左昭六經「宋華合比出奔衛」，杜注：「合比事君不以道，自取奔亡，書名罪之。」以合比爲其名。春秋分記世譜七及陳氏世族譜於宋華氏下皆列華合比，以華爲其氏。

1738、華多僚（昭二十一）、多僚（昭二十一）——宋

案：左昭二十一「宋華費遂生華貙、華多僚……多僚爲御士」，謂華多僚爲華費遂之子，則華、其氏也。同傳華費遂嘆曰「必多僚也，吾有讒子……」父必稱子名，則多僚爲其名。

1739、華臣（襄九）、臣（襄十七）——宋

案：左襄九「使華臣具正徒」，杜注：「華臣，華元子。」則華，其氏也。左襄十七宋平公曰「臣也不唯其宗室是暴」，稱其爲「臣」，君當稱臣名，則臣，其名也，同傳合左師向戌於宋平公前對曰「臣也，亦卿也」，君前臣名，向戌於君前稱華臣曰「臣」，亦可證臣爲其名。

1740、華吳（襄十七）、吳（襄十七）——宋

案：左襄十七「華臣弱皐比之室，使賊殺其宰華吳……賊曰：『皐比私有討於吳。』」春秋分記世譜七謂華父督生季老，「季老生鄭，鄭生喜，喜生吳」，以華吳爲華父督之玄孫，華喜之子，則華爲其氏。賊稱其曰「吳」，則吳蓋其名也。

1741、華妵（昭二十一）——宋

案：左昭二十一「華妵居于公里」，杜注：「妵，華氏族。」以華爲其氏。左通補釋二十六引杜氏世族譜云：「合比子炷。」蓋疑炷即妵，華妵爲華合比之子。

1742、華定（襄二十九經）、宋司徒（襄二十九）——宋

案：左昭十二經「宋公使華定來聘」，杜注：「定，華椒孫。」則華、其氏也，經多書名，定當是其名也。左昭二十經「宋華亥、向寧、華定出奔陳」，杜注：「與君爭而出，皆書名惡之。」亦以定爲其名。左襄二十九「宋司徒見知伯」，杜注：「司徒，華定也。」蓋華定官司徒，故稱宋司徒。

1743、華弱（襄六經）——宋

案：左襄六經「宋華弱來奔」，杜注：「華椒孫。」則華、其氏也，經多書名，弱蓋其名也。

1744、華寅（昭二十）、寅（昭二十）——衛

案：左昭二十衛靈公「使華寅乘貳車」，華寅或氏華，參 1736 華仲條。

1745、華御事（文七）——宋

案：左文七「華御事爲司寇」，左文十六孔疏引世本云：「華督生世子家，家生華孫御事。」則華御事爲華父督之孫，華爲其氏，參 1734 華父督條，御事當是其名。又世本稱「華孫御事」者，左傳人物名號有於氏下殿「孫」字者，參頁十一。

1746、華牼（昭二十）、少司寇牼（昭二十）——宋

案：左昭二十謂宋華亥「使少司寇牼以歸」，又云「華牼將自門行」，杜注：「牼，華亥庶兄。」則華爲其氏，牼或其名也。又少司寇爲宋官名，左成十五「鱗朱爲少司寇」，華牼蓋任少司寇之職，故稱少司寇牼。

1747、華喜（成十五）——宋

案：左成十五「華喜爲司徒」，杜注：「華父督之玄孫。」同傳孔疏引世本「督生世子家，家生季老，老生司徒鄭，鄭生司徒喜也」，亦以華喜爲華父督之玄孫，則華，其氏也。

1748、華椒（宣十二）——宋

案：左宣十二「宋華椒以蔡人救蕭」，春秋分記世譜三、陳氏世族譜及春秋大事表十二下於宋華氏下皆列華椒，以華爲其氏。

1749、華登（昭二十一）、登（昭二十一）——宋

案：左昭二十一「宋華費遂生華貙、華多僚、華登」，則華登爲華費遂之子，華、其氏也。同傳華貙稱其曰登，登蓋其名。

1750、華費遂（昭四）、司馬（昭二十一）——宋

　　案：左昭二十「公請於華費遂」，杜注：「費遂，華氏族。」則華、其氏
也。費遂蓋其名。

1751、華齊（昭二十）──衛

　　案：左昭二十衛「華齊御公孟」，華齊蓋氏華，參 1736 華仲條。

1752、華耦（文九）、司馬華孫（文十五經）、司馬子伯（文十八）──宋

　　案：左文九「公子遂會……宋華耦……救鄭」，杜注：「華耦，華父督曾
孫。」左文十五華耦辭魯文公之宴曰：「君之先臣督，得罪於宋殤公，名在諸
侯之策，臣承其祀……」亦自以爲華父督之後人，則華、其氏也，耦蓋其名。
左文十五經「宋司馬華孫來盟」，傳云：「宋華耦來盟」，則司馬華孫即華耦也，
其稱司馬者，左文十六云「華耦爲司馬」，以其任司馬之職，故稱司馬。稱華
孫者，傳云：「其官皆從之，書曰『宋司馬華孫』，貴之也。」杜注：「貴而不
名。」左傳人物名號有以氏配孫字爲稱，如魯臧氏、邱氏，其嗣立者傳皆稱
臧孫、邱孫，故此稱華孫者，謂華父督後人而爲宋先君之子孫也，見頁十二。
文十八「攻武氏於司馬子伯之館」，杜注：「司馬子伯，華耦也。」其稱子伯
者，伯或其行次，左傳人物有以「子」配行次爲稱之例，如公子憖傳稱子仲，
皇野亦稱子仲，又稱司馬子仲，與此稱司馬子伯同例，衛定公母弟黑背，傳
稱子叔黑背，子叔之叔，即其行次也。

1753、華閱（襄九）──宋

　　案：左襄九「使華閱討右官」，杜注：「亦華元子。」謂華閱爲華元子，
則華，其氏也。左襄十四經「季孫宿會……宋華閱于戚」，經多書名，閱蓋其
名也。

1754、華還（襄二十三）、華周（襄二十三）──齊

　　案：左襄二十三「杞殖、華還載甲……華周對曰……」，杜注謂華還爲「齊
大夫」，又謂「華周即華還」，解詁：「齊華還、字周。」以還爲其名，周爲其
字，而說文通訓定聲周字下則以周爲名，還爲字，未知孰是。華則其氏也。

1755、華貙（昭二十一）、貙（昭二十一）、子皮（昭二十一）──宋

　　案：左昭二十一「宋華費遂生華貙、華多僚……」則華、其氏也。傳又
稱華多僚譖華貙於宋公曰「貙將納亡人」，君前臣名，則貙當是其名也。傳續
云「使子皮……」，杜注：「子皮，華貙。」解詁云：「宋華貙，字子皮。」以
貙爲其名，子皮爲其字。

1756、萇弘（昭十一）、萇叔（定元）──周

　　案：左昭十一「景王問於萇弘曰……」，杜注：「萇弘，周大夫。」國語周語下「劉文公與萇弘欲城周……衛彪傒……曰：『萇、劉其不沒乎？』」劉指劉文公，萇指萇弘，彪傒以萇、劉並稱，劉爲劉文公之氏，則萇亦萇弘之氏也。左定元載晉女叔寬曰：「萇叔違天。」稱萇弘爲萇叔，國語周語下衛彪傒亦稱其爲「萇叔」，韋注：「萇叔，萇弘字也。」蓋叔爲萇弘之行次也。

1757、萊共公浮柔（襄六）、萊子（襄二）──萊

　　案：左襄六「齊侯滅萊……萊共公浮柔奔棠」，則萊爲國名。會箋云：「共公之諡、遺民爲之也。」謂共爲其諡。楊注亦云：「共蓋萊亡後，其遺民所予之諡，浮柔則其名。」謂共爲其諡，又謂浮柔爲其名。左襄二載齊侯「召萊子，萊子不會」一文，與此傳事相連接，萊子疑即萊共公浮柔，故暫歸爲一人。

1758、萊書（昭四）──魯

　　案：左昭四「仲與公御萊書觀於公」，杜注：「萊書，公御士名。」以萊書爲名，釋文則云：「萊書，音來，人姓名。」以萊爲姓，書爲名，果如此，則萊書或萊國子孫，故以萊爲氏，萊滅於齊，見左襄六。

1759、萊章（哀二十四）──齊

　　案：左哀二十四「萊章曰」，杜注：「萊章，齊大夫。」

1760、萊駒（僖三十三）──晉

　　案：左僖三十三「萊駒爲右」，通志氏族略第二云：「萊氏……襄六年齊滅之，子孫以國爲氏。晉有大夫萊駒。」以萊爲其氏。

1761、視（文十八）──魯

　　案：左文十八「仲殺惡及視」，杜注：「惡、大子，視，其母弟。」則視亦爲魯文公之子也。

1762、買（昭十九經）、許男（襄二十八）、許悼公（昭十九經）──許

　　案：左昭十九經「許世子止弑其君買」，經多書名，買當是其名也。經又稱「葬許悼公」，悼當是其諡也。

1763、費庱父（隱二）、費伯（隱元）──魯

　　案：左隱元「費伯帥師城郎」，杜注：「費伯，魯大夫。」會箋云：「費伯，

魯懿公孫費庈父也，見二年，伯、其兄弟行也，以邑配其行，猶隨季、范叔之類，費是庈父之食邑。」謂費爲其食邑，伯爲其行次。左隱二「費庈父勝之」，杜注以爲即隱元之費伯也，楊注云：「父音甫……王厚之鍾鼎款識有虘父鼎，阮元引吳侃叔云：『虘父即庈父。』」

1764、費無極（昭十五）、無極（昭十五）──楚

　　案：左昭十五「楚費無極害朝吳之在蔡也」，楊注：「費無極，楚世家、伍子胥傳及淮南子俱作『費無忌』，極、忌古音相近。」左昭二十七載楚晉陳之族呼於國曰：「鄢氏、費氏自以爲王。」稱費無極爲費氏，則費、其氏也。同傳沈尹戍言於令尹子常曰「夫無極，楚之讒人也。」無極蓋其名也。

1765、越子句踐（定十四）、句踐（定十四）、越子（定十四）、越王（定十四）──越

　　案：左定十四「越子句踐禦之」，杜注：「句踐、越王允常子。」國語吳語句踐命大夫行成於吳曰：「句踐請盟。」自稱句踐，則句踐蓋其名也。稱越王者，春秋時楚、吳、越之君僭稱王。

1766、鄂侯（隱六）、翼侯（隱五）、晉侯（隱六）──晉

　　案：左桓二「惠之四十五年，曲沃莊伯伐翼，弒孝侯，翼人立其弟鄂侯」，故此爲晉孝侯之弟。其稱翼侯者，左隱五「曲沃莊伯以鄭人、邢人伐翼……翼侯奔隨」，杜注：「翼，晉舊都。」史記晉世家亦云：「翼，晉君都邑也。」故其稱翼侯者，即以國都之名名之也。翼侯奔隨後，周天子立哀侯於翼，見同年傳，次年傳云「翼九宗五正頃父之子嘉父逆晉侯于隨，納諸鄂，晉人謂之鄂侯」，謂翼侯奔隨，嘉父迎之，然以晉都翼已有主，故嘉父納翼侯于鄂，依杜注，鄂爲「晉別邑」，因其居別邑鄂，故晉人稱之爲鄂侯。

1767、鄄子士（哀二十五）──衛

　　案：左哀二十五「鄄子士請禦之」，杜注：「鄄子士，衛大夫。」左通補釋三十二引周氏附論云：「鄄、衛地名，必子士之食邑，即以爲氏。」鄄初見于左莊十四經，杜注云：「鄄、衛地。」左昭二十衛靈公兄公孟縶奪齊豹之邑「鄄」，可知鄄是衛邑，鄄蓋子士或其先人之食邑，因以爲氏者也。

1768、鄅子（昭十八）──鄅

　　案：左昭十八「鄅人藉稻……鄅子曰」，杜注：「鄅，妘姓國也。」則鄅

子爲鄘國之君。

1769、鄘夫人（昭十八）──鄘

案：左昭十八「邾莊公反鄘夫人」，鄘爲國名，見 1768 鄘子條，此爲鄘君之夫人也。

1770、閔子馬（襄二十三）、閔馬父（昭二十二）──魯

案：左襄二十三「閔子馬見之」，杜注：「閔子馬、閔馬父。」左昭二十二「閔馬父曰」，杜注亦云：「閔馬父、閔子馬，魯大夫。」一稱閔子馬，一稱閔馬父，閔蓋其氏也；馬父、子馬當非一名一字，馬蓋其名或字，以馬冠男子之美稱子，則稱子馬，配男子之美稱父，則稱馬父，與左昭十二僕析父，國語楚語上作僕夫子晳者同例，參 1873 僕析父條。

1771、閔公（莊三十二）──魯

案：左莊三十二「立閔公」，杜注：「閔公，莊公庶子。」此魯閔公，閔蓋其謚也。

1772、陽令終（昭二十七）、中廐尹（昭二十七）──楚

案：左昭二十七「殺陽令終……」，杜注：「令終，陽匄子。」則陽、其氏也。令終、蓋其名。同傳沈尹戌言於子常曰「夫左尹與中廐尹莫知其罪」，杜注：「中廐尹，陽令終。」春秋大事表十以中廐尹爲楚官名，以陽令終任此官，故沈尹戌以其官名呼之。

1773、陽匄（昭十七）、令尹子瑕（昭十九）、子瑕（昭二十三）──楚

案：左昭十七「陽匄爲令尹」，杜注：「陽匄，穆王曾孫令尹子瑕。」孔疏云：「依世本，穆王生王子揚，揚生尹，尹生令尹匄。」是陽匄爲穆王曾孫，王子揚之孫，陽匄之子曰陽令終，詳 1772 陽令終條，則陽當爲其氏。其以陽爲氏者，豈得自其王父王子揚之揚字歟？若是，則王子揚之揚或爲陽字之誤也。匄當爲其名，杜注謂陽匄即令尹子瑕，左昭十九即謂之令尹子瑕，其稱令尹者，左昭十七載其爲令尹，其稱子瑕者，解詁云：「楚陽匄，字子瑕。」以匄爲其名，子瑕爲其字。

1774、陽州（定八）──魯

案：左定八「苦越生子，將待事而名之，陽州之役獲焉，名之曰陽州」，則陽州爲魯苦越之子，陽州爲其名。

1775、陽虎（昭二十七）、虎（定七）──楚

　　案：左昭二十七「孟懿子、陽虎伐鄆」，杜注：「陽虎、季氏家臣。」左定八「陽越殿」，杜注：「越，陽虎從弟。」公羊定八亦云：「陽越者，陽虎之從弟也。」又左定八「陽氏敗」，謂陽虎等也，則陽虎之陽，其氏也。左定七公斂處父告陽虎曰：「虎不圖禍，而必死。」苫夷亦告陽虎曰：「虎陷二子於難，不待有司，余必殺女。」呼其曰虎，則虎蓋其名。左昭二十七楊注：「陽虎即論語陽貨之陽貨。」論語陽貨篇集解云：「孔曰：陽貨、陽虎也。」邢昺疏云：「陽貨、陽虎也，蓋名虎字貨。」以爲虎爲其名，貨爲其字。

1776、陽處父（僖三十二）、陽子（僖三十三）、處父（文二經）、大傅陽子（文六）──晉

　　案：左僖三十二「晉陽處父報之」，杜注：「陽處父，晉大夫。」左僖三十三又稱其曰陽子，則陽蓋其氏，稱陽子者，以氏配子，此春秋時卿大夫稱謂之常例。左文二經稱處父，經多書名，處父蓋其名。其稱大傅陽子者，大傅爲晉官名，左成十八晉「使渥濁爲大傅」是也，以其任大傅之官，故稱大傅陽子。

1777、陽越（定八）──魯

　　案：左定八「陽越殿」，杜注：「越，陽虎從弟。」則陽、其氏也。

1778、須（哀十一）、樊遲（哀十一）──魯

　　案：左哀十一「樊遲爲右，季孫曰：『須也弱。』」杜注：「樊遲，魯人，孔子弟子樊須。」論語子路篇稱其曰樊遲，又載孔子呼之曰「樊須」，則樊、其氏也。通志氏族略第三云「商人七族有樊氏，仲尼弟子有樊遲，魯人，蓋其後也。」然左定四謂周分殷民七族與衛康叔，樊氏爲其一，分魯公者，殷民六族耳，鄭氏或誤以周分殷民七族與魯也。又孔子呼之曰樊須，則須、其名也。史記仲尼弟子列傳云：「樊須，字子遲。」亦以須爲其名，子遲爲其字，實則遲爲其，子爲字上所冠男子美稱之詞，故以氏配字曰樊遲也。

1779、須句子（僖二十一）──須句

　　案：左僖二十一「任、宿、須句、顓臾，風姓也……邾人滅須句，須句子來奔」，杜注謂任、宿、須句、顓臾爲「四國」，則須句子爲須句國之君也。

1780、須務牟（昭十三）──楚

　　案：左昭十三「蔡公使須務牟與史猈先入」，杜注：「須務牟，楚大夫。」

1781、馮簡子（襄三十一）──鄭

　　案：左襄三十一「馮簡子與子大叔逆客」，通志氏族略第三以馮為其氏云：「馮氏，世本云：歸姓，鄭大夫馮簡子之後。姓纂云：周文王第十五子畢公高之後，畢萬封魏，支孫食采於馮城，因氏焉。」傳稱馮簡子，簡蓋其諡，鄭大夫罕見有諡，然亦非全無諡，國語鄭語八「鄭簡公使公孫成子來聘……子產曰」，韋注：「成子，子產之諡。」則子產有諡，與馮簡子同時人也。子產之子國參，亦稱桓子思，杜氏世族譜以「國參，子思、桓子」為一人，桓蓋其諡也，約與國參同時有武子賸，武蓋亦諡也。

1782、黃夷（閔二）──衛

　　案：左閔二衛「黃夷前驅」，黃夷蓋衛大夫。

1783、黃帝（僖二十五）、帝鴻氏（文十八）、黃帝氏（昭十七）

　　案：左僖二十五「遇黃帝戰于阪泉之兆」，史記五帝本紀云：「黃帝者，少典之子，姓公孫，名曰軒轅。」史記志疑卷一云：「案公孫非姓也，黃帝乃少典國君之後，故稱公孫，軒轅是其號，漢書律麻志黃帝始垂衣裳，有軒冕之服，故天下號軒轅氏，然則黃帝何姓？曰姓姬，國語晉胥臣曰：『黃帝以姬水成。』蓋炎帝之所賜也，黃帝何名？曰不可考也，路史後紀載帝名字皆讖緯雜說，不足信爾。」左文十八「昔帝鴻氏有不才子」，杜注：「帝鴻，黃帝。」史記五帝本紀亦引左傳此文，集解引賈逵亦曰：「帝鴻，黃帝也。」不知何據。

1784、黃淵（襄二十一）──晉

　　案：左襄二十一「宣子殺箕遺、黃淵……」，杜注謂黃淵為「晉大夫」。

1785、黑肱（昭三十一經）──邾

　　案：左昭三十一經「黑肱以濫來奔」，杜注：「黑肱，邾大夫。」傳云：「邾黑肱以濫來奔，賤而書名，重地故也。」謂黑肱為其名。黑肱、公羊作黑弓，春秋異文箋云：「左氏傳有周公黑肩，公子黑臀，此邾黑肱義亦相類，肱、弓音相近，故公羊譌為弓。」謂左傳作黑肱是。左昭元楚有公子黑肱，亦名黑肱。則作黑弓者，蓋音近而譌也。

1786、黑要（成二）──楚

　　案：左成七楚子重、子反殺「襄老之子黑要」，則黑要為楚連尹襄老之子。